D0869568

Milena

Du même auteur

Déportée en Sibérie,
La Baconnière / Éditions du Seuil, 1949

On peut également se reporter à :

Als Gefangene bei Stalin und Hitler,
Stuttgart, Seewald Verlag, 1985

Fiction & Cie

Margarete Buber-Neumann
Milena

Seuil

Traduit de l'allemand
par Alain Brossat

*Seuil, 27 rue Jacob, Paris VI*ᵉ

CE LIVRE EST LE SOIXANTE-DIX-SEPTIÈME TITRE
DE LA COLLECTION « FICTION & CIE »
DIRIGÉE PAR DENIS ROCHE

Titre original : *Milena Kafka's Freundin*
ISBN original : 3-7844-1680-2
© 1977, Albert Langen-Georg Müller Verlag

ISBN 2-02-009031-7

© Janvier 1986, Éditions du Seuil, pour la traduction française

La loi du 11 mars 1957 interdit les copies ou reproductions destinées à une utilisation collective. Toute représentation ou reproduction intégrale ou partielle faite par quelque procédé que ce soit, sans le consentement de l'auteur ou de ses ayants cause, est illicite et constitue une contrefaçon sanctionnée par les articles 425 et suivants du Code pénal.

« ... C'est un feu vivant tel que je n'en ai jamais
encore vu... En outre extraordinairement fine,
courageuse, intelligente, et tout cela elle le jette
dans son sacrifice ou, si on veut, c'est grâce au
sacrifice qu'elle l'a acquis... »

Franz Kafka, sur Milena,
Correspondance, p. 326.

Ce livre a posé au traducteur des problèmes pratiquement insolubles, concernant la transposition en français d'un certain nombre de noms de lieux : rues et quartiers de Prague, villes des Sudètes, etc. Il fallait en effet choisir, dans la traduction française, entre la nomenclature allemande et la nomenclature tchèque. Or, ce livre, écrit par une Allemande, est consacré à une Tchèque... qui vécut en contact étroit avec l'intelligentsia pragoise de culture allemande et fit de longs séjours en Autriche et en Allemagne. Nous avons donc pris le parti, critiquable, assurément (mais le parti inverse ne le serait-il pas tout autant ?) de privilégier le point de vue de *l'auteur* du livre et de conserver, dans la majorité des cas, la nomenclature allemande. Nous indiquons ici les principaux équivalents tchèques :

Altstädter Ringg : Staroměstke námĕsti
Am Graben : Na přickopĕ
Asch : Aš
Eger : Cheb
Ferdinandgasse : Národnı́ třıďa
Hradschin : Hradčany
Kleinseite : Malá Strana
Moldau : Vltava
Obstgasse : Ovocná ul

Remerciements

Je voudrais remercier ici les nombreux amis de Milena qui m'ont aidée à réaliser cet ouvrage. En premier lieu, Wilma Lövenbach pour ses conseils et son assistance infatigable, tout comme Arthur Koestler, Paul Rütti, Willy Haas, Joachim von Zedwitz, Jaroslav Dressler, Miloš Vaněk, Anička Kvapilová et tous ceux qui m'ont fait part de leurs souvenirs ou ont mis à ma disposition des documents historiques.

Allemande, je n'ai pu accéder à de nombreuses sources susceptibles de me renseigner sur la vie et le destin de Milena. Au reste, je ne connais ni la Bohême, ni Prague. Ce n'est que par les récits de Milena que je connais cette merveilleuse période d'efflorescence et d'épanouissement culturels que connut sa patrie tchèque pendant les trente premières années de notre siècle où elle y vécut. C'est au camp de concentration que j'ai fait la connaissance de Milena. C'est là qu'elle m'a parlé de son passé. De ce fait, quelques erreurs se sont peut-être glissées dans le récit que j'ai fait de son existence. J'en demande pardon par avance à tous les critiques. Ce n'est qu'après avoir longtemps hésité que je me suis lancée dans l'entreprise périlleuse que constituait la rédaction de ce livre. Je l'ai fait parce que la personnalité de Milena Jesenská me fascinait et parce qu'une profonde amitié me liait à elle.

M. B.-N.

Rencontre au Mur des Lamentations

C'est le 21 octobre 1940 que je reçus la première lettre de Milena ; il s'agissait d'un morceau de papier qui me fut subrepticement glissé dans la main alors que je me trouvais dans l'allée qui traverse le camp. Cela ne faisait que quelques jours que nous nous connaissions. Mais quel sens cela a-t-il de parler de jours quand le temps ne se décompose plus en heures et en minutes mais en battements de cœur ?

C'est au camp de concentration de femmes de Ravensbrück que nous nous sommes rencontrées. Milena avait entendu parler de mes mésaventures [1] par une Allemande arrivée au camp par le même transport qu'elle. La journaliste Milena Jesenská voulait donc me parler, elle voulait savoir s'il était vrai que l'Union soviétique avait livré à Hitler des militants antifascistes qui avaient émigré en URSS. C'est pendant la promenade des « nouvelles arrivantes » que Milena vint à moi. Cette promenade s'effectuait sur un chemin étroit, entre l'arrière des baraques et le mur du camp, ce mur immense, surmonté de barbelés où passait un courant à haute tension et qui nous séparait de la liberté. Elle se présenta en disant : « Milena de Prague. » Sa ville natale était plus importante pour elle que son nom de famille. Je n'oublierai jamais le geste qu'elle fit pour me saluer, cette première fois, la force et la grâce qui accompagnaient ce geste. Lorsque sa main fut dans la mienne, elle dit d'un ton légèrement ironique : « Je

1. Cf. Margarete Buber-Neumann, *Als Gefangene bei Stalin und Hitler*, nouvelle édition, Stuttgart, Seewald Verlag, 1985 *(NdE)*.

11

vous en prie, ne la serrez pas, ne la secouez pas comme vous autres Allemands avez l'habitude de le faire. J'ai les doigts malades... » Son visage était marqué par les grandes souffrances qu'elle avait connues, il était gris et pâle comme le sont ceux des prisonnières. Mais l'impression de maladie qui se dégageait d'elle disparut aussitôt, tant étaient vifs ses mouvements, tant était grande la force qui émanait de son regard. Milena était grande, elle avait des épaules larges et droites et une tête gracile. Ses yeux comme son menton trahissaient un grand esprit d'initiative, et sa belle bouche énergique l'excès de sentiments qui l'habitait. Son nez délicatement féminin donnait une apparence plutôt fragile à son visage et le sérieux de son front quelque peu bombé se trouvait atténué par les petites boucles qui l'encadraient.

Nous nous tenions sur l'étroit chemin et empêchions les autres d'avancer, bloquions le va-et-vient de la masse compacte des détenues. Gagnées par la colère, celles-ci essayaient de nous pousser en avant avec des gestes rageurs ; je n'avais donc qu'une idée en tête : mettre un terme le plus rapidement possible à ces salutations et reprendre ma place dans la ronde au rythme prescrit. J'avais en effet appris au fil des années passées en détention à m'adapter aux lois qui régissent les mouvements de ces troupeaux de détenues. Mais Milena était totalement dépourvue d'une telle faculté. Elle se comportait sur l'allée du camp de concentration exactement de la même façon que si l'on nous avait présentées l'une à l'autre sur le boulevard de quelque ville paisible. Elle faisait traîner en longueur les salutations. Elle était tout à la joie de faire une nouvelle connaissance, empoignée peut-être aussi par la passion du reporter, par la perspective de sonder un destin étrange. Sans se laisser le moins du monde troubler par les récriminations de la masse qui nous entourait, elle savourait l'événement en toute quiétude. Pendant les premiers instants, son insouciance m'avait mise hors de moi ; puis elle avait commencé à me fasciner. J'avais en face de moi une personnalité que l'on n'avait pas brisée, un être libre parmi les humiliées.

Nous avons alors repris notre place dans la masse des détenues qui allaient et venaient le long du « Mur des Lamentations » (c'est ainsi que l'avait baptisé Milena) parmi les tourbillons de poussière soulevés par les galoches de bois. Lorsqu'on rencontre quelqu'un en temps normal, la façon dont il est vêtu nous apprend quelque chose sur son compte, nous indique très souvent sa position sociale, même s'il s'agit d'un inconnu. « Milena de Prague » portait la même robe rayée, flottante et pendante que moi, le tablier bleu et le fichu réglementaire. Tout ce que je savais d'elle, c'est qu'elle était une détenue tchèque, une journaliste. Elle parlait avec un léger accent, mais pas comme une étrangère, sa maîtrise de l'allemand était parfaite et la richesse de son vocabulaire, sa capacité d'expression m'enthousiasmèrent dès ces brèves dix minutes au cours desquelles nous fîmes connaissance.

Nous échangeâmes encore quelques paroles pour prendre congé, nous dîmes au revoir et je courus vers ma baraque, ne sachant trop ce qui m'était arrivé. Je demeurai pour le restant de la journée sourde et aveugle à tout ce qui se déroulait autour de moi. Le nom « Milena » m'envahissait totalement, je me grisais de son harmonie.

Ne peut comprendre la violence de mes sentiments que celui qui, un jour, s'est senti absolument seul parmi une foule — et de surcroît dans un camp de concentration. C'est au début du mois d'août 1940 que j'avais été déportée à Ravensbrück. J'avais derrière moi les années de terreur vécues en Union soviétique : arrêtée par le NKVD à Moscou, condamnée à cinq ans de travaux forcés, j'avais été déportée au camp de concentration de Karaganda, au Kazakhstan, puis livrée par la police politique soviétique aux Allemands en 1940. Interrogée pendant des mois par la Gestapo à Berlin, je m'étais finalement retrouvée dans un camp de concentration allemand. Dès le troisième jour de mon arrivée à Ravensbrück, les détenues communistes me firent subir un interrogatoire ; elles savaient que j'étais la compagne de Heinz Neumann * et que je ne faisais pas mystère des expériences amères que nous avions faites en Union soviétique. Après l'interrogatoire, elles me collèrent l'étiquette de « traître », affirmant que je répandais des mensonges sur l'Union soviétique.

Les communistes exerçant une influence déterminante parmi les détenues de Ravensbrück, l'ostracisme dont elles me frappèrent eut l'effet escompté : les politiques en compagnie desquelles je me trouvais m'évitaient comme si j'étais porteuse de quelque maladie contagieuse.

Ce fut donc une Tchèque, Milena Jesenská, qui, la première, brisa cet ostracisme : non seulement elle me parla, mais elle m'accorda sa confiance, elle crut en moi. Je remercie le sort de m'avoir conduite à Ravensbrück car j'y ai rencontré Milena.

Ravensbrück se trouve dans le Mecklembourg, à 80 kilomètres au nord de Berlin. En 1940, la Gestapo y avait enfermé environ cinq mille femmes : détenues politiques, Juives, Tziganes, criminelles et asociales. A la fin de la guerre, environ vingt-cinq mille femmes étaient incarcérées à Ravensbrück. Au début, il y avait dans le camp seize baraques construites à même le sol ; au fil des années, leur nombre s'accrut ; il y en eut jusqu'à trente-deux où s'entassaient ces femmes. Toutes celles que l'on avait jetées dans ce camp, à l'exception des criminelles et des asociales, étaient des ménagères, des mères, des jeunes filles — de caractères différents, certes, mais parfaitement semblables à celles qui vivaient en liberté. La première année, il y avait au camp relativement peu d'adversaires politiques déclarées du régime, mis à part les détenues politiques allemandes, polonaises, tchèques et les Témoins de Jéhovah. Leur nombre s'accrut par la suite, avec l'afflux de femmes appartenant aux mouvements de résistance qui s'étaient développés dans tous les pays occupés par Hitler.

Les politiques s'adaptaient plus facilement à la vie au camp. Elles avaient combattu, cela donnait un sens à leur

---

* Les astérisques renvoient aux notes biographiques établies par le traducteur de cet ouvrage et regroupées en fin de volume.

14

sacrifice. Leur déportation dans un camp de concentration confirmait à leurs yeux le danger qu'elles représentaient pour le national-socialisme. Elle rehaussait l'opinion qu'elles se faisaient d'elles-mêmes. Mais, dans leur masse, les détenues étaient des femmes innocentes, qui n'avaient rien fait et ignoraient pourquoi elles se retrouvaient dans cette situation horrible.

Chaque détenue s'accrochait par toutes ses fibres, ses pensées, à la vie à laquelle on l'avait arrachée, à ses enfants, à son mari, à sa famille. C'est dans un état de profond désespoir que ces femmes étaient traînées dans un camp de concentration, ignorant totalement pour combien de temps. Elles subissaient un dressage militaire, n'avaient, ni le jour ni la nuit, une minute à elles seules ; tout ce qu'elles faisaient, elles l'exécutaient en présence de centaines d'autres ; elles ne pouvaient faire un pas, dire un mot sans se heurter à une autre, à une inconnue tout aussi souffrante qu'elle. Parmi cette masse, il y avait peut-être, dans chaque baraque, quelques personnes vers lesquelles on se sentait attiré ; mais chacune trouvait la grande majorité des autres insupportables dans tous leurs mouvements élémentaires. Les SS faisaient geler les femmes, ils les affamaient, les faisaient travailler dur, leur hurlaient après comme si elles étaient infantiles, les humiliaient, les battaient même.

Dès qu'il perd la liberté, tout individu se transforme jusque dans ses racines les plus intimes. Mais lorsque les tourments quotidiens de la détention incluent de surcroît la crainte permanente de la mort, le détenu éprouve un choc si puissant que ses réactions ne peuvent plus être caractérisées comme normales. Les uns manifestent une agressivité sans bornes afin de défendre leur vie, les autres deviennent serviles et enclins à toutes les trahisons, d'autres encore se résignent et tombent dans un désespoir sourd, et ne se défendent ni contre la maladie ni contre la mort.

Tout prisonnier doit traverser, au cours de son expérience de la détention, différents stades. S'il ne parvient pas à surmonter le choc qu'il éprouve lorsqu'il arrive au camp, sa vie est tout particulièrement menacée. On doit,

15

pour survivre, s'adapter d'une façon ou d'une autre à cette situation extrême, on doit donner un sens à cette vie nouvelle — quelle qu'en soit l'horreur. Se dépasser ainsi et trouver un nouvel équilibre, bien peu y parvenaient. Milena, elle, y réussit, bien qu'elle soit arrivée malade au camp. Son énergie spirituelle était telle que dès les premiers jours enfiévrés de son séjour à Ravensbrück, elle manifestait un intérêt passionné pour le destin d'autres détenues.

A cette époque, Milena faisait encore partie des nouvelles arrivantes qui étaient logées dans une baraque spéciale et faisaient à part leur brève « promenade » quotidienne. Bravant l'interdiction, je me mêlais à elles ; cela me m'était possible que parce que j'étais la *Blockälteste* de la baraque des Témoins de Jéhovah et portais à ce titre un brassard vert qui me donnait une certaine liberté de mouvement dans le camp. Ainsi, Milena m'attendait chaque jour au Mur des Lamentations. Je savais très précisément ce qu'enduraient les femmes au cours des premières semaines passées au camp, lorsqu'elles en étaient encore à en découvrir toute l'horreur. Mais Milena ne dit pas un mot des tourments qu'elle avait personnellement connus. Lorsque nous avons fait connaissance, elle était entièrement possédée par sa passion de reporter. Je n'ai plus jamais rencontré, par la suite, quelqu'un qui dominât son métier de journaliste comme elle. Milena savait poser des questions avec une grande force et une extrême pénétration, elle avait la capacité d'instaurer, dès les premières paroles qu'elle adressait à quelqu'un, une relation personnelle. Face à son interlocuteur elle ne s'enfermait dans aucun rôle, et ne se cachait derrière aucun masque. Elle créait, dans toute conversation, une atmosphère de proximité, car elle s'identifiait à la personne qu'elle interrogeait. Elle avait le don et la force de se mettre dans la peau de l'autre.

Lorsqu'elle m'interrogeait sur ma vie en Russie soviétique, elle semblait ne plus vivre, elle non plus, dans le moment présent. Son imagination la transportait dans mon passé et elle réussissait ainsi à faire resurgir, à remplir de chair et de sang bien des choses que j'avais depuis longtemps oubliées. Elle ne voulait pas seulement connaître les événements, elle voulait voir en chair et en os les personnes que j'avais rencontrées au cours de ma longue marche à travers la captivité, savoir dans le détail ce qui caractérisait chacune d'entre elles, savoir comment elles parlaient, ce dont elles parlaient et même entendre les chansons que chantaient ces malheureux dans ces camps lointains. Sa façon de poser les questions s'apparentait à un acte créateur et je pus ainsi, pour la première fois, donner forme, en le racontant, au récit de mon expérience. Tout se passait comme si Milena transférait sur moi cette capacité qui lui était propre.

Mais dans sa soif de savoir, elle ne se contentait pas du récit chronologique de mon expérience soviétique, tel que je devais le lui livrer jour après jour ; elle me posait aussi des questions qui m'obligeaient à remonter aux origines de mon engagement politique. « Combien de temps as-tu vraiment fait confiance au parti communiste ? » me demanda-t-elle un jour, interrompant mon récit. « Combien de temps as-tu été convaincue que le Parti et le Komintern avaient vraiment l'intention de promouvoir sur terre des conditions politiques et économiques garantissant à tous les hommes le travail, le pain et la liberté ? » Je fis travailler ma mémoire et le souvenir de mes premiers doutes à l'encontre du communisme me revint très vite ; ces doutes, c'est dès les années vingt que je les avais connus, à de nombreuses reprises, mais, mue par mon élan vers le fidéisme politique, je les avais toujours refoulés. Nous fûmes d'accord pour constater — car Milena avait aussi, pendant un temps, succombé à la doctrine du salut communiste — que le communiste a une aptitude particulière à inventer des excuses à toutes les erreurs patentes que commet le Parti, à tous ses manquements à son programme initial ; ce n'est donc que quand le Parti a profondément heurté ses sentiments qu'il finit par admettre que le communisme repose sur le mensonge et trouve la force de s'en détourner. C'est ainsi que nous entreprîmes d'examiner ensemble les racines du mal communiste.

Milena n'était jamais allée en Russie soviétique. Mais elle avait quitté le Parti communiste tchécoslovaque dès l'annonce des événements de l'année 1936, du premier procès de Moscou. A partir de ce moment, elle consacra son attention de journaliste aux horreurs qui se déroulaient dans l'URSS de Staline, aux grandes purges ; dans un de ses articles, évoquant les informations mensongères que diffusait Radio-Moscou, elle posait aux communistes russes la question suivante : « Pourrions-nous savoir ce que sont devenus les nombreux communistes tchèques, les simples travailleurs de notre pays qui sont partis en Russie soviétique depuis des années ?... Se pourrait-il que nous finissions par apprendre, au bout du compte, que la majorité d'entre eux est en prison ? — car c'est bien de cette façon, poursuivait-elle, que le pouvoir soviétique traite ceux qui ont été assez insensés pour croire qu'être communiste est synonyme de l'expression : se trouver sous la protection soviétique. » Évoquant le triste sort des communistes allemands émigrés en Tchécoslovaquie, elle concluait ainsi son article : « Il y a parmi eux des gens auxquels je voue la plus grande estime et d'autres auxquels je voue le plus profond mépris. Mais, quelle que puisse être l'aversion que m'inspire tel ou tel, elle ne sera jamais assez grande pour que je puisse souhaiter à l'un d'entre eux d'être aujourd'hui accueilli dans la " patrie du prolétariat mondial ". »

Sa connaissance des conditions inhumaines prévalant alors dans la « patrie du prolétariat mondial » était purement théorique ; je ne fus donc pas surprise par la vive curiosité avec laquelle elle accueillit mon récit. Que savait-on en effet à l'Ouest, en 1940, des arrestations en masse et des camps d'esclaves en URSS ? Milena comprit aussitôt l'importance du témoignage direct que je lui fournissais ; cela faisait tout juste une semaine que nous nous connaissions qu'elle me soumettait déjà son plan : « Quand nous aurons retrouvé la liberté, me dit-elle, nous écrirons un livre ensemble. » Dans son imagination mûrissait le projet d'un ouvrage sur les camps des deux dictatures, avec leurs appels, matin et soir, leurs colonnes de détenus en uniforme, marchant au pas, la réduction à l'état d'esclaves de millions d'êtres humains — d'un côté au nom du socialisme, et de l'autre pour le plus grand profit de la race des seigneurs.

Le titre du livre devait être : *l'Époque des camps de concentration*. Lorsqu'elle me fit cette proposition, je demeurai interdite. Écrire un livre! Quelle image de moi Milena avait-elle donc? Moi qui n'étais pas capable de coucher une seule ligne sur le papier! Mais Milena, tout à son enthousiasme pour ce projet, ne remarqua rien de mon trouble. Elle en était déjà à me décrire la forme que prendrait notre collaboration: « Toi, tu écriras, dans la première partie, tout ce que tu m'as raconté; la deuxième, ce que nous vivons maintenant, nous l'écrirons ensemble... » Retrouvant l'usage de la parole, j'objectai timidement que je ne savais pas écrire le moins du monde; elle se campa alors devant moi, me saisit le bout du nez d'un geste tendre, comme on le fait avec un jeune chien, et dit: « Mais, Gretuschka, quelqu'un qui sait raconter comme toi sait aussi écrire! J'ai encore bien plus de difficultés que toi: je ne suis pas même capable de décrire comment une personne franchit une porte! Au reste, tu dois le savoir, tout le monde est capable d'écrire, pour peu qu'il ne soit pas totalement analphabète. Ce n'est là que l'effet pernicieux de l'éducation que tu as reçue à l'école prussienne. Tu ne t'es pas encore remise de tes rédactions! »

Quand on est né comme moi à Potsdam (au cœur de la Prusse), qu'on y a été élevé, il n'est pas facile de parler de sentiments, de l'amour, de profondes souffrances et de grands bonheurs. Milena, elle, ignorait de telles inhibitions. Elle se moquait de moi et m'appelait la « petite Prussienne ». Elle-même s'appelait toujours la « petite Tchèque » et ne ménageait pas ses critiques à l'égard des traits nationaux de son peuple qu'elle aimait tendrement et douloureusement tout à la fois. Mais je ne détectai jamais en elle la moindre trace d'étroitesse nationale, alors même que le chauvinisme prospérait à l'envi parmi les détenues des différentes nations représentées à Ravensbrück.

Milena, qui ne laissait aucune question sans réponse, sut bientôt la grande détresse morale dans laquelle je me trouvais. Elle se mit un jour à parler de Heinz Neumann. Elle voulait savoir quel genre d'homme il était. Lorsqu'elle me demanda : « L'aimais-tu beaucoup ? », je ne pus que retenir mes larmes, incapable de répondre. Trois années seulement avaient passé depuis que Heinz avait disparu à Moscou, emmené par le NKVD ; trois années pendant lesquelles je n'avais cessé d'imaginer le sort atroce qui lui avait été sans doute réservé et avais perdu tout espoir de le revoir un jour. Et voici que Milena rouvrait cette plaie. Le désespoir, si péniblement refoulé, m'envahit. Peu nombreux sont ceux qui ont le don de consoler. Savoir consoler, c'est savoir vivre, partager le chagrin de l'autre. Milena, elle, sut m'aider à guérir, elle trouva le chemin de mon cœur.

Chaque fois que nous nous rencontrions, j'étais effrayée par sa pâleur et ses mains gonflées. Je savais qu'elle souffrait, que le froid la torturait pendant les interminables appels sur l'allée du camp et que, la nuit, les minces couvertures ne parvenaient pas à la réchauffer. Mais chaque fois que je voulais parler de ses souffrances, elle passait en riant à un autre sujet, et elle parvenait toujours à me distraire de mes soucis et de mes craintes. En 1940, son moral demeurait encore intact, elle était pleine de courage et d'initiative. Sa force de caractère l'emportait encore sur son corps affaibli.

Au reste, je savais parfaitement qu'elle souffrait de la faim, mais elle n'en disait jamais un mot. Un jour, je n'y tins plus, car je ne connaissais que trop bien ces tourments : je lui donnai ma ration de pain. Irritée, elle me la rendit. Sa réaction me demeura totalement incompréhensible. Bien plus tard, elle m'expliqua pourquoi elle avait agi ainsi. La simple idée que je lui donne du pain l'avait horrifiée car, dans notre amitié, elle voulait être celle qui donne. Elle voulait être celle qui offre, celle qui prend soin de l'autre. Lorsque je lui racontai que j'avais des parents, une mère et des sœurs, elle parut déçue, voire malheureuse. Elle souhaitait que je sois seule au monde, dépendant seulement de son aide, du soin qu'elle prenait de moi. Pour elle, amitié était synonyme de tout-faire-pour-l'autre, se sacrifier pour lui.

La façon d'être de Milena constituait à elle seule une constante protestation contre le régime du camp. Jamais elle ne s'intégrait correctement aux rangs par cinq, jamais elle ne se tenait comme le prescrivait le règlement lors des appels, elle ne se hâtait pas lorsqu'il fallait exécuter un ordre, elle ne flattait pas ses supérieurs. Pas un mot qui sortait de sa bouche n'était « conforme à l'ordre du camp ». Curieusement, sa supériorité intellectuelle et morale impressionnait les SS ; c'étaient ses codétenues politiques, au premier chef les communistes si à cheval sur la discipline, qu'irritait continuellement son comportement. Je me souviens d'un appel du soir, au printemps. De l'autre côté du mur du camp, les arbres commençaient tout juste à verdir. Une brise tiède chargée de senteurs parvenait jusqu'à nous. Tout était silencieux. Milena en avait totalement oublié tout ce qui était appel, camp de concentration, peut-être s'était-elle évadée en rêve dans quelque parc de la banlieue de Prague, parmi les crocus fleurissant sur les pelouses. Tout à coup, elle se mit à siffler pour elle-même une chansonnette... Une explosion de colère secoua les communistes qui se trouvaient autour d'elle ! Milena constata amèrement : « Elles ont la vie facile, elles ; elles sont nées avec une âme de détenues, elles ont la discipline chevillée au corps ! »

Une autre fois, pendant l'appel au travail, elle avançait au pas, avec les autres, sur l'allée qui traverse le camp. Je m'étais postée sur le bord pour la saluer d'un signe de tête. Elle m'aperçut, arracha le fichu blanc réglementaire qu'elle portait sur la tête et l'agita au-dessus d'elle en riant, à la plus grande stupéfaction des détenues et l'ébahissement des SS.

La haine des communistes à l'égard de Milena avait d'autres racines encore. Dès le début, lorsque nous commençâmes à nous rencontrer régulièrement à la promenade, pour une petite demi-heure, les communistes tchèques jetèrent un regard réprobateur sur notre amitié. J'avais, bien entendu, raconté à Milena l'interrogatoire que m'avaient fait subir les communistes allemandes et je craignais que la même chose ne lui arrivât. C'est pourquoi je fus très surprise lorsque Milena m'apprit qu'en dépit de sa rupture avec le PC, elle n'était pas traitée par les communistes tchèques comme une traîtresse; bien au contraire, celles-ci s'empressaient autour d'elle et lui avaient même procuré un travail facile à l'infirmerie du camp. Ça n'avait pas été un problème, pour elles, de l'affecter à ce poste: c'est qu'à Ravensbrück, contrairement à d'autres camps où les droits communs tenaient le haut du pavé, les chefs des SS se facilitaient la tâche en mettant en place une sorte d'autogestion parmi les détenues, un système dont les politiques constituaient l'ossature. On donnait aux prisonniers ce qu'on appelait des « postes ». Ainsi se constitua une couche privilégiée, une sorte de caste de « notables ». Les SS désignaient des coursiers, des *Blockälteste*, des détenues instructrices dont la tâche était de répartir le travail, des employées de bureau pour l'administration du camp, des infirmières et même, plus tard, des médecins — ainsi, bien sûr, qu'une police du camp. Les détenues qui occupaient de telles fonctions se trouvaient, en un sens, coincées entre le pouvoir SS et la masse des esclaves qui travaillaient. Elles pouvaient, à ce titre, agir de façon décisive en faveur de leurs codétenues — et beaucoup faisaient de leur mieux — pour atténuer les tourments de la vie au camp; mais elles pouvaient aussi — et cela n'arrivait, malheureusement, que trop souvent — s'identifier à leurs oppresseurs, avec les SS. Le nombre des détenues croissant sans cesse, les SS avaient besoin de toujours plus de prisonnières pour remplir ces fonctions dans l'administration du camp; ils étaient tout disposés à prendre en considération les propositions émanant des détenues, car celles-ci en savaient beaucoup plus long sur les qualifications professionnelles de leurs camarades qu'eux-mêmes. Bien entendu, les communistes de Ravensbrück attribuaient presque exclusivement les bons emplois à leurs camarades. Il était donc d'autant plus surprenant qu'elles aident une ennemie politique, et cela témoignait du rayonnement de la personnalité de Milena.

Mais l'amitié que me vouait Milena finit par dépasser les bornes pour les communistes. Leurs porte-parole, Palečková et Ilse Machová, allèrent lui parler, lui demandant si elle savait que j'étais une trotskiste qui répandait des mensonges infâmes sur le compte de l'Union soviétique. Milena les laissa déverser leur haine et répliqua qu'elle avait déjà eu l'occasion de se faire par elle-même une opinion sur mon témoignage concernant l'Union soviétique, et qu'elle ne doutait pas que je dise la vérité. Peu après ce premier avertissement, les communistes lancèrent à Milena une sorte d'ultimatum : il fallait qu'elle choisisse entre son appartenance à la communauté tchèque de Ravensbrück et son amitié avec l'Allemande Buber-Neumann. Milena fit un choix dont elle mesura d'emblée toutes les conséquences. Elle fut donc, par la suite, en butte à cette même haine fanatique que me vouaient les communistes.

Plus forte que toute cette barbarie

> « ... Et cela, Milena, et cela, maman Milena, c'est
> encore le fruit de ton immense faculté d'ani-
> mer [1]... »

Une amitié intense est toujours un cadeau de grand prix. Mais si l'on en éprouve le bonheur dans des conditions désespérantes comme celles du camp de concentration, il peut devenir l'essence même de la vie. Aussi longtemps que nous avons été ensemble, Milena et moi sommes parvenues à surmonter tout ce que le présent avait d'insupportable. Mais, avec toute sa force et son caractère exclusif, cette amitié est devenue davantage encore : une protestation ouverte contre l'avilissement que nous subissions. Les SS pouvaient tout interdire, nous réduire à l'état de numéros, nous menacer de mort, nous asservir, mais, dans les sentiments que nous éprouvions l'une pour l'autre, nous demeurions libres et hors d'atteinte. C'est à la fin du mois de novembre que nous osâmes pour la première fois nous prendre par la main, pendant une promenade du soir, chose formellement interdite à Ravensbrück. Silencieuses, nous avancions dans l'obscurité le long de l'allée, la main dans la main. Nous marchions à grands pas, comme si nous étions en train de danser, les yeux perdus dans la lumière laiteuse de la lune. Il n'y avait pas un souffle de vent. Quelque part, au loin, dans une autre partie du camp, nous entendions traîner et crisser les galoches d'autres détenues. Mais la

---

1. Franz Kafka, *Lettres à Milena*, Paris, Gallimard, coll. « Idées » (trad. Alexandre Vialatte), p. 119. (*L à M* dans la suite des notes.)

seule chose qui comptait pour moi, c'était la main de Milena dans la mienne ; tout ce que je souhaitais, c'était que cet instant ne finisse jamais. La sirène du camp retentit, il était l'heure d'aller se coucher. Toutes se précipitèrent vers les baraques. Nous hésitâmes, resserrâmes notre étreinte ; nous ne voulions pas nous quitter. Nous entendions se rapprocher les vociférations d'une surveillante. Milena murmura : « Viens plus tard, au Mur des Lamentations, derrière ma baraque. Pour être ensemble, quelques minutes seulement ! » Puis nous nous séparâmes en hâte, non sans avoir essuyé un « maudites bonnes femmes ! » furieux.

A l'heure dite, je me glissai hors de la baraque grouillante de détenues. Il ne me vint absolument pas à l'idée que cette rencontre pouvait me valoir des coups, un séjour dans la prison du camp, voire, peut-être, la mort. Sans me soucier de savoir si l'on m'observait, je courus le long des fenêtres éclairées, atteignis le chemin qui longe le Mur des Lamentations. Il faisait noir comme dans un four et je ne savais plus que faire. Cherchant à étouffer le bruit des galoches, je cherchai à tâtons le bord du chemin et continuai à courir sur la pelouse. Je remarquai une lueur derrière les buissons dénudés plantés le long du mur aveugle d'une des baraques suivantes. En proie à une intense agitation, je me précipitai dans l'obscurité, trébuchai sur un petit buisson et tombai dans les bras de Milena.

Le matin suivant, je me retrouvai à l'interminable appel quotidien. Travaillant à l'infirmerie, Milena était parfois dispensée de participer au rassemblement. Les trois cents détenues de ma baraque se tenaient, immobiles et silencieuses, le long de l'allée, face à l'infirmerie. On attendait que la chef SS chargée du rapport vienne effectuer les contrôles habituels. C'est alors que je vis Milena s'avancer vers une fenêtre fermée, dans le couloir de l'infirmerie. Elle me regarda, posa la main sur la vitre et la fit glisser lentement sur le verre, m'adressant un salut tendre et muet. J'étais ravie et lui adressai un signe de la tête. Mais, tout d'un coup, je me mis à avoir terriblement peur pour elle : des centaines d'yeux ne voyaient-ils pas la même chose que moi ? A chaque instant, la surveillante SS pouvait arriver ! Le long couloir avait six ou sept fenêtres et, à chacune d'entre elles, Milena répéta son tendre jeu.

Lorsque Milena se vit confier son poste à l'infirmerie, elle fut automatiquement transférée dans le meilleur bloc du camp, à la baraque n° 1 où vivaient les « anciennes » parmi les politiques, celles qu'on appelait les « criminelles d'opinion ». Ce transfert représentait un avantage supplémentaire, dans la mesure où cette baraque était moins surpeuplée que les autres. J'étais à l'époque, je l'ai déjà dit, *Blockälteste* chez les Témoins de Jéhovah, à la baraque n° 3. Chaque baraque comportait une pièce de service destinée à la surveillante SS, mais où la *Blockälteste* avait également le droit de venir. Cette pièce était la seule où régnait une sorte d'intimité. La chef de Block SS s'y tenait quelques heures durant la journée, mais la nuit, la pièce était vide.

Parfois Milena s'aventurait à m'y rendre visite, quand elle savait que la surveillante SS était absente. En sa qualité d'employée de l'infirmerie, elle avait le droit de venir dans les baraques pendant les heures de travail, pour quelque commission. Je l'entraînais ensuite dans la pièce de service où nous pouvions discuter quelques minutes sans être dérangées. Mais c'était là une entreprise dangereuse car la menace des SS planait constamment.

Notre désir d'être, pour une fois, plus longtemps ensemble ne cessait de croître. Nous étions déjà en automne, les nuits étaient orageuses, sombres, sans lune ; un soir, à la promenade, Milena m'exposa le plan qu'elle avait conçu — d'un ton si catégorique que toute réserve de ma part l'aurait profondément blessée. Elle avait décidé de venir me rendre visite pendant la nuit dans la pièce de service. Elle sortirait de la baraque une demi-heure après que la garde de nuit aurait effectué sa ronde et me rejoindrait en empruntant l'allée du camp où rôdaient pendant la nuit des chiens-loups spécialement dressés pour surveiller les détenues. Je devais lui ouvrir la porte de la baraque lorsqu'elle arriverait. Mon sang se figea lorsque je me rendis compte du terrible danger auquel elle s'exposait. Mais, confrontée à sa farouche détermination, je sentis la honte m'envahir et j'acquiesçai. Une demi-heure après que les SS eurent effectué leur contrôle nocturne, j'ouvris doucement la porte de la baraque et tendis l'oreille dans l'obscurité. On n'y voyait pas à un mètre, il pleuvait à verse. A l'affût de ses pas, j'entendais, de toutes parts, une multitude de bruits menaçants. La nuit semblait remplie de craquements, je croyais entendre les bruits de bottes des SS et, submergée par la tension nerveuse, je crus même entendre des coups de feu du côté de l'allée. La baraque, elle aussi, débordait de vie et personne ne devait me voir. A chaque instant, l'une de ses trois cents habitantes s'empressait vers les toilettes et je devais quitter en toute hâte mon poste de guet. Tout à coup la porte du bloc s'ouvrit et Milena entra en sifflant doucement : « *It's a long way to Tipperary, it's a long way to go...* » Je la saisis par le bras et l'entraînai dans la pièce de service.

Ses cheveux ruisselaient, les pantoufles qu'elle avait chaussées pour ne pas faire de bruit étaient à tordre. Mais quelle importance! Elle avait réussi. Nous nous accroupîmes devant le poêle brûlant que j'avais allumé par précaution ; c'était comme si nous venions de réussir à nous échapper d'un cachot. Nous avions devant nous une nuit entière de liberté!

La chaleur et l'obscurité de la pièce donnaient un sentiment de sécurité. Milena se glissa tout contre le poêle pour se sécher. « Tes cheveux sentent le bébé! murmurai-je en riant. S'il te plaît, parle-moi donc de chez toi, de Prague, quand tu étais encore petite! J'aimerais tellement savoir à quoi tu ressemblais à l'époque... » Jusqu'alors, Milena ne m'avait que peu parlé de sa vie. Et quand elle l'avait fait, cela n'avait été que par bribes. Mais en cette nuit de novembre où nous étions détachées de tout, comme transportées en lieu sûr, sur une île, je parvins à la faire parler.

Milena était née à Prague en 1896 et ses premiers souvenirs remontaient aux dernières années du dernier siècle ; souvenirs de sa mère, notamment, une très belle femme, à

27

la chevelure châtain, ondulée. Le matin, elle s'attardait souvent devant son miroir, vêtue d'un long peignoir moelleux et se peignait. « Voici l'endroit où elle m'embrassait toujours, me dit Milena en me prenant la main et en la posant sur ses boucles. Ici, sur cette mèche rebelle qui me pend sur le front. Je ne pourrai jamais l'oublier... » Jusqu'à l'âge de trois ans, Milena fut la seule enfant de la famille. Elle passait ses journées dans le grand appartement aux meubles sombres. On ne la promenait guère. Le matin, elle restait dans la salle à manger et l'après-midi au salon où elle trônait, assise sur une haute chaise devant la grande table, ses jouets préférés étalés devant elle. « Est-ce que, quand tu étais enfant, les billes de pierre, avec leurs veines de toutes les couleurs, t'ont autant fascinée que moi? Est-ce qu'elles ne t'apparaissaient pas comme quelque chose de totalement surnaturel? » me demande alors Milena.

Puis nous parlons des perles de verre de Bohême multicolores, nous évoquons la magie des torrents de montagne qui dévalent le long des pentes et j'ai le plus grand mal à la ramener à son enfance. « A quoi ressemblais-tu quand tu avais trois ans? Existe-t-il des photos de toi à cette époque? » « J'étais pâle et menue, j'avais un regard précoce et entêté dans un petit visage tout rond et une crinière ébouriffée sur la tête. Je n'étais ni belle ni sage, plutôt indocile au contraire. Ma mère était la seule qui me comprenait vraiment... »

La mère de Milena était issue d'une famille tchèque aisée qui possédait le « Bad Beloves » près de Nachod. Petite fille, Milena y allait souvent en visite. Ses ancêtres maternels n'appartenaient pas, comme ceux de son père, à la bourgeoisie de vieille souche, ils s'étaient au contraire progressivement élevés à la force du poignet. Ce type de famille tchèque se caractérisait par la profonde considération qu'elle vouait à toutes les formes d'activité intellectuelle et spirituelle, la science, l'art, le théâtre, la musique; ce sont tout particulièrement ces familles qui furent porteuses du sentiment national tchèque, tel qu'il venait alors de s'éveiller.

La mère de Milena était considérée comme douée pour les arts. Elle réalisait, dans le goût de l'époque, des gravures sur bois de style populaire, des pyrogravures et même des meubles ornés à la manière paysanne. Milena se souvenait qu'il y avait dans l'appartement de ses parents (meublé, comme la plupart des maisons des Pragois aisés, de mobilier imitation Renaissance) une chaise que sa mère avait façonnée au tour et sculptée elle-même — un objet tout à fait remarquable, avec son siège triangulaire, tendu de cuir et pourvu, devant, d'un bouton auquel elle pouvait se tenir quand elle y était assise. Sa mère avait également une prédilection pour les fichus paysans de couleur et, par la suite, lorsque Milena devint autonome, elle emportait toujours dans sa valise ces étoffes pour les disposer dans les chambres d'hôtel où elle se retrouvait et y ajouter ainsi une note personnelle.

Mais, petite fille, Milena avait un goût totalement différent de celui de sa mère. Elle se rappelle avoir fondu en larmes : « Ce fut quand ma mère m'enleva le petit peigne rose et bleu clair que je portais pour la fête paroissiale, le remplaçant par un véritable peigne d'écaille qui ne me plaisait pas du tout. Et puis, il y eut cette blouse de matelot que j'étais tellement agacée et vexée de devoir porter ; ce que je voulais, c'était un corsage avec des dentelles et des petits rubans, comme celui que portait Fanda, la petite voisine [1]... »

« Sache une chose, ajoute Milena d'un ton mélancolique, ma mère ne m'a jamais frappée quand j'étais petite, pas même grondée, contrairement à mon père... » Milena frissonne de fatigue et de froid. Le poêle s'est éteint, et l'on perçoit déjà les bruits qui indiquent que la journée du camp a commencé. Notre nuit tire à sa fin.

1. M. Jesenská, *Le Chemin de la simplicité*, Prague, 1926.

Jan Jesensky

Les Jesensky vivaient dans le centre de Prague, au cinquième étage d'une maison située au coin de l'Obstgasse. « Le Graben et la place Venceslas se trouvaient juste sous nos fenêtres », note Milena en préambule au récit d'un souvenir lointain concernant son père. Il y avait encore, à cette époque, de magnifiques maisons basses de style baroque tardif. Avec son centre propret, Prague avait l'air d'une petite ville de province.

« A l'époque, les tensions entre Tchèques et sujets autrichiens de culture allemande s'exprimaient de différentes façons ; il en était une qui, passée dans les usages, se répétait chaque dimanche matin : sur le côté droit du Graben flânaient les étudiants allemands avec leurs casquettes bariolées, et sur le côté gauche, les Tchèques, vêtus de leurs habits du dimanche, faisaient les cent pas. Ce type de manifestation culminait parfois en un rassemblement, une vague mêlée humaine se formait, on entendait comme des chants, on sentait planer comme un sentiment d'irritation, d'insatisfaction. Je voyais tout cela par la fenêtre, mais, pour l'essentiel, n'y comprenais rien.

« Puis vint un dimanche que je n'oublierai jamais. Son souvenir s'est gravé dans ma mémoire, bien que je n'aie pas compris, alors, ce qui se passait. Je vis les casquettes bariolées des étudiants autrichiens qui, venant de la Tour poudrière, avançaient d'un pas martial, mais pas, comme d'habitude, sur le trottoir ; ils marchaient au milieu de la chaussée. Ils chantaient et progressaient en rangs, au pas, disciplinés, avec un bruit sourd. Tout à coup, une masse de Tchèques fit son apparition, venue de la place Venceslas. Eux aussi marchaient au milieu de la rue, avançant sans un mot. Ma mère qui se trouvait à la fenêtre avec moi me serra la main, un peu plus fort qu'il n'était nécessaire. Dans les premiers rangs des Tchèques qui approchaient, il y avait mon père. Je le reconnus, toute contente de le voir là en bas, mais maman était pâle comme la mort, ne trouvant manifestement aucun plaisir à ce spectacle. Puis les choses s'accélérèrent. On vit surgir soudain de la rue Havířká (Bergmannsgasse) une escouade de policiers qui prit position entre les deux groupes ennemis. L'accès au Graben se trouva donc interdit aux deux groupes. Mais aussi bien les uns que les autres continuaient d'avancer sans relâche. Les Tchèques atteignirent le cordon de police et reçurent l'ordre de s'arrêter. Une fois, deux fois, trois fois... Je ne me rappelle plus dans le détail ce qui se passa alors ; j'entendis claquer des coups de feu et je vis la foule de Tchèques, calme jusqu'alors, se transformer en une masse d'où surgissait une clameur aiguë ; je vis que le Graben s'était brusquement vidé et que mon père, seul, demeurait devant les fusils des policiers. Cette image m'est restée, dans toute sa précision, sa clarté : mon père se tenait là, calme, les mains collées au corps. Mais à ses pieds, sur le pavé, il y avait un homme étendu. Le spectacle était aussi horrible que singulier. Je ne sais pas si vous avez déjà vu le corps d'un homme abattu, disloqué. Il n'y a rien d'humain en lui, on dirait un paquet de guenilles jetées au rebut. Peut-être mon père ne resta-t-il pas dans cette position plus d'une minute, mais ma mère et moi eûmes l'impression que cet instant durait une éternité. Puis il se baissa et entreprit de saisir la dépouille désarticulée. Ma mère avait fermé les yeux et deux grosses larmes coulaient sur son visage. Je me rappelle encore qu'elle me prit alors dans ses bras et me serra contre elle à m'étouffer[1]... »

Dans les souvenirs de Milena, son père occupait une place beaucoup plus importante que sa mère. Tous ses chagrins profonds, indéracinables, toutes les expériences

_____

1. M. Jesenská, « L'art de rester debout », *Přítomnost*, 5 avril 1939.

qui l'avaient à tout jamais marquée étaient liés au souvenir du père qu'elle aimait autant qu'elle le haïssait. Et cela toute sa vie durant. Le Dr Jan Jesensky était professeur ordinaire à l'université Charles de Prague ; il avait un cabinet de dentiste dans la Ferdinandsgasse, l'une des rues les plus élégantes de Prague — c'est ainsi qu'il s'était fait une situation. Il était issu d'une vieille famille bourgeoise appauvrie. Au prix d'un labeur acharné, il s'était élevé à la position qu'il occupait. Il était spécialiste de chirurgie maxillaire et jouissait à ce titre d'un grand renom ; il avait fondé une école scientifique qui, aujourd'hui encore, porte son nom.

Milena ressemblait beaucoup à son père, elle avait la même fossette au menton que lui, la même expression décidée dans le dessin de la bouche et aussi beaucoup de ses traits de caractère : tous deux étaient inflexibles, taillés dans le même bois.

Jan Jesensky élevait sa fille unique dans un esprit patriarcal, avec un formalisme extrême. Elle devait toujours, pour le saluer, lui baiser la main et n'était pas autorisée à faire usage du « tu » familier lorsqu'elle s'adressait à lui.

Le Dr Jesensky était fier de sa carrière et rêvait de jouer un rôle important dans la société tchèque de Prague. Tout ce qui était susceptible de l'en empêcher devait ployer devant lui, à commencer par la famille.

Il ne fait pas de doute que l'amour-haine de Milena à l'égard de son père plonge ses racines dans les expériences qu'elle fit durant sa petite enfance. Quand elle avait environ trois ans, les Jesensky eurent un fils. Milena était très sensible et elle perçut inconsciemment combien ce nouvel enfant comptait pour son père et sa mère. C'était un garçon, et elle n'était qu'une fille. Pleine d'angoisse, elle tendait l'oreille vers la porte derrière laquelle on entendait crier cet enfant de faible constitution. Elle sentait combien ses parents étaient soucieux et commença à trembler pour la vie du petit. Lorsqu'il mourut, elle eut l'impression que l'on n'aimait que ce petit frère. Milena fut profondément marquée par cette expérience ; d'ailleurs, dans une des lettres d'amour qu'il adressa à Milena, Kafka mentionne qu'il s'est rendu sur la tombe de son petit frère.

Peu après la mort de cet enfant, Milena fit une expérience qu'elle n'oublia jamais. Son père la frappait souvent lorsqu'elle se montrait têtue, désobéissante ; mais une fois, il la jeta dans un grand coffre rempli de linge sale et, en dépit de ses cris, laissa le couvercle si longtemps fermé qu'elle crut étouffer. A dater de cet incident, son père lui inspira une peur panique.

Jan Jesensky était un colérique ; lorsque ses accès de rage le saisissaient — et cela arrivait souvent — il lançait à la ronde invectives et menaces. Il ne reculait devant aucun moyen, aussi despotique fût-il, pour briser la volonté de Milena et lui inculquer sa propre vision des choses. Pour l'extérieur, Jan Jesensky posait volontiers à l'« original ». Il affichait un conservatisme rigide, s'habillait dans le style désuet d'un aristocrate de l'Empire austro-hongrois, portant toujours ce qu'on appelait une tunique impériale et le chapeau claque bas qui allait avec. Le matin, il se levait à quatre heures, prenait un bain froid et dès cinq heures et demie, on pouvait le rencontrer au jardin Kinsky, le monocle vissé sur l'œil, accompagné de deux grands chiens. Sa sieste, il ne la faisait pas sur un confortable sofa mais sur un canapé dur et démodé. Il ne manquait jamais une occasion de faire allusion, à point nommé, à ces vertus spartiates, lorsqu'il pensait, par exemple, que son originalité lui permettrait d'en imposer aux dames, voire de les charmer ou les séduire. Toutes les après-midi, il faisait son entrée, jouant les grands professeurs, dans son cabinet dentaire luxueusement aménagé. Jan Jesensky était tout à la fois un homme extrêmement doué et un égoïste faux et tapageur ; et ces deux aspects de sa personnalité se conjuguaient de façon plutôt malheureuse. Tous les soirs, il se rendait à son club et y perdait son argent en d'interminables parties de cartes nocturnes — plutôt par centaines que par dizaines de couronnes.

A Ravensbrück, nous avions le droit d'écrire des lettres. Le papier à lettres était vendu à la cantine du camp ; il portait l'en-tête « Camp de concentration de Ravensbrück » et les prescriptions réglementant les échanges de correspondance entre les détenues et le monde extérieur y étaient également imprimées. Ces inscriptions notamment étaient portées en rouge pour les « anciennes » politiques qui avaient été internées avant le début de la guerre et avaient l'autorisation d'écrire deux fois par mois une lettre de seize lignes ; il y avait aussi un papier spécial pour les Témoins de Jéhovah qui, outre les habituelles prescriptions, comportait, en lettres vertes, cette inscription : « Je continue à être Témoin de Jéhovah ! » — elles n'avaient droit qu'à cinq lignes par lettre. Pour toutes celles qui avaient été emprisonnées pendant la guerre, l'en-tête du papier à lettres était imprimé en noir et elles n'étaient autorisées à écrire qu'une seule fois par mois, seize lignes aussi. De la même façon, les lettres des proches ne devaient pas excéder cette longueur.

Je me rappelle avoir assisté en 1942 à une explosion de douleur collective à la suite de la distribution du courrier. Il y avait, dès 1940, des centaines de Tziganes à Ravensbrück. On les avait déportées au camp du fait de leur caractère « asocial » et de leur « infériorité raciale ». En 1941, on installa près du camp d'extermination d'Auschwitz ce qu'on appelait un camp de familles, destiné aux Tziganes. Des familles entières de Tziganes y vivaient, hommes, femmes, enfants, certes privés de la liberté de circuler, mais soumis à des conditions de détention encore relativement clémentes. Par la suite, on sépara les familles, on plaça les hommes d'un côté, les femmes et les enfants de l'autre dans des camps de concentration « normaux ». C'est, je crois, fin 1942 que l'on entreprit de liquider les Tziganes. Voici comment nous l'apprîmes à Ravensbrück : peu après la distribution du courrier, on vit se précipiter hors de leurs baraques les Tziganes ; elles tenaient à la main des lettres qu'elles venaient de recevoir et convergeaient vers l'allée du camp en hurlant ; presque toutes ces lettres avaient le même contenu : leur mari, leur fils, leur frère, leur neveu était « mort à l'hôpital ». Elles clamaient leur douleur, déchiraient leurs vêtements, se frappaient le visage, donnant libre cours à leur désespoir à la manière orientale, balayant toute discipline du camp. A dater de ce jour, la censure du courrier devint plus rigoureuse encore.

En dépit de cela, les détenues attendaient le samedi — c'était le seul jour où les SS distribuaient le courrier — avec autant d'impatience que d'inquiétude. Pendant les premières années d'existence du camp, les cent cinquante mots que recevait chacune constituaient le seul contact avec les proches vivant en liberté. Le simple fait de voir une écriture familière était synonyme de consolation, mais aussi de désespoir. Combien ces lettres firent-elles verser de larmes !

Chaque mois, Milena écrivait à son père et recevait une lettre de lui. Toutes les lettres qu'il lui envoyait étaient sources d'un nouveau conflit ou, plus exactement, faisaient resurgir tout le passé. Malgré cela, Milena essayait de ne pas être injuste avec lui.

A la Noël 1941, la direction du camp eut un accès de bonté. Pour la première fois dans l'histoire du camp, les parents des détenues furent autorisés à leur envoyer un colis dont le poids et le contenu étaient précisément déterminés par les SS. Chose plus étonnante encore : chaque détenue pouvait recevoir une veste de laine.

Toute à ma joie, je courus voir Milena, mon paquet entre les mains, et lui montrai la veste de tricot jaune d'or qu'il contenait ; je ne saisis alors pas du tout pourquoi elle hésitait à me montrer le cadeau qu'elle avait reçu. Puis je compris qu'elle avait honte du mauvais goût de son père qui avait joint au colis la veste typique d'un costume régional, celui du Tegernsee. Je la consolai et lui demandai quel genre de vêtements elle portait avant son emprisonnement — mais j'avais à nouveau remué le fer dans la plaie : Milena avait été atteinte d'une grave maladie qui l'avait fait considérablement grossir; elle avait donc perdu tout plaisir à porter de beaux vêtements. Mais à présent, au camp, elle était redevenue mince, comme au temps de sa jeunesse, et elle voyait les choses autrement. Elle oublia l'absurde veste de costume et nous commençâmes à nous enivrer des souvenirs de notre élégance passée: Milena se voyait déjà dans un de ces costumes de sport qui lui étaient toujours si bien allés.

**
*

Une photo de Milena adolescente a été conservée. On l'y voit, debout, au bord de la Moldau; elle porte un tailleur rayé avec une longue et ample jupe plissée, un bonnet plat sur la tête, des gants, des chaussures montantes à lacets; elle tient un élégant parapluie à la main. Tout cela sent les bonnes manières, est conforme à ce qui était convenable à l'époque. On voit se dessiner sur le fond plus clair son profil encore enfantin, doux, avec le nez retroussé des habitants de la Bohême et l'abondante chevelure qui lui retombe sur le front. Milena devait avoir treize ans quand cette photo fut prise. A cette époque, sa mère vivait encore et la faisait habiller par une couturière. Évoquant cette époque, Milena me raconta l'histoire suivante :

« C'est vers quatorze ans que j'ai reçu mon premier bouquet de fleurs, un vrai bouquet qui venait de chez le fleuriste Dittrich, avec une carte de visite où était écrit " Mademoiselle ". Et ceci au vu et au su de tout le monde, à la face du monde entier! Ce bouquet, je l'ai reçu en récompense du premier baiser que j'aie donné au premier galant de ma vie. Veux-tu savoir comment les choses se sont passées? Ce fut une histoire plutôt drôle que joyeuse et quand j'y repense aujourd'hui, ce n'est pas sans une certaine angoisse. Un ami de mon père, le conseiller Matuš — qui était grand skieur, grand amateur de sport —, était atteint de cataracte; pendant des mois, il fut menacé de perdre la vue. C'était un homme de la vieille école, célibataire, valseur réputé, un homme droit et honnête, courageux et nullement calculateur, pas davantage en ce qui concernait l'amour que l'argent. Bref, un vrai gentleman comme on n'en trouve plus aujourd'hui. J'allai donc lui rendre visite à l'hôpital et, dans mon étourderie enfantine, achetai un bouquet de violettes. Mais lorsqu'on me conduisit près du malade et que je l'eus vu, les yeux bandés, enfermé dans une pièce sombre, voué à l'inaction et à une terrible incertitude (reverrait-il jamais la lumière du jour ?), j'eus terriblement honte du bouquet de violettes que j'avais acheté avec tant de légèreté et d'étourderie — il était bien incapable de le voir. J'étais tourmentée par l'idée que je lui avais fait un cadeau qui lui causerait davantage de peine que de joie et lui ferait vraiment prendre conscience de sa détresse. En proie au désir ardent de réparer ma bévue et de lui offrir rapidement quelque chose qu'il pût apprécier en dépit de ses yeux malades, je me jetai à son cou et lui donnai un baiser. Ce fut le premier baiser de ma vie et ce ne fut pas agréable du tout. Matuš n'était pas rasé et, dans mon agitation, je l'embrassai sur le nez d'abord, puis le baiser glissa sur le menton. Mais une fois que j'eus conduit la chose à bonne fin, je fus absolument incapable de dire quoi que ce soit ou d'expliquer ma conduite ; je balbutiai quelques mots inintelligibles, quelque chose du genre : " N'allez pas croire... ", tout en ignorant complètement ce qu'il pensait et ce qu'il y aurait eu à " croire ". J'étais en proie au désarroi le plus complet et de véritables larmes de petite fille commencèrent à couler le long de mes joues. Mais à la maison arriva un superbe bouquet de lilas, avec une carte de visite sur laquelle on pouvait lire " Mademoiselle ". Il y avait encore quelques mots évoquant " le plus beau cadeau que puisse recevoir un malade ", ce qui montrait que Matuš avait très bien compris quelle avait été mon " intention ". Mon père me dit alors : " Tu vois, ça c'est un gentleman[1]. " »

Jan Jesensky était un homme d'une élégance ostentatoire, qui le faisait paraître beaucoup plus jeune qu'il n'était réellement. Milena se souvenait d'une scène qui eut

1. M. Jesenská, *Le Chemin de la simplicité, op. cit.*

lieu dans sa petite maison de campagne des environs de Prague où il passait quelques jours en compagnie de ce « gentleman », le conseiller Matuš. Tous deux étaient alors âgés de cinquante ans. Matuš contemplait le paysage et il dit en soupirant : « Cela fait déjà cinquante ans que je vois ces arbres. Les années se suivent et se ressemblent, rien ne vieillit comme nous. La campagne verdit, fleurit, jaunit... » Jesensky était foncièrement imperméable à un tel abattement ; il répondit : « Ah, ces arbres ! Cela ne fait jamais *que* cinquante ans que je les vois, chaque année, c'est comme si je les voyais pour la première fois, et il en sera toujours ainsi. »

* *
*

La mère de Milena fut malade pendant des années. Elle souffrait d'anémie pernicieuse. Son père trouvait bon, ne fût-ce qu'à des fins éducatives, que sa fille prît part aux soins qu'il fallait apporter à cette grande malade. Chaque jour, Milena demeurait auprès de sa mère jusqu'à ce que son père vînt la relever, bien qu'elle ne fût âgée que de treize ans. Il n'arrivait souvent qu'à la nuit tombante. La mère était assise, toute droite dans son lit, appuyée sur de nombreux coussins et Milena s'efforçait de ne pas s'endormir sur sa chaise. Chaque fois que sa mère plongeait de la tête, Milena se réveillait en sursaut, en proie à des sentiments de culpabilité. Elle s'élançait vers le lit et aidait la malade à se redresser contre ses coussins. Mais la même scène se répétait un instant après. Puis le père arrivait enfin à la maison, tout excité par ses parties de cartes ou ses visites auprès de ses amies. Parfois, Milena succombait à un désarroi total quand elle pensait à ses parents. Il lui semblait que son père qui s'efforçait toujours de réconforter sa femme en la faisant rire, en plaisantant, ne faisait ainsi que la blesser et lui faire éprouver de manière plus douloureuse encore sa déchéance physique. Milena aimait tendrement sa mère, depuis toujours, mais, dans cette situation, ses jeunes forces l'abandonnaient, ses nerfs craquaient. Un jour, incapable de répondre aux exigences de la malade, elle succomba à l'énervement et jeta sur le sol le plateau sur lequel on avait apporté le repas de sa mère. Les souffrances endurées par la malheureuse qui s'éteignait lentement étaient si atroces que sa mort fut, en fin de compte, une délivrance pour Milena.

*
**

Milena avait treize ans quand sa mère mourut et, du jour au lendemain, elle se trouva autonome, disposant de son temps à sa guise — abandonnée à elle-même, plus exactement. Elle était alors, me dit-elle, un tendron exalté, d'un tempérament aussi sentimental que rebelle. Une nuit, elle ne rentra pas à la maison. Elle avait loué une chambre dans quelque hôtel de troisième catégorie et y passa la nuit, absolument seule. C'était une aventure des plus excitantes. Ce n'était pas seulement l'impression exaltante d'être adulte ; enfermée dans cette chambre d'hôtel, elle espérait aussi percer à jour les secrets qui entouraient ces lieux mal famés. Elle passa la nuit en proie aux fantaisies érotiques les plus confuses — mais rien ne s'y passa.

Elle n'en resta pas à cette expédition nocturne. Le cimetière exerçait une force d'attraction magique sur elle. Elle s'asseyait, la nuit, sur le mur du cimetière et s'abandonnait, les yeux pleins de larmes, à son spleen.

De terribles scènes éclataient lorsque le père avait vent de ses extravagances ; mais, plus il s'emportait, plus elle les multipliait. Ce n'étaient pas les occasions qui lui manquaient. Personne ne contrôlait si elle restait le soir à la maison et elle allait ainsi au gré de ses aventures, se soustrayant, triomphante, à la tutelle de son père. Le peintre Scheiner lui proposa de poser comme modèle pour illustrer des contes ; c'est ainsi qu'à peine sortie de l'enfance elle fit son entrée dans le milieu artistique ; il s'agissait en l'occurrence du groupe ultra-conservateur Jednota. Ses aventures d'atelier lui administrèrent un choc violent et ce n'est qu'avec répulsion qu'elle repensait à cette époque. Je l'entendis une fois résumer ainsi ses griefs à l'égard de son père, mais en fait à l'égard de tous les parents, voire à son propre égard : « On met des enfants au monde sans réfléchir à rien, on se donne tout juste la peine de les connaître, puis on les jette dans la vie : " Va, débrouille-toi ! " »

Dès l'âge de quinze ans, Milena faisait à son entourage l'effet d'une personne adulte. Elle n'avait plus rien d'une gamine, elle avait mûri, elle s'était forgé une personnalité, et ressemblait davantage à une jeune femme qu'à une adolescente, aussi bien physiquement qu'intellectuellement. Dès cet âge, elle possédait l'étonnante faculté de se situer au niveau des adultes qu'elle rencontrait. Sans doute les conflits permanents avec son père avaient-ils leur part dans cette maturité précoce — car elle devait mobiliser toutes ses forces pour tenter d'échapper à son influence.

A cet âge, Milena lisait avec passion, essentiellement des romans de Hamsun, Dostoïevski, Meredith, mais aussi Tolstoï, Jakobson et Thomas Mann. Il est difficile de déceler d'où lui vint, si tôt, la capacité de faire le juste choix et de saisir ce qui compte, ce qui est important pour la vie humaine. Dans son entourage domestique, elle ne trouvait rien sur quoi prendre appui, son intelligence devait se développer de son propre élan. Elle rejetait tout ce qui était bas, sale et surtout de mauvais goût. Non pas par penchant esthétique, mais tout simplement à cause de l'aversion, du dégoût que lui inspirait tout ce qui était sans valeur.

L'atmosphère que Milena a connue dans la maison paternelle, au fil des longues et décisives années de sa jeunesse, l'a marquée pour longtemps. Le conflit permanent avec le père l'entraîna jusqu'à un point critique ; emportée par son mépris du conventionnel, par sa rébellion contre une pseudo-morale dépassée, elle en vint à perdre la mesure de ce qui est possible lorsqu'on veut vivre « par-delà le Bien et le Mal ». Sa révolte l'entraîna beaucoup trop loin, elle crut avoir la force et le droit de vivre selon ses propres lois. C'est ainsi, par exemple, qu'elle s'habitua à faire un usage de la vérité entièrement subordonné à son droit personnel, à décider selon son bon plaisir de ce qui était vrai ou non. C'est à cette époque qu'on lui attribua l'étiquette de menteuse. Mais ceux qui la critiquaient ainsi ne tenaient pas compte du fait que Milena se trouvait dans cette période de transition où un jeune être en rébellion est avant tout à la recherche de šes propres normes. Son insécurité se traduisait par une morgue dangereuse ; elle connut alors une phase provisoire d'effondrement moral qu'elle sut, pourtant, surmonter d'une manière surprenante.

L'éveil des minervistes

Milena fréquentait l'école de jeunes filles pragoise Minerva ; c'était un lycée classique dont le niveau correspondait à l'idéal scolaire de la vieille Autriche. L'étude du latin et du grec y était obligatoire. L'école Minerva avait été fondée dès 1891 par un petit groupe d'intellectuels tchèques au prix de considérables sacrifices financiers ; ce fut l'un des premiers lycées de jeunes filles d'Europe. Cette école fut l'*alma mater* de nombre d'enseignantes, de sociologues, de médecins tchèques réputées. Parmi les élèves de sa première promotion, on trouve par exemple le Dr Alice Masaryk, fille du fondateur et futur président de la République tchécoslovaque, Thomas G. Masaryk*.

On appelait généralement « minervistes » Milena et ses camarades, les jeunes filles émancipées qui fréquentaient ce lycée ; c'était là un surnom où l'admiration bienveillante se mêlait à l'ironie. Milena était l'une des meilleures élèves du lycée, mais elle était tout sauf une enfant modèle. A l'école Minerva naissaient d'étroites amitiés entre les élèves — non pas, comme cela se passe généralement, entre lycéennes du même âge, d'une même classe, mais selon un principe « vertical ». Se retrouvaient ensemble celles qui, en dépit des différences d'âge, avaient les mêmes centres d'intérêt et les mêmes aptitudes — et c'est de cette façon que naissait une sorte d'élite. Certaines élèves éprouvaient pour Milena un véritable engouement et faisaient tout pour lui plaire. Ainsi s'était constitué le trio Milena-Staša-Jarmila. Milena exerçait sur l'une et l'autre une influence tout à fait différente et elle représentait d'ailleurs pour chacune quelque chose de tout à fait différent. L'inclination de Jarmila pour Milena était si grande qu'elle l'imitait d'une manière presque servile. Elle portait les mêmes vêtements qu'elle, confectionnés par la même couturière, et dont le Pr Jesensky acquittait d'ailleurs les factures sans le savoir. Jarmila parlait avec les mêmes intonations que Milena, s'efforçait de s'exprimer comme elle, avait adopté les mouvements légers de son modèle. Peut-être le désir de cette jeune fille de copier Milena reposait-il essentiellement sur leur ressemblance physique : elle était élancée — comme Milena —, avait, comme elle, la taille fine et de longues jambes, très belles. Toutes deux avaient une chevelure magnifique. Mais Jarmila allait plus loin encore. Elle réussit même à s'approprier, jusqu'à la perfection, l'écriture originale et très expressive de Milena. Tout cela était parfaitement conscient et voulu ; mais il ne s'agissait pas, en l'occurrence, d'une simple passion de plagier ; en agissant ainsi, Jarmila manifestait la très haute estime qu'elle vouait à son amie ; il n'y avait tout simplement, pensait-elle, rien de mieux à s'approprier en général que ce qu'elle empruntait à son amie. Elle lisait les mêmes livres que ceux que dévorait Milena, écoutait la musique préférée de Milena et ne manquait pas de tomber amoureuse quand Milena le faisait. Malheureusement, elle demeurait, pour sa plus grande infortune, quelques pas en arrière de son idole. Il ne pouvait absolument pas en être autrement car jamais le souffle d'Apollon ne l'avait effleurée — il n'y avait rien de dyonisiaque en elle, c'est à peine si elle pouvait s'apparenter à une nymphe.

Toute différente était Staša, sa cadette de deux ans environ. Que n'entendait-on les adultes raconter à propos de l'amitié de Staša et Milena ! On les appelait « les sœurs siamoises » et l'on affirmait qu'elles étaient lesbiennes. Il est vrai que — et il ne peut en être autrement chez des jeunes filles de seize ans — cette passion entre femmes avait quelque chose d'enthousiaste, d'extatique, qu'elle se fondait sur l'intérêt excessif qu'elles se portaient l'une à l'autre. L'intensité de leur relation imprégnait chacune de leurs sensations, chacune de leurs pensées ; mais il n'y avait là rien de physique, leur passion n'avait pas la moindre coloration érotique, elle était dépourvue de tout désir d'étreintes ou de baisers. Milena et Staša vivaient en quelque sorte blotties l'une contre l'autre, mais sans jalousie ; elles se vouaient l'une à l'autre, mais sans exiger de droits ; elles s'identifiaient tendrement l'une à l'autre, mais sans jamais se blesser, et ce sentiment demeurait léger et transparent. De façon délibérée et volontaire, Staša se refusait à toute critique à l'égard de son amie et n'aurait pas balancé un instant pour faire tout ce que Milena — qu'elle considérait comme supérieure à elle-même — aurait pu exiger. Pourtant, contrairement à Jarmila, Staša n'abdiqua jamais sa forte personnalité, elle n'imita jamais en quoi que ce soit Milena. Elle n'en devint jamais le reflet.

On aurait bien tort d'imaginer que ces jeunes filles étaient de frêles créatures, délicieusement anémiées. Loin de là ! Elles étaient pleines de vie et de tempérament, friandes de tout comme seules peuvent l'être des adolescentes, raffolant de bananes, de chocolat et de crème fouettée. De bananes, avant tout, fruit encore très rare à l'époque, en Europe.

Il leur arrivait néanmoins d'afficher des airs des plus décadents, sacrilèges et morbides. C'est ainsi, par exemple, qu'elles expérimentaient toutes sortes de médicaments que Milena se procurait en dérobant des ordonnances à son père. Tout excitées, elles observaient quels effets les différents comprimés exerçaient sur elles, dans quel type d'ivresse l'un ou l'autre les plongeait. Elles en vinrent, finalement, à la cocaïne. Aux mises en garde des adultes, elles opposaient la conviction que chacun a le droit de faire des expériences sur son propre corps.

Le Dr Prochaska, le père de Staša, qui avait la réputation d'être un homme très libéral, était à ce point indigné par cette amitié entre femmes qu'il en faisait un drame au-delà de toute mesure et ne ménageait aucun effort pour arracher sa fille à l'emprise de Milena, la meneuse, l'instigatrice. Mais rien n'y faisait, bien qu'il se prononçât pour les moyens les plus radicaux, auxquels il finit d'ailleurs par recourir.

Finalement, cette amitié passionnée qui avait suscité tant de ragots et d'indignation s'acheva d'elle-même, tout bonnement.

*
**

Après que Milena eut passé son bac, son père insista pour qu'elle étudie la médecine afin de poursuivre la tradition familiale. Il la contraignit à l'assister dans les soins qu'il apportait aux « gueules cassées » de la Première Guerre mondiale — bien qu'elle fût totalement inapte à ce genre de travail et partageât les tourments des blessés avec autant d'intensité que si c'était son propre visage que l'on découpait en lambeaux. Ces opérations lui inspiraient, en outre, un dégoût insurmontable. Mais le père n'avait cure d'une telle sensiblerie. Conformément à la mentalité de sa profession, les mutilés n'étaient pour lui que des cas plus ou moins intéressants dans sa pratique de chef du service de chirurgie maxillaire et de plastique faciale à l'hôpital de réserve de Prague-Žižkov. Jan Jesensky expérimentait de nouvelles méthodes permettant de guérir ces malheureux. Un jour, me raconta Milena, son père avait, pensait-il, particulièrement réussi une opération. Il avait « rafistolé » un blessé au visage qui avait perdu une bonne partie du maxillaire inférieur. Simplement, il n'était pas parvenu à rétablir un fonctionnement normal des glandes salivaires ; si bien que l'homme qu'il avait guéri portait autour du cou une poche de caoutchouc dans laquelle la salive s'écoulait en permanence. Milena imaginait l'existence qui attendait le pauvre diable. Mais Jesensky, fier de son ouvrage, renvoya chez lui l'homme qu'il avait « guéri ». C'était peu de temps avant Noël. Le lendemain de Noël arriva un télégramme des parents du soldat : la veille au soir, leur fils s'était tiré une balle dans la tête.

Milena abandonna ses études de médecine au bout de quelques semestres. Elle s'essaya à des études musicales, mais, en dépit de ses dons, ce projet n'alla pas très loin (elle avait l'oreille très musicale, mais son jeu n'avait rien d'exceptionnel). C'est qu'à l'époque, il n'allait pas du tout de soi, dans le milieu que fréquentait Milena, qu'une jeune fille apprenne un métier. Les filles de la bourgeoisie pragoise, comme elle, se mariaient, et, en attendant, leur père les nourrissait. Bien que Milena se soit résolument émancipée, elle considérait comme absolument naturel de vivre avec l'argent de son père, voire, pour dire les choses plus crûment encore, de jeter l'argent de son père par les fenêtres. Elle-même, pourtant, ne vécut jamais dans le luxe — si elle dilapidait, ce n'était pas pour son propre compte. L'argent lui coulait entre les doigts, elle faisait des cadeaux, donnait à qui en avait besoin ou à qui cela faisait plaisir, sans y mettre la moindre affectation. Sans doute son rapport à l'argent était-il une forme de protestation contre ce qui constituait la règle d'or de cette société : l'intangibilité de la propriété privée. Quiconque faisait de l'accumulation de l'argent une fin en soi ne méritait, selon elle, aucune forme de respect. On ne pouvait le considérer comme un être humain, mais comme un fardeau absurde pour ses semblables.

Lorsque j'interrogeais Milena sur sa jeunesse, elle s'exprimait de façon beaucoup plus critique que positive sur elle-même. Un jour que je lui demandais à quoi elle ressemblait lorsqu'elle était jeune, elle me répondit d'une voix hésitante : « Je ne me plaisais pas beaucoup, d'autres disent que j'étais belle, mais pas dans le sens classique du terme, comme l'était, par exemple, la radieuse Staša. » Un de ses amis de jeunesse écrit dans ses souvenirs : « Milena était très belle, mince, mais pas frêle — elle avait au contraire une sorte d'âpreté garçonnière. Sa démarche était tout particulièrement remarquable, sans aucun balancement vulgaire des hanches. On avait l'impression que le rythme charmant de sa démarche ne lui coûtait pas le moindre effort, qu'il obéissait à un mouvement totalement involontaire. On avait l'impression de moins la voir marcher que de la sentir s'approcher, puis s'éloigner. Mais il fallait se rendre à l'évidence et c'était là le plus important : tout cela était parfaitement spontané, dépourvu de quelque intention que ce soit. Sans être d'une " grâce " parfaite, ses mouvements coulaient, comme immatériels. Tout aussi éloquents étaient les mouvements de ses mains, d'assez grosses mains aux doigts presque osseux. Ces mouvements reflétaient presque chacun de ses états d'âme, plus distinctement encore que des mots. Ses gestes étaient pleins de retenue et le moindre d'entre eux prenait d'autant plus d'importance qu'elle en était économe. Une de ses inclinations les plus fortes était le besoin de beauté. Avec ses longs vêtements flottants à la Duncan, sa chevelure dénouée, ses fleurs dans les bras, elle débordait d'une beauté excitante, élémentaire, vivace — alors même qu'elle ignorait de façon presque pathétique tout ce qui l'entourait. Milena aimait par-dessus tout les fleurs et savait les disposer dans un vase avec une légèreté et une grâce presque japonaises. Pour des fleurs, elle pouvait dépenser jusqu'au dernier sou (que ce fût le sien ou non, d'ailleurs !). Milena aimait les beaux vêtements mais n'aimait pas les gens qui s'attifaient. Elle avait l'art de trouver des habits qui n'étaient pas à proprement parler des vêtements de femmes, tout en étant, en même temps, toujours féminins, ondoyants, moelleux et froncés, aux coloris inhabituels. C'est qu'elle habillait, pour ainsi dire, davantage son esprit que son corps. Milena aimait la nature, les arbres, les prés, l'eau et le soleil — mais elle ne s'apparentait en rien à un " ami de la nature ". Elle n'aspirait pas à *connaître* la nature et la beauté, elle en avait besoin pour vivre — davantage encore : pour vivre en elles, pour en être le maître. »

Milena était l'un de ces êtres qui dilapident leur existence sans retenue. Mais elle n'était en rien une solitaire dans sa révolte et sa fureur de vivre. D'autres minervistes, à commencer par celles qui n'avaient pas d'ambitions intellectuelles, agissaient comme elle. Elles tourbillonnaient dans cette Prague encore provinciale, pétrie de conventions toutes victoriennes, scandalisée par l'immoralité de leur comportement — elles étaient prêtes à toutes les folies. Tout se passait comme si une maladie contagieuse s'était abattue sur la ville. Pour une part, cette évasion hors des sentiers battus de la société bourgeoise s'explique par l'atmosphère exceptionnelle qui régnait en ces années-là. L'ensemble du peuple tchèque vivait dans le pressentiment de sa proche indépendance nationale. Prague était un centre créateur. La jeunesse engloutissait la poésie des symbolistes français, des décadents, des « vitalistes » tchèques, elle lisait Hora*, Šrámek* et Neumann*, s'enthousiasmait pour les œuvres des grands écrivains russes. Ce que les poètes venaient tout juste de créer, ce qui venait à peine d'éclore était accessible à tout un chacun, et était repris au bond par tous. On vivait dans les œuvres de ces écrivains. A cela s'ajoutait la rencontre d'une partie de la jeunesse tchèque — fût-elle minoritaire — avec les écrivains allemands vivant à Prague et avec les porteurs de la culture juive. Les extrêmes se touchaient, faisant sauter les barrières nationales et dénonçant leur étroitesse ; ce fut une période somptueuse et brève de fertilité intellectuelle, une époque débordant de promesses et d'attentes.

L'écrivain Josef Kodíček* se souvient d'une rencontre avec Milena qu'il fit en ces années-là : « Je vois encore, comme si elle avait eu lieu aujourd'hui, cette scène ensoleillée. C'était un dimanche, peu avant midi, sur le Graben. Prague n'était pas encore une véritable métropole, ce n'était qu'une ville de province. Et les villes de province ont habituellement un "cours", une avenue centrale. A Prague, c'était le Graben. Je revois les Allemands, avec leurs vêtements élégants, je revois les étudiants qui se promènent, les officiers autrichiens ; on se salue, on sourit, on se fixe des rendez-vous. Le dimanche matin, le Graben était un territoire de vieille Autriche. Je revois émerger la stature du comte Thun, le gouverneur de Prague qui, du haut de ses deux mètres, domine la foule en mouvement. Il est maigre, élancé comme une cigogne, c'est l'homme le plus élégant qui ait vécu alors sur tout le continent européen. Détendu, d'un calme olympien, il se tient debout sur une jambe, l'autre repliée, le pied niché à la saignée du genou ; à travers son monocle cerclé de noir, il observe le flot des promeneurs qui vont et viennent. Voici justement que passent, bras dessus, bras dessous, deux jeunes filles. Apparition des plus sensationnelles ! Elles sont les premières à Prague à avoir consciemment adopté un maquillage qui les fait ressembler à des éphèbes, à des adolescents. Leur style est impeccable. Elles sont coiffées dans le style des préraphaélites anglais, sont minces comme des joncs, il n'y a absolument rien de petit-bourgeois dans leur allure, sur leur visage. Ce sont peut-être les premières jeunes filles tchèques de l'avant-guerre à avoir, pour ainsi dire, prolongé leur univers en s'aventurant au-delà de la Ferdinandstrasse où se promenaient les Tchèques, jusque sur le Graben, se liant ainsi à la jeune génération des écrivains allemands. Voilà qui était agir en véritables Européennes ! Quelle sensation que leur apparition ! Le comte Thun, debout sur une jambe, se retourne pour les voir passer, il les regarde s'éloigner, une vague d'enthousiasme et de curiosité parcourt le public. Voici qu'arrivent Willy Haas*, Kornfeld*, Fuchs* et quelques autres écrivains issus de l'entourage de Werfel* ; ils nous présentent les deux jeunes filles : " Milena et mademoiselle Staša ! " Cela ne fait pas de doute : des deux, c'est Milena qui donne le ton.

« On raconte à leur propos des histoires incroyables ; on dit que Milena jette l'argent par les fenêtres comme une folle ; on dit que, pour arriver à temps à un rendez-vous, elle a traversé la Moldau à la nage tout habillée ; on dit qu'elle s'est fait arrêter à cinq heures du matin dans le parc municipal parce qu'elle y avait cueilli des magnolias " publics " pour les offrir à son ami qui les aime tant. Milena ne connaît aucune limite, que ce soit pour exiger ou pour donner. La vie la submerge, son existence se consume comme une chandelle allumée aux deux bouts.

« A les regarder, comment dire, d'un œil quelque peu critique, on détecte chez Milena et son amie comme une légère affectation, quelque chose d'un peu étudié dans leur style. Mais comment pourrait-il en être autrement ? N'est-ce pas la moindre des choses à une époque où l'art de Klimt et de Preisler* jette ses derniers feux, où le " Vent d'argent " du poète Frána Šrámek souffle alentour ? Le Jugendstil de Ružena Svobodova* cède le pas à un courant porteur d'une vitalité nouvelle, beaucoup plus ancré dans les réalités terrestres, beaucoup plus conquérant. La jeunesse peut à nouveau rire. Werfel, " l'ami du monde ", prescrit la joie de vivre, il exhorte les hommes à se donner une poignée de main fraternelle. La décadence s'efface devant la joie de vivre. Werfel est en train de composer son second recueil de poèmes. Un peu plus tard, Milena deviendra le pôle magnétique de toute une génération littéraire de Tchèques et d'Allemands — dont certains ont déjà un renom dans toute l'Europe[1]. »

Ce n'était pas seulement la nouveauté, l'inconnu qui attiraient Milena vers les intellectuels allemands et juifs ; c'est aussi qu'auprès d'eux elle rencontrait une culture ancienne, si différente de celle dans laquelle elle avait grandi, avec toute son étroitesse, sa petitesse, son provincialisme ; elle rencontrait une culture qui avait depuis longtemps atteint sa maturité, voire l'avait dépassée — tandis que la sienne propre, la culture tchèque, en était encore au stade du bourgeonnement et de l'éclosion. C'est là un aspect tout à fait caractéristique de Milena : elle a grandi dans la tradition tchèque, y est toujours demeurée enracinée, mais le désir de s'en détacher, de s'intégrer à une dimension cosmopolite l'a toujours habitée.

L'essor de la littérature allemande pragoise fut un phénomène étrange car il se déploya, pour ainsi dire, dans le vide. Ces écrivains allemands n'étaient pas enracinés dans le pays ; ils ne rencontraient pas d'écho dans l'ensemble de la population tchèque qui les entourait. « Je n'ai jamais vécu parmi le peuple allemand, écrivit un jour Franz Kafka à Milena. L'allemand est ma langue maternelle, il m'est donc naturel, mais j'aime bien mieux le tchèque[2]... »

Ce phénomène n'était pas seulement propre aux Juifs, bien qu'il les affectât tout particulièrement, il l'était aussi aux quelques artistes allemands vivant à Prague. C'est le cas, par exemple, de Rainer Maria Rilke. Lui non plus ne

---

1. Josef Kodiček, émission à Radio Europe Libre (Munich), le 2 juin 1973.
2. F. Kafka, *L à M*, p. 45.

rencontra pas d'écho parmi le peuple tchèque, ce qui rend plus étonnante encore la qualité de son travail poétique. Peut-être est-ce à cette situation qu'il faut rapporter la puissante force d'attraction que ces jeunes filles tchèques pleines de tempérament exercèrent sur ces poètes réceptifs et sensibles : c'était là une forme d'échange, de réciprocité qui se mettait en place. Cet attrait mutuel s'est trouvé déterminé aussi bien par les tendances similaires que par les courants contraires qui affectaient les uns et les autres ; il fut d'autant plus profond que les Allemands pragois et les jeunes filles tchèques avaient subi les mêmes influences, grandi dans le même environnement : Prague, avec ses vieilles rues, ses ponts, ses places endormies, ses enchevêtrements de toits rouges, gris et verts, au pied du Hradschin, le fier Château, la campagne de Bohême, avec ses arbres et ses berges riantes, le long du fleuve qui serpente, la Moldau. Pourtant, les uns et les autres provenaient de milieux totalement différents, dans ce vieux Prague divisé en deux. Simplement, et c'était là la nouveauté, ces jeunes gens issus de deux milieux antagoniques rejetaient les préjugés les plus profondément ancrés pour se retrouver ensemble. Cependant, quelque intérêt qu'elle manifestât pour cette autre culture, pour la recherche de voies nouvelles, Milena demeura toujours indépendante, elle ne tomba jamais dans l'imitation, elle demeura toujours la jeune fille de Bohême chaleureuse qu'elle avait été — quel qu'ait pu être l'attrait exercé sur elle par nombre d'Allemands ou de Juifs pragois et la profondeur de son accord avec eux.

Il y avait, parmi les élèves du lycée Minerva, de fortes personnalités en assez grand nombre et des caractères enflammés ; mais Milena émergeait de ce groupe, elle était un feu ardent. Ce qui la caractérisait avant tout, c'étaient ses débordements de sympathie pour ses frères humains. C'est ainsi qu'elle parvenait à gagner à elle des personnes appartenant aux milieux les plus divers. Aussi bien les hommes que les femmes ou les jeunes filles tombaient sous son charme. Pour Milena, les barrières sociales n'existaient pas ; on pouvait avoir des amis partout, partout où existaient encore amitié et amour authentiques. Pour autant, elle ne considérait pas que toutes les différences devaient s'effacer. Ses amitiés créaient un lien nouveau rassemblant tous ceux qui, comme elle, vivaient dans la clarté, l'honnêteté et la vérité.

Milena possédait une sorte de don de double vue concernant les sentiments, une capacité de percer la couche de mensonges dont chacun se protège dans ses jugements sur les gens, d'aller au cœur d'une personnalité en se frayant un chemin au travers des strates d'habitudes acquises. Elle savait distinguer chez les autres l'authentique de l'acquis, de ce qui relève du vernis, des normes inertes. C'étaient pour elle des concepts comme celui d' « être humain » qui avaient un sens, et non pas des catégories mortes comme celle de « société humaine normalisée ». Autant dire qu'elle rejetait les catégories de la société qui l'entourait, de la société bourgeoise, rabougrie, qui dépersonnalise les individus, les rend incapables de s'élever au-dessus de leur propre moi — ou, plus précisément, de prendre leurs distances d'avec leur moi pour être capables de le juger comme s'il s'agissait d'une autre personne.

Il serait faux d'imaginer que les minervistes constituaient un milieu clos, voire organisé. Elles n'agissaient jamais de manière collective, rien de ce qu'elles faisaient n'était comparable en quoi que ce fût avec les mouvements de jeunesse tels qu'ils existaient en Allemagne à cette époque-là. Elles étaient toutes d'un individualisme si affirmé que l'idée même de constituer un « groupe » leur serait apparue comme une absurdité. Jusqu'au début des années trente, jusqu'à son adhésion au parti communiste, Milena n'appartint jamais à aucune espèce de groupe, bien qu'il y en eût plus d'un parmi l'intelligentsia pragoise. Milena était une sorte d'élément subtil, fugitif, qui surgissait partout et se déplaçait librement dans les cercles littéraires et artistiques les plus divers.

La plupart de ces jeunes filles accordaient une importance excessive aux plaisirs des sens ; Milena, elle, même si on lui reprochait son amoralisme, abordait bien davantage la morale sous un angle intellectuel — ce qui ne l'empêchait pas de savoir aussi s'amuser. Dès lors, les autres, les « bacchantes », la percevaient comme une sorte de précieuse ; mais elle n'était pas pour autant ridicule.

Toutes ces jeunes filles vécurent des expériences totalement différentes, chacune d'entre elles faisant précisément celles qui correspondaient à son tempérament et parvenant à des résultats différents, au fil de son destin particulier. Mais toutes eurent une chose en commun : peu avant et pendant la Première Guerre mondiale, elles ouvrirent toutes grandes les fenêtres pour faire entrer un air frais, faire souffler le vent de la liberté sur un milieu en proie à l'obscurité et au confinement. Elles se précipitèrent dans cette aventure la tête la première et la plupart d'entre elles restèrent sur le pavé, les membres et le cœur tout sanglants. Milena, la plus audacieuse, la plus anarchiste d'entre elles, fut presque la seule qui parvînt à s'en relever grâce à son énergie et à sa vitalité et à répondre aux espérances de ceux qui admiraient tant ses dons. C'était le secret et la grandeur de cette femme que de pouvoir s'enfoncer dans les profondeurs les plus abyssales, qu'il s'agisse de celles de l'expérience, du rejet de la morale, du courage ou du désir de savoir, et d'être capable de refaire surface, de retrouver le chemin d'une vie normale, de s'assigner des tâches élevées et de les remplir.

Il n'y eut pas que la littérature de ces années pour former, éduquer, mettre en train cette jeunesse ; elle fut aussi entraînée dans le courant de l'émancipation des femmes. Il n'y avait là rien de surprenant : un tel courant pouvait se développer, en Bohême, sur une toile de fond particulièrement romantique. « Milena était pour moi l'incarnation de la pionnière, note un de ses amis proches. Je l'ai toujours imaginée à cheval, un revolver à la ceinture... » Cette image de Milena, on la dirait empruntée à la légende de la « Guerre des femmes » dont se réclamait avec insistance le mouvement d'émancipation des femmes de Bohême. Cette légende raconte qu'il y a fort longtemps, sous le règne de la princesse Libuše, les femmes et les jeunes filles de Bohême jouissaient d'une considération et d'un respect particuliers. Mais Libuše, soucieuse de perpétuer sa dynastie, voulut prendre époux. L'élu fut un simple paysan, Přemysl, plus connu sous le surnom de « Přemysl le laboureur ». A la mort de la princesse, Přemysl établit sa souveraineté sur la Bohême et c'en fut fini du pouvoir et de la considération dont jouissaient femmes et jeunes filles. Elles tentèrent de faire valoir leurs droits ancestraux, se défendirent, refusant de se soumettre au nouveau prince et aux hommes. Puis, en proie à la colère, elles finirent par abandonner le château de Přemysl, Vyšehrad; construisirent le leur au bord de la Moldau, et lui donnèrent le nom de « Děvín » — le château des femmes. Partant de cette place forte, ces amazones entreprirent de combattre les hommes, par le glaive et par la ruse. Un jour sonna l'heure du combat décisif à l'occasion duquel Vlasta, l'âme de la lutte, et quelques centaines de femmes trouvèrent la mort. C'est ainsi que finit la légende de la guerre des femmes.

L'écrivain Božena Němcová*, qui vécut de 1820 à 1862 et dont on lit et apprécie aujourd'hui encore cet ouvrage magnifique qu'est *Grand-mère*, fut l'une des femmes de Bohême les plus remarquables, un des précurseurs du mouvement des femmes. Dans le cadre de son activité littéraire, elle rassemblait également des contes populaires et des légendes tchèques qu'elle transcrivait. On a comparé et l'on compare très souvent Milena à Božena Němcová et Kafka nota un jour, à propos de la manière dont Milena écrivait :

« Je ne connais en tchèque qu'une musique de la langue : celle de Božena Němcová. La vôtre [celle de Milena] est différente, mais elle s'y apparente par la décision, la passion, l'amabilité et surtout une intelligence de voyante[1]. »

Le destin de ces deux femmes présente également beaucoup de similitudes. L'une et l'autre ont brisé les règles de la morale bourgeoise, toutes deux ont aimé, au cours de leur vie, avec toute la force de leur cœur, toutes deux ont

1. F. Kafka, *L à M*, p. 51.

connu, à plusieurs reprises, de profondes déceptions, toutes deux se sont orientées, pendant un temps au moins, vers la gauche radicale.

Par la suite, il y eut encore en Bohême bien d'autres femmes remarquables qui, dans l'activité littéraire ou sociale, se frayèrent leur propre voie. Mentionnons deux d'entre elles qui étaient apparentées à Milena, sa tante Ružena et sa tante Marie, deux sœurs de son père. Marie Jesenská, la plus jeune, accéda à la notoriété en publiant de nombreuses traductions de romans anglais, notamment de Dickens et George Eliot. L'aînée, Ružena Jesenská *, occupe une place plus importante dans la littérature tchèque. Elle a joué un rôle de premier plan dans la littérature féminine de son époque ; poète lyrique au début de sa carrière littéraire, elle composa, dans l'esprit du nouveau romantisme, des textes mi-sentimentaux mi-décadents, rappelant parfois la chanson populaire. Puis elle passa à la prose et écrivit des romans d'amour — faisant montre, dans ce genre, de meilleures qualités. Elle eut le courage d'évoquer ouvertement des problèmes érotiques, avec une audace encore inhabituelle à l'époque. Toute sa vie durant, Ružena Jesenská continua à porter le fardeau de son premier amour déçu. Ce thème et la quête d'un véritable bonheur amoureux remplissent presque toute son œuvre. Le célèbre historien de la littérature tchèque, Arne Novák, a parlé de l'œuvre de Ružena Jesenská dans des termes qui la définissent presque comme une anticipation de la vie de sa nièce Milena. Évoquant « l'amélioration constante de ses capacités créatrices », il souligne la présence, dans ses œuvres de maturité, de « figures de femmes courageuses dessinées avec amour et qui, dans le bonheur comme dans l'abîme, n'écoutent toujours que la voix de leur cœur ».

Pendant de longues années, les relations entre Milena et sa tante Ružena furent dominées par une antipathie réciproque. Enfermée dans son étroite morale bourgeoise, la tante s'indignait de la vie débridée de sa nièce, sans pouvoir s'empêcher, toujours, de l'entourer de soins maternels. Mais Milena la rembarrait, tournait en dérision ses manières de vieille fille et ses livres débordant de sentimentalité. Par la suite, les choses changèrent : la vie avait asséné de rudes coups à Milena, elle fit ses preuves en tant qu'écrivain mais aussi en tant que militante politique ; entre la tante et la nièce se développa une estime réciproque qui, bientôt, culmina en chaleureuse tendresse. Milena se réfugiait chez sa tante Ruzena quand elle succombait au désespoir ou avait besoin d'appui, de consolation. Elle trouvait chez elle une affection inconditionnelle, Ruzena l'aimait avec ses défauts ou peut-être même à cause de ces défauts. Un jour (elle était déjà âgée de soixante-treize ans), tante Ruzena dit tristement à Milena : « J'ai bien l'impression que je vieillis : cela fait déjà trois ans que je ne suis plus tombée amoureuse... »

***

L'histoire de Bohême est peuplée de ces femmes tchèques qui se distinguent par leur courage et leur attitude combative — fût-ce, comme c'est souvent le cas, sur un terrain purement intellectuel. De génération en génération, on peut suivre le fil rouge d'un même désir, d'un désir d'émancipation des conventions figées, du même courage de nager contre le courant et de ne se conformer qu'à son propre moi — de tous ces sentiments qui avaient empoigné Milena et les minervistes.

Il se peut aussi qu'il y ait une part d'héritage dans l'indépendance de la pensée de Milena. Jan Jesensky ne cessait de le rappeler, il était issu d'une vieille famille tchèque ; aujourd'hui encore, une plaque commémorative apposée dans la mairie de la vieille ville de Prague, et où sont gravés les noms des martyrs du peuple tchèque, en témoigne : il y est indiqué que son ancêtre Jan Jessenius a été exécuté en 1621. Né en 1566, il fit ses études à Breslau, puis à Wittenberg et enfin à Padoue où il passa son doctorat en médecine. Puis il revint à Breslau, y devint maître de conférences à l'Université en même temps que médecin particulier du prince électeur de Saxe. En 1600, il fut appelé à Prague où l'astronome Tycho Brahé le recommanda comme médecin particulier à l'empereur Rodolphe II et, par la suite, à l'empereur Matthias.

Jan Jessenius devint bientôt une célébrité à Prague, aussi bien parmi les savants que parmi le peuple : en juin 1600, il fut le premier en Europe centrale à pratiquer une autopsie. En 1617, lorsqu'il fut question de l'élire recteur de l'université de Prague, certains émirent des réserves. Noble hungaro-slovaque, Jessenius ne parlait pas tchèque mais allemand et latin et l'on doutait qu'il fût concevable que l'université tchèque eût un recteur qui ne maîtrisât pas la langue du pays. Il fut malgré tout élu. Son appartenance au protestantisme fut, en l'occurrence, un facteur décisif.

Jessenius était engagé dans le combat pour les idées progressistes de son temps, il défendait avec impavidité la liberté des sciences et la liberté de conscience face à la résistance de l'Église. Il s'opposa aux menées de l'empereur Ferdinand II, qui s'efforçait par tous les moyens de placer l'université de Prague sous sa tutelle.

C'est en 1618, avec la « défenestration pragoise » des représentants de l'empereur, que se situe le soulèvement des protestants de Bohême. Jan Jessenius était parmi les insurgés. Après la bataille de la Montagne-Blanche, il fut emprisonné avec plus d'une vingtaine d'autres dirigeants de l'insurrection et condamné à mort. On dit que, lorsque la peine de mort fut prononcée contre lui, il déclara : « Vous nous traitez de manière infâme et monstrueuse, mais sachez que viendront des hommes qui nous rendront les honneurs en enterrant nos têtes que vous aurez outragées et exposées. » On l'exécuta de façon particulièrement cruelle : avant de le décapiter, on lui coupa la langue.

La femme aimante

« Milena, quel nom riche et dense ! si riche, si
plein, qu'on peut à peine le soulever ! et au début
pourtant il ne me plaisait pas beaucoup ; je voyais
un Grec ou un Romain, égaré en Bohême, vio-
lenté par les Tchèques, trompé sur la prononcia-
tion ; alors que c'est, prodigieusement, par la couleur et la forme, une femme qu'on porte dans ses
bras, qu'on arrache au monde, ou au feu, je ne
sais, et qui se presse dans vos bras, docile,
confiante [1]... »

Un dimanche quelconque, le SS de garde se trouvait
être dans l'un de ses bons jours et il nous gratifia d'un peu
de musique. Il brancha la radio qui se mit à retentir dans
le camp. Les haut-parleurs diffusaient *la Truite* de Schubert. Comme ensorcelées, nous allions et venions au
milieu de milliers de femmes en costume rayé, marchant
sur l'allée du camp aux accents de la musique comme si
nous participions à un gigantesque corso de revenants.
« Aurons-nous encore l'occasion d'aller au concert ?
Entendrons-nous encore la musique de Mozart ? » nous
demandions-nous. Mais nous sommes bientôt arrachées à
ces pensées nostalgiques. A Ravensbrück, même la promenade du dimanche est parsemée d'embûches. Tout à coup,
en effet, une surveillante se fraie un chemin entre les détenues et frappe brutalement l'une d'entre elles. Que s'est-il
passé ? Deux femmes, au défi du règlement, marchaient en
se tenant par le bras. Du coup, le charme est brisé, tout le
plaisir que l'on peut tirer de la musique et du soleil se

1. F. Kafka, *L à M*, p. 77.

trouve empoisonné. Comble de malheur, voilà maintenant que les haut-parleurs diffusent, après Schubert, les marches nazies exécrées. Nous avons les nerfs en pelote. Je veux retourner à la baraque, mais Milena a une bien meilleure idée — même s'il faut pour cela braver résolument le règlement. Elle veut passer à l'infirmerie, y prendre la clé de la salle de soins. Nous pourrons nous y réfugier, personne n'aura l'idée de nous y chercher un dimanche. Nous y parvenons et fermons la porte à clé derrière nous.

Les vitres opaques et striées étincellent et scintillent comme la surface d'un lac gorgé de soleil. Nous sommes assises l'une à côté de l'autre sur une table, les jambes ballantes, toute colère oubliée. Lorsque l'on ne peut se mouvoir qu'au milieu d'une masse de gens, le fait de se trouver seul dans une pièce est déjà, en soi, un grand plaisir. J'ai envie de chanter et fredonne « *In einem Bächlein helle...* ».

C'est ce dimanche que Milena m'appela, pour la première fois, « *Tschelowjek boži* ». Ma connaissance du russe me permit d'en comprendre parfaitement le sens et j'en tirai davantage d'embarras que de ravissement. « *Tschelowjek boži* », que l'on peut traduire par « homme-dieu », est un concept tiré des romans de Dostoïevski. J'étais très gênée de voir Milena me désigner ainsi, car je n'ai jamais vraiment pu comprendre que l'on pût m'aimer, voire m'admirer. Comme je lui demandais ce qu'elle trouvait en moi qui fût digne d'être aimé, Milena me répondit avec un sérieux total : « Tu as la grâce d'aimer la vie à sa source même. Tu es forte et bonne comme une terre fertile, comme une de ces petites madones bleues que l'on trouve dans nos villages... »

Je ne savais pas, au début, ce qui m'attirait si puissamment vers Milena, je croyais que c'était en premier lieu sa supériorité intellectuelle. Mais je m'aperçus bientôt que c'était le mystère émanant de toute sa présence physique qui me fascinait le plus. Milena n'avançait pas dans ce monde d'un pas ferme, assuré. Elle se déplaçait en glissant. J'avais souvent l'impression, en la découvrant de loin sur l'allée du camp, qu'elle venait tout juste d'y faire son apparition, d'émerger inopinément d'on ne sait où. Même lorsqu'elle était contente, son regard, ses yeux demeuraient enveloppés dans un voile de deuil insondable — mais pas d'un deuil habituel, se rapportant à nos épreuves quotidiennes ; les yeux de Milena disaient la peine de qui ne connaît pas de délivrance et se sent étranger en ce monde. C'est cet aspect insaisissable, par lequel elle s'apparentait à une Mélusine, qui me fit entièrement tomber sous son charme — car elle demeurait toujours inaccessible. Tous mes rêves se rapportant à Milena traduisent d'ailleurs cette situation désespérée :

Je suis sur une montagne, au milieu d'une route toute droite et en pente ; elle est bordée, des deux côtés, de petites maisons, toutes exactement semblables les unes aux autres. Au pied de ce coteau, la route en rencontre une autre, à angle droit, en tous points identique, bordée elle aussi de baraques. J'aperçois tout à coup Milena. Vêtue d'une longue robe de détenue, elle avance sur la route du bas. Comme fascinée, paralysée par la crainte qu'elle ne m'échappe à nouveau, je n'ose pas courir vers elle. Elle avance lentement vers moi, mais son regard m'évite, elle ne veut pas me voir. Mon cœur bat la chamade. J'ai à peine fait quelques pas dans sa direction que, déjà, elle se dirige vers une maison située sur le côté gauche de la rue. Je crie : « Milena ! » Mais aucun son ne sort de ma gorge. Je descends la route en courant. Elle a disparu, la porte l'a avalée. Mais quelle porte ? Ce sont toutes les mêmes. Je me précipite d'une maison à l'autre, d'une porte à l'autre, les secoue, appelle, tambourine avec mes poings et finis par quitter l'endroit, désespérée. Toutes ces portes me sont fermées...

Perdre sa liberté ne signifie pas, pour autant, ne plus avoir besoin d'amour. Au contraire, le désir de tendresse, le désir de la présence consolatrice d'un être aimé devient plus puissant encore en captivité. A Ravensbrück, les unes cherchaient le salut dans l'amitié de femme à femme, d'autres parlaient beaucoup d'amour et d'autres encore poussaient leur fanatisme politique, voire religieux, jusqu'aux limites de la compensation érotique.

Les amitiés passionnées étaient aussi fréquentes parmi les politiques que parmi les asociales et les criminelles. Simplement, les relations amoureuses des politiques se distinguaient de celles des asociales ou des criminelles le plus souvent en ceci : elles demeuraient platoniques, tandis que les autres prenaient un tour ouvertement homosexuel. La direction du camp réprimait ces relations avec une brutalité toute particulière. L'amour était réprimé à coups de matraque. Je me souviens d'une scène particulièrement bouleversante. Quelqu'un avait dénoncé une détenue, jeune, blonde, une de celles qu'on appelait les « politiques couche-toi-là ». La surveillante en chef Mandel voulut faire un exemple ; elle ordonna à la pauvre fille de se dénuder le torse, sur l'allée du camp, devant toutes les autres. Elle avait la poitrine couverte de suçons. Un tel spectacle ne pouvait éveiller que la compassion.

Dans les couples qui se formaient chez les asociales, l'une des femmes adoptait habituellement un comportement masculin et l'autre une attitude extrêmement féminine. Dans le jargon des asociales, celle qui adoptait le rôle de l'homme était un « chouette mec » ; il importait qu'elle ait de larges épaules, des hanches étroites et, si possible, les cheveux coupés court. Elle parlait d'une voix rauque et imitait les gestes des hommes.

J'ai entendu parler d'une affaire de prostitution au cours de l'avant-dernière année d'existence de Ravensbrück, à une époque où un certain chaos régnait déjà dans le camp. Il, ou plutôt elle, s'appelait Gerda, mais se faisait appeler « Gert » et approvisionnait en amour de nombreuses femmes. Mais elle ne le faisait pas par amour, et moins encore pour rien. Elle se faisait payer. Tous les samedis et les dimanches, les femmes qu'elle pourvoyait ainsi en chair fraîche remettaient, comme elles s'y étaient engagées, leurs rations de margarine et de saucisse (elles n'étaient distribuées qu'en fin de semaine) au fringant Gert.

Il était rare que les détenues puissent voir les occupants du camp de concentration pour hommes de Ravensbrück. Mais lorsque le hasard voulait qu'une colonne de détenues en route pour le travail extérieur au camp rencontre un groupe de prisonniers, les SS lançaient un ordre à l'une des deux colonnes : « Halte ! », « Demi-tour ! ». Et c'est ainsi que, le visage tourné, il fallait attendre que la « tentation » se soit éloignée.

L'étroite promiscuité de milliers de jeunes femmes et de jeunes filles créait, en dépit de la terreur ambiante dans le camp, une atmosphère érotique. J'observais les jeunes Tziganes travaillant à l'atelier de confection des SS pendant la nuit ; en dépit du ronronnement bruyant des machines, de la chaleur torride, du surmenage, de la poussière qui saturait l'atmosphère, elles chantaient, devant leurs machines, de langoureuses chansons d'amour. Les appétits érotiques de certaines autres femmes ne trouvaient d'apaisement que dans la danse. Elles se contorsionnaient et se balançaient au rythme d'une danse à claquettes, dans un recoin, derrière les toilettes puantes, tandis que devant, leurs amies montaient la garde afin de les avertir d'un éventuel contrôle des SS.

Il était très rare que se nouent au camp des relations amoureuses entre SS et détenues. J'en connais cependant un cas. Dans une dépendance à l'extérieur du camp, une détenue politique allemande tomba enceinte d'un SS ; désespérée, elle se procura des somnifères à l'infirmerie et se suicida.

A l'atelier de confection n° 1, où j'ai travaillé pendant un an et demi, une tendre relation entre le SS Jürgeleit et une détenue s'était développée. Ils échangèrent de nombreuses lettres d'amour, mais les choses n'allèrent pas plus loin.

Il y eut un cas où l'amour d'un SS pour une détenue fut lourd de conséquences. Il travaillait à l'atelier de réparation des machines à coudre où étaient employées également Anička Kvapilová, une amie de Milena, et cinq ou six autres Tchèques. Le SS, qui n'avait que dix-huit ans, s'appelait Max Hessler ; il s'éprit d'une jeune Tchèque. Ils se voyaient tous les jours et son amour était aussi ardent que dépourvu de perspectives. Il finit même par se prendre de passion pour toutes les détenues venant de Bohême, mieux, il se mit à aimer le peuple tchèque dans son ensemble. De nombreuses palabres secrètes eurent lieu, puis un jour, il prit une décision d'une audace folle. Il annonça à celle qu'il aimait qu'il était prêt à se rendre pour elle à Prague. Il inventa à cette fin un prétexte plausible pour ses supérieurs SS. Il leur fit croire que certaines pièces de rechange de machines à coudre dont on avait absolument besoin ne pouvaient se trouver qu'à Prague. Il reçut donc l'ordre d'aller se les y procurer. Il entreprit le voyage, porteur des nombreuses lettres que les détenues tchèques lui avaient remises pour leurs familles à Prague. C'était déjà là une entreprise des plus dangereuses. Il s'acquitta de tout comme il lui avait été demandé, rendit visite à toutes les familles, et les proches des détenues lui remirent non seulement des lettres, mais aussi de la nourriture, voire des objets de valeur. Le jeune SS rapporta tout cela dans une gigantesque valise, trouvant même une méthode aussi hardie qu'astucieuse pour introduire en fraude ce volumineux bagage à Ravensbrück. Puis il entreprit de distribuer le courrier et les cadeaux à leurs destinataires. Leur joie et leur reconnaissance étaient sans bornes. Malheureusement, bien trop de personnes étaient au courant de l'affaire et les SS en eurent vent. Le pauvre bougre fut arrêté et quelques détenues tchèques jetées dans la prison du camp.

J'ai appris plus tard qu'après avoir été condamné à une peine de prison, le jeune SS obtint un sursis et fut envoyé au front, en France, où il fut bientôt fait prisonnier. Après 1945, deux anciennes détenues tchèques se rendirent en France, passant les camps de prisonniers au peigne fin les uns après les autres pour, finalement, trouver le vaillant amoureux et obtenir peu après sa libération.

C'était un jour de printemps, à Ravensbrück ; il faisait gris, les détenues étaient au travail et j'avançais, seule, sur l'allée du camp. Je remarquai de loin la présence d'une sentinelle, le fusil en bandoulière. En m'approchant, je vis la tête d'un homme émergeant d'une bouche d'égout. Il avait le visage typique du droit commun endurci, avec cette expression bornée, pleine de vigueur et de ruse à la fois, qui le caractérise. Il était tondu sur le sommet du crâne. Son regard était tourné vers la baraque des femmes devant laquelle se tenait une asociale. « Se tenait » n'est d'ailleurs pas le mot qui convient, elle tortillait des hanches, se balançait d'un mouvement aguicheur. D'un geste habile, elle avait retroussé cette sorte de sac rayé qu'était la robe de détenue, la tenant serrée autour du ventre et des hanches, si bien qu'on lui voyait les mollets jusqu'au genou. Et, mon Dieu, quels mollets ! Minces comme des triques, couverts de boutons. Mais cela, elle l'avait complètement oublié, à ce moment-là. Son attitude, son sourire débordaient d'assurance féminine. Elle s'imaginait être en possession de tous ses attraits dont la faim avait eu raison depuis bien longtemps. Et son adorateur avec son crâne rond, dans sa bouche d'égout, la tête légèrement inclinée sur le côté, était emporté par la passion et la trouvait, lui aussi, belle et désirable...

Je racontai cette scène à Milena. Elle était enthousiasmée, elle ne trouvait rien de drôle à cette scène, au contraire. « Dieu merci, dit-elle avec un profond soupir de bonheur, on ne peut tuer l'amour. Il est plus fort que n'importe quelle barbarie ! »

Le prénom Milena veut dire en tchèque « amante » ou « aimée » et, ce prénom semblant agir comme une prédestination, l'amour et l'amitié allaient exercer leur empire sur toute sa vie, devenir son destin. C'est à seize ans qu'elle tomba amoureuse pour la première fois. Ce fut un livre qui l'entraîna dans cet amour précoce. Milena, lectrice acharnée, s'identifia à l'héroïne d'un roman et, comme elle, s'amouracha d'un chanteur, Hilbert Vávra. Milena l'aimait d'une grande passion, avec tout ce qui en découle, mais cette première expérience fut une déception. Elle était trop jeune. La raison en est sans doute aussi que son partenaire était un personnage insignifiant qui ne lui donna aucunement la possibilité d'aimer selon ses capacités. Ce n'est que quelques années plus tard qu'il lui fut donné de connaître le grand amour.

Milena était au concert ; elle était assise sur une marche d'escalier, au premier rang, totalement absorbée par la partition. Elle portait une robe de soirée mauve, comme si elle devait être reçue à la cour royale. C'est alors que quelqu'un se pencha par-dessus son épaule pour lire la partition. C'était Ernst Polak, et c'est ainsi qu'elle fit sa connaissance. L'amour de la musique fut le terrain commun sur lequel ils se rencontrèrent. C'était là, pour Milena, quelqu'un de son calibre. Ernst Polak, qui avait environ dix ans de plus qu'elle, était un esprit d'une très grande finesse et manifestait cette distance raisonnable vis-à-vis de tout ce qui est humain et qui appartient en propre aux meilleurs représentants de la race juive. Cet amour offrit à Milena la possibilité de vivre pleinement tout ce dont elle était capable, le bonheur le plus intense comme la peine la plus profonde. Dans une lettre à Max Brod, Franz Kafka écrit : « ... Elle [Milena] est un feu vivant, comme je n'en ai encore jamais vu, au reste un feu qui, en dépit de tout, ne brûle que pour lui [pour Ernst Polak]. Avec cela, tendre, courageuse, intelligente à l'extrême, s'investissant complètement dans le sacrifice, ou, si l'on veut, ayant tout acquis par le sacrifice. Et lui, au demeurant, quel homme, pour avoir su éveiller un tel mouvement. »

A Ravensbrück, Milena me fit une description amusante du matin qui suivit sa première nuit d'amour avec Ernst Polak. Elle émit le souhait que, pour couronner l'événement, ils aillent voir ensemble le soleil se lever. Ernst Polak, pilier de café notoire, n'était pas précisément enthousiasmé par une idée aussi *meschuggene*, comme il disait, aussi folle, mais il fit contre mauvaise fortune bon cœur et soupira : « Qu'est-ce qu'on ne ferait pas... » Au petit matin, ils gravirent une des collines des environs de Prague ; Polak, soumis à un effort sportif inhabituel, geignait. Il frissonnait dans la fraîcheur matinale et demandait toutes les deux minutes si l'on en avait bientôt fini avec le soleil, faisait des remarques sardoniques quant aux éventuelles conséquences néfastes de telles folies.

Lorsque Jan Jesensky apprit l'existence de la liaison amoureuse de sa fille avec Ernst Polak, il entra dans un état de grande fureur et lui interdit tout contact avec ce Juif. Mais Milena ne fit aucun cas de cette interdiction.

Ernst Polak travaillait comme traducteur dans une banque pragoise. En fait, sa sphère d'activité réelle se situait dans un autre domaine. Il fut l'inspirateur et le mentor de nombreux écrivains, à Prague d'abord, puis plus tard à Vienne. C'était un esprit critique, un homme d'une grande culture qui avait tout lu, était doté d'un sens du style très sûr ; mais dépourvu de tout talent créateur. A son contact, Milena put se faire une idée générale de cet édifice gigantesque que constitue la culture humaine. Il la présenta à nombre de gens importants — de Franz Werfel à Franz Kafka. En sa compagnie, elle rencontra Urzidil*, Willy Haas, Max Brod, Rudolf Fuchs, Egon Erwin Kisch* et beaucoup d'autres. Presque tous étaient des hommes qui œuvraient dans le présent et pour le présent, mais qui avaient peu ou rien à voir avec la vie politique de leur époque. Le quartier général de ce cercle était le café Arco. C'est la raison pour laquelle Karl Kraus*, avec un infini mépris, en appelait les protagonistes les « Arconautes » ; il écrivit dans *Die Fackel* un poème satirique où figurait la strophe suivante : « Ça werfelte et ça brode, ça kafkate et ça kische[1]... » Kraus avait réservé à Ernst Polak un traitement particulier en l'immortalisant comme figure comique dans l'une de ses pièces de théâtre *Literatur — oder man wird da sehen*[2] — opérette magique, Vienne, 1922.

1. Parodie d'une ballade de Goethe intitulée *Hochzeitlied* (chant nuptial) et qui commence ainsi : « *Da pfeift es und geigt es und klinget und klirrt...* » *(NdT)*.
2. *Littérature — on verra bien (NdT).*

Pendant la Première Guerre mondiale, Milena fit la connaissance de Wilma Lövenbach. Ce fut le début d'une amitié qui devait durer deux décennies. Wilma Lövenbach évoque leur première rencontre, en 1916, à l'occasion de vacances qu'elles passaient sur le mont Špičák : « C'était en plein été 1916 ; j'arrêtai ma voiture à laquelle était attelé un petit cheval brun devant l'hôtel Prokop, sur le Špičák. Le soleil était en train de se coucher. L'hôtel était une auberge sans prétention, située sur un col, d'où l'on découvrait un vaste panorama sur la forêt de Bohême, avec ses arbres et ses prairies superbes ; à droite et à gauche de l'escalier conduisant à l'hôtel, je vis deux silhouettes qui, avec leurs parures flottantes presque identiques, semblaient tout droit sorties d'un tableau de Botticelli : Milena et Jarmila. Cela faisait longtemps que je les connaissais de vue ; je les rencontrais très souvent à Prague, soit dans la rue, soit dans les concerts, toujours vêtues de ces atours aussi gracieux que remarquables ; leurs vêtements se distinguaient par leur coupe, le tissu dans lequel ils étaient taillés, par ce style particulier dont ils s'inspiraient, par leur totale simplicité et enfin par le choix de leurs couleurs. Milena ne portait jamais de vêtements de couleurs franches. Elle aimait les dégradés allant du bleu à un gris clair froid, ou encore au mauve et au violet. J'avais des amies parmi les minervistes, et elles m'avaient déjà parlé de Milena et Jarmila. En fait, elles parlaient presque exclusivement de Milena. C'était, d'un côté, pour dénigrer leur mode de vie chic, et de l'autre, pour exprimer une certaine envie ; ce qui est sûr, c'est qu'on les admirait. »

C'est donc à l'occasion de ces semaines de vacances à l'hôtel Prokop, sur le Špičák (où le Pr Jesensky passait, lui aussi, ses congés d'été et d'hiver) que Wilma et Milena découvrirent leurs affinités. Leur amour commun de la poésie fut le fondement de leur amitié. 1916 fut une année miracle : nombre des meilleurs recueils de poésie tchèque furent alors publiés, ouvrant à la littérature tchèque des voies nouvelles. Il faut rapporter cet essor surprenant de la poésie tchèque au climat qui entourait les prodromes de l'indépendance de la Bohême ainsi qu'à l'histoire politique de ce pays. Cela faisait des siècles que toute expression artistique en langue tchèque y avait été soit totalement opprimée, soit entravée dans son développement naturel. La seule forme d'art qui put s'épanouir sans obstacle fut la chanson populaire tchèque. Les poètes tirèrent parti de ce phénomène, précisément ; ils s'enracinèrent dans cet art ; la chanson populaire devint le terreau de la poésie tchèque du début du XXe siècle.

L'écrivain et journaliste allemand Franz Pfemfert* avait chargé l'écrivain pragois Otto Pick* de réaliser une anthologie de traductions de poésie tchèque moderne pour le second recueil de poésie qu'il voulait publier dans sa revue *Die Aktion*. Mais comme Otto Pick venait d'être mobilisé dans l'armée autrichienne, les écrivains Jan Löwenbach et Max Brod prirent en charge le travail rédactionnel de ce projet, tandis que Rudolf Fuchs, Pavel Eisner* et Emil Saudek les conseillaient dans le choix du matériel. C'est la raison pour laquelle Wilma était elle aussi venue au Špičák, apportant avec elle de nombreux poèmes tchèques et consacrant, elle aussi, ses vacances à ce travail. C'est tout naturellement que Milena se joignit à elle ; et quand, un beau jour, Ernst Polak fit son apparition à l'hôtel voisin, le Rixi, il fut, lui aussi, aussitôt intégré dans le cercle. Ils allaient s'asseoir sur les pentes des prairies herbeuses ou à la lisière ombragée des forêts au milieu des fraisiers odorants, totalement absorbés par leur tâche commune. Ils choisissaient, dans la masse des poèmes dont ils disposaient, ceux qui leur paraissaient appropriés, récitaient les textes de Stanislav K. Neumann, Otakar Fischer*, Křička*, Šrámek, Březina*, débattaient, critiquaient, rejetaient ce qui ne leur convenait pas. Lorsqu'une adaptation leur paraissait insatisfaisante, un nouveau traducteur entrait en lice. Ernst Polak, jusqu'alors cantonné dans le rôle de l'éternel critique théorique, se trouva soudain empoigné par la passion de l'adaptation. Un jour, il s'esquiva, puis réapparut quelques heures plus tard dans la prairie avec la traduction allemande du poème d'Otakar Fischer « Soir et âme », puis la déclama à ses amis et critiques qui étaient tout ouïe.

Un matin, Wilma fut réveillée par des coups frappés à la porte de sa chambre. Milena entra, vêtue d'une robe couleur d'héliotrope, un gigantesque bouquet de lychnis dans les bras. Ses pieds nus étaient encore humides de la rosée matinale des prés où elle avait cueilli ces fleurs pour les offrir à Wilma. Elle sauta sur son lit, l'étreignit en murmurant : « Ernst est venu me voir cette nuit ! » Elle rayonnait, elle était d'une resplendissante beauté dans sa douce fatigue.

Cet épisode n'en resta pas là, au demeurant ; il eut un épilogue qui fit un certain bruit. On savait au Prokop qu'Ernst Polak qui logeait à l'hôtel voisin (le Rixi, établissement concurrent où descendaient les Allemands et que méprisaient tant les Tchèques) ne craignait pas de se rendre toutes les nuits dans la chambre de Milena. M. Prokop, un quadragénaire de belle apparence, qui connaissait Milena depuis qu'elle était enfant, lui en fit remontrance. Il admettait parfaitement, lui dit-il, ce genre de choses, mais pas dans sa maison, et moins encore avec quelqu'un du Rixi. Mais en vieil ami de Milena qu'il était, il garda la chose pour lui. En effet, Milena ne s'en serait pas tirée à si bon compte si son père avait eu vent de l'affaire. Ne l'avait-il pas précisément envoyée, exilée au Špičák pour l'éloigner de « ce Juif », de Polak ?

Un an plus tard, Jan Jesensky eut recours à un moyen tout à fait horrible pour mettre fin au scandale ; pour un patriote tchèque comme lui, en effet, la liaison de sa fille avec un Juif allemand constituait le pire des outrages imaginables. Il la fit enfermer dans une maison de santé pour névropathes, à Veleslavin. Il obtint, pour cette entreprise plus que draconienne, le soutien moral du médecin assermenté de la ville, le Dr Procházka, père de Staša, par ailleurs généralement considéré comme un homme d'une grande bonté. Mais comme il s'agissait en l'occurrence de soustraire sa fille à l'influence de Milena, tous les moyens lui semblèrent bons, y compris l'internement.

Milena ne se doutait pas le moins du monde que son père avait l'intention de lui ravir sa liberté. Le jour où on l'emmena de force, elle avait rendez-vous avec ses amies pour aller se baigner sur une île de la Moldau. Elles l'y attendirent en vain, puis elles virent arriver hors d'haleine Alice Gerstel*, une amie intime de Milena, qui leur rapporta ce qui était arrivé.

Comme on pouvait s'y attendre, Milena s'insurgea de toutes ses forces contre sa détention à Veleslavin. Elle était sans cesse en conflit avec l'ordre intérieur de l'établissement. Elle souffrait le martyre. Dans une lettre adressée par la suite à Max Brod et qui, bien évidemment, porte la marque d'un profond ressentiment, elle brosse le tableau le plus sombre qui soit de Veleslavin : « Très cher docteur, vous me demandez d'attester que M.N.N. qui est interné à Veleslavin est victime d'une injustice. Je ne puis malheureusement vous dire que très peu de choses précises, susceptibles de valoir auprès des autorités — même si ce n'est pas l'envie qui m'en manque. J'ai été à Veleslavin de juin 1917 à mars 1918 ; j'ai vécu là-bas dans le même pavillon que lui ; tout ce que je pus faire pour lui, ce fut de lui prêter quelquefois des livres — ce qui me valut d'être plusieurs fois jetée en cellule. En fait, il n'a le droit de parler à personne. Si on le voit parler à quelqu'un, fût-ce de la pluie et du beau temps, fût-ce en présence de l'infirmier, on jette tout le monde en cellule et l'infirmier est renvoyé. » Et Max Brod ajoute :

« Fait suite à ces remarques la description des conditions désespérées auxquelles se trouvait réduit le détenu. Puis vient une phrase caractéristique qui renvoie, peut-être à l'expérience propre de son auteur : " La psychiatrie n'est une chose horrible que lorsqu'on en mésuse. Elle peut décréter anormal n'importe quel comportement ; chaque mot prononcé devient une arme entre les mains du tortionnaire. Je suis prête à jurer que les choses se passent vraiment ainsi, que rien n'impose que M.N.N. vive dans ces conditions. Mais le prouver — cela je ne le peux pas[1]. " »

1. Max Brod, *Franz Kafka, Eine Biographie*, S. Fischer Verlag, p. 276 (chapitre non traduit dans l'édition française de ce livre).

Milena ne fit preuve ni de patience ni de résignation au cours de son séjour à Veleslavin. Elle chercha le moyen de s'échapper — et finit par le trouver. Une infirmière ne put résister à ses prières et finit par lui procurer la clé d'une porte du jardin de l'établissement ; Milena s'esquivait, allait rejoindre Ernst Polak aussi souvent qu'elle le voulait.

Au bout de neuf mois, Jan Jesensky comprit que sa décision avait été vaine. On retira Milena de l'établissement, elle se maria et renonça à tout soutien financier de la part de son père ; ce dernier, ne voulant pas consentir à son mariage, rompit pour longtemps toutes relations avec sa fille.

Au plus profond de l'abîme

> « ... Moi, Milena, moi, je sais à fond que tu as
> raison quoi que tu fasses... Qu'aurais-je à faire
> avec toi si je ne le savais ?
> « De même qu'il n'est pas au fond de la mer le
> moindre endroit qui ne soit constamment soumis
> à la plus forte pression, de même en toi ; mais
> toute autre vie est une honte[1]... »

En 1918, Milena partit avec Ernst Polak pour Vienne. Ce n'est sans doute pas d'un cœur léger qu'elle prit la décision de quitter Prague ; elle aimait cette ville de tout son cœur, ses rues étroites et ses petites places idylliques, ses cafés et les petits bistrots de la vieille ville. Milena avait besoin de l'atmosphère de Prague comme de l'air qu'elle respirait, elle était attachée par toutes les fibres de son cœur au paysage de sa patrie, la Bohême.

Les premiers temps, elle vécut à Vienne avec Polak dans une misérable chambre meublée, Nussdorferstrasse ; par la suite, ils s'installèrent dans un appartement sombre de la Lerchenfelderstrasse. Milena ne put jamais vraiment s'acclimater à cette ville, elle y sombra dans la solitude. A cela s'ajoutaient les crises ininterrompues qui secouaient son ménage. J'ignore quelle était la part de responsabilité de Milena dans le développement de ces tensions. Certains de ses traits de caractère étaient des plus dangereux pour un mariage. Elle pouvait être d'une ironie mordante, elle pouvait blesser douloureusement. Mais Polak, lui aussi, avait ses côtés négatifs ; il était arrogant et

---

1. F. Kafka, *L à M*, p. 131.

dépourvu d'égards, infatué, autoritaire. Mais, en fin de compte, on peut supposer que la cause de l'échec de leur mariage fut autre : comme beaucoup d'autres de ses compatriotes de Bohême de l'époque, Polak était un adepte des « voies nouvelles de l'amour » qui impliquaient, pensait-il, le droit à une entière liberté sexuelle. A Prague, déjà, il avait, outre sa relation avec Milena, de nombreuses autres liaisons. Qu'une femme lui plût, il jetait aussitôt son dévolu sur elle. Pour Milena, il allait de soi qu'elle se devait de faire preuve de largeur d'esprit. Elle se forçait à croire que les droits que revendiquait son mari étaient fondés. Elle affectait d'être au-dessus de tout cela, mais ce n'était qu'un masque qui dissimulait un profond désespoir. Comment pouvait-il en aller autrement ? Elle était jeune, passionnée et amoureuse de Polak ; comment donc aurait-elle pu séparer le physique du psychique ? Peu à peu, Milena perdit de son assurance, elle commença à douter que Polak l'aimât, à croire qu'il en avait assez d'elle. De terribles accès de jalousie la submergeaient, elle s'efforçait de reconquérir son amour auquel elle avait tant sacrifié. Elle recourait, pour ce faire, à tous les moyens, consentait sans cesse à de nouveaux sacrifices, fussent-ils des plus maladroits.

Ernst Polak fréquentait à Vienne le séminaire privé du Pr Schlick qui appartenait au courant philosophique dit néo-positiviste. Polak travaillait à un doctorat. Les adeptes du néo-positivisme adoptaient une attitude radicalement antireligieuse et se déclaraient partisans d'une forme de philosophie politique ou de politique philosophique. Sous l'égide du philosophe Otto Neurath, le séminaire privé (qui s'appelait aussi le « cercle de Vienne ») devint un mouvement universitaire auquel se ralliaient des étudiants animés d'une véritable ferveur. Un jour, l'écrivain Felix Weltsch*, une vieille connaissance pragoise de Polak, le rencontra à Vienne ; Polak lui parla de ses études, du doctorat auquel il travaillait. La manière dont il parlait du séminaire incita Weltsch à lui demander avec étonnement : « Mais bon sang, qu'êtes-vous, dans cette université, un ordre religieux ? » Et Polak de répondre aussitôt d'un ton décidé : « Exactement ! Nous sommes un ordre religieux ! »

Ernst Polak avait sa table d'habitué au café Herrenhof et, presque chaque jour, il y restait avec ses amis jusqu'à une heure avancée de la nuit. Tel était alors l'usage, aussi bien à Vienne qu'à Prague. La vie intellectuelle se déroulait dans les cafés ; on y trouvait les écrivains, les poètes, les philosophes et les peintres qui y passaient des demi-journées, voire des journées entières devant une simple tasse de café, puisant l'inspiration dans le bruit du jeu de billard qui montait de l'arrière-salle, se mêlant au vacarme de la rue et au brouhaha des conversations des tables voisines. C'est ainsi que Polak, mais aussi Milena, fréquentaient Franz Werfel (ils faisaient déjà partie de son cercle à Prague), ainsi que Franz Blei*, Gina et Otto Kaus, le psychanalyste Otto Gross*, Friedrich Eckstein, Hermann Broch*, Willy Haas et bien d'autres encore.

La coutume était, parmi le cercle des écrivains, de se raccompagner les uns les autres à la maison — on prolongeait jusqu'à l'infini les discussions, on n'en finissait jamais de parler. Mais à des heures aussi avancées de la nuit, il n'y avait plus de moyens de transport et l'on allait à pied. Ce plaisir durait souvent, dans cette ville fort étendue qu'est Vienne, jusqu'à l'aube, et on se raccompagnait fréquemment d'un bout de la ville à l'autre. Un jour, il se mit à pleuvoir à verse tandis que Milena, Werfel et Eckstein se raccompagnaient mutuellement. Ils arrivaient tout juste à la maison de Werfel et celui-ci, sur le ton de la plaisanterie d'abord, puis de façon de plus en plus insistante, se mit à presser Milena de passer la nuit chez lui. Lorsque Eckstein, qui se tenait, très embarrassé, sur le pas de la porte, le vit saisir le bras de Milena pour tenter de l'entraîner, malgré sa résistance, dans la maison, il perdit toute contenance ; il ne savait quelle attitude adopter face à cet assaut passionné de Werfel. C'est avec soulagement qu'il vit le rire reprendre le dessus et l'affaire s'arranger ainsi ; chacun finit par rentrer pour de bon chez soi.

Curieusement, Milena n'avait pas très haute opinion de Franz Werfel en tant qu'écrivain. Quand elle était encore à

Prague, il est vrai, elle avait été profondément impressionnée par ses premiers recueils de poésie, *Der Weltfreund, Wir sind* et *Einander*; mais, par la suite, l'ascension météorique de Werfel ne lui sembla pas toujours entièrement justifiée si l'on comparait ses talents et ses succès à ceux d'autres poètes. Au reste, le catholicisme de Werfel, greffé sur ses origines juives, la faisait sourire. Il est tout à fait possible que ce jugement dépréciatif lui ait été en partie inspiré par les tensions croissantes qui affectaient sa relation à Ernst Polak, lequel était très proche de Werfel; il se peut que, de ce fait, elle ait eu des difficultés à se former une opinion objective sur Werfel. Dans une de ses lettres, Franz Kafka essaie d'atténuer la partialité de ce jugement. Il écrit :

« Qu'en est-il, Milena, de votre science des hommes ? Je l'ai déjà plusieurs fois mise en doute ; par exemple, à propos de Werfel, dans une lettre où vous parliez de lui ; car on y sentait bien l'amour avec le reste, peut-être même seulement l'amour, mais un amour fait d'une méprise ; or, indépendamment de tout ce qu'est Werfel, si on ne retient que le reproche d'épaisseur (qui me semble d'ailleurs injustifié, tous les ans je trouve Werfel plus beau et plus aimable, il est vrai que je ne le vois que très peu), ne savez-vous donc pas qu'il n'y a que les gros pour être dignes de confiance[1] ? »

Très souvent, Polak arrivait dans leur chambre, au milieu de la nuit, accompagné de ses amis de café. Milena, qui était la plupart du temps déjà endormie, devait alors se lever et, emmitouflée dans une robe de chambre, elle écoutait, fatiguée, ses hôtes débattre des questions philosophiques les plus saugrenues. Un certain nombre de visiteurs restaient alors sur place pour dormir, l'un d'eux ayant la singulière manie de s'enrouler dans les tapis. C'était un autre genre de bohème que celle qu'elle connaissait à Prague et à laquelle elle avait appartenu. Peut-être aussi demeurait-elle simplement isolée parce

1. F. Kafka, *L à M,* p. 67.

qu'elle était malheureuse, toujours triste et chavirée. Un jour qu'elle prenait place à la table de ses amis au café Herrenhof, Franz Blei lança d'un ton caustique : « Regardez un peu Milena, elle ressemble aujourd'hui encore à six volumes de Dostoïevski ! »

Milena était dépourvue de tout ce qui caractérisait les femmes et les jeunes filles de Vienne, l'insouciance, la coquetterie faite de charmes et de grâces. Milena était belle, mais d'une beauté qui tenait à distance. Il n'y avait en elle rien d'arrondi, de douillet. Sa physionomie était celle d'une sculpture de l'ancienne Égypte. Son visage délicat n'était pas gracieux, elle n'avait ni joues de rose ni bouche capiteuse. Sa peau d'un éclat mat était toujours un peu blême. On se trouvait captivé par la force de son regard bleu, pénétrant ; ce n'était pas le contraste avec ses cils et sourcils sombres qui lui donnait sa coloration particulière, mais son propre rayonnement. Sa bouche sensuelle faisait contraste avec son menton énergique. Elle donnait l'impression d'être réfléchie, sûre d'elle-même, rien en elle ne semblait indiquer qu'elle ait besoin qu'on la protège ou l'entoure — et pourtant, c'est à cela qu'elle aspirait vraiment.

Voici le portrait que brosse l'écrivain Willy Haas de la Milena de cette époque : lorsqu'un de ses amis exprimait un vœu, lorsqu'elle sentait qu'il était tout entier possédé par cette aspiration, elle n'hésitait pas un instant : il fallait lui procurer ce qu'il convoitait si ardemment. C'était là un trait original de Milena : elle avait la capacité de se couler intensément dans les sentiments d'un autre, si bien que ce que l'autre désirait impétueusement la poussait à agir sur-le-champ. Un jour, Willy Haas avait un besoin urgent d'une chambre car il venait de tomber amoureux. Milena le tira aussitôt d'affaire. Elle lui procura, pour sa première nuit d'amour, la chambre d'une de ses connaissances proches. Mais elle n'en resta pas là. Tout à son désir de combler pleinement son ami, elle orna la pièce d'une grande quantité de fleurs, la transformant tout simplement en une sorte de forêt vierge exotique. Elle n'avait alors très souvent même pas assez d'argent pour s'acheter de quoi manger à sa faim. Ce qui veut dire qu'elle avait dû emprunter la somme importante que représentait tout ce décorum floral. C'était là, pour Milena, la rançon la plus naturelle de l'amitié. Au reste, elle escomptait que ses amis manifestent à son égard tout autant de dévouement et de serviabilité — ce qui était rarement le cas. Milena savait tout naturellement accepter, voire exiger, tout autant qu'elle savait donner sans retenue.

Willy Haas revint de la Première Guerre mondiale avec huit cents couronnes de solde et put, contre toute attente, encaisser l'intégralité de cette somme à son retour. Lorsqu'ils avaient appris que la guerre était terminée, la plupart des soldats avaient tout simplement jeté ou brûlé les bons leur donnant droit à cet argent, fermement convaincus qu'ils étaient que ce n'étaient là que chiffons de papier sans valeur. Haas, lui, les avait conservés à tout hasard au fond de sa poche. Il reçut, après son retour à Vienne, la visite de Milena et lui raconta, tout rayonnant de joie, son coup de chance. Aussitôt, Milena le pria avec insistance de lui en donner la moitié ; elle en avait, dit-elle, absolument besoin. Et comme il hésitait quelques instants, elle lui arracha l'argent des mains sans autre forme de procès. Le premier mouvement de Willy Haas fut la fureur. Puis, après un moment de réflexion, sa grande colère céda la place à une profonde confusion. Comment, se demanda-t-il, avait-il pu être aussi mesquin, hésiter une seule seconde avant d'accéder à la demande de Milena ? Il se sentait humilié. Milena lui avait infligé une bonne leçon.

Dans la postface qu'il rédigea aux *Lettres à Milena* de Franz Kafka, Haas écrit : « ... Elle [Milena] faisait parfois penser à une aristocrate du XVIe ou du XVIIe siècle, à l'un de ces caractères que Stendhal a empruntés aux chroniques italiennes anciennes pour les transposer dans ses propres romans, tels que la duchesse de Sanseverina ou Mathilde de la Mole, passionnée, hardie, froide et intelligente dans ses décisions, mais dépourvue de scrupules dans le choix des moyens lorsqu'il s'agissait de satisfaire aux exigences de sa passion — et, dans sa jeunesse, c'est presque toujours de telles exigences qu'il s'agissait. Comme amie, elle était inépuisable, inépuisable en bonté, inépuisable en expédients — dont on se demandait souvent avec perplexité comment elle les trouvait, mais aussi inépuisable dans ses exigences à l'égard de ses amis — chose qui, d'ailleurs, paraissait, aussi bien à elle qu'à ses amis, des plus naturelles... Elle détonnait considérablement dans le climat de promiscuité érotique et intellectuelle qui était celui d'un café littéraire viennois en ces temps déréglés d'après 1918 — et elle en souffrait[1]... »

**

Au cours de ces terribles années viennoises, Milena s'efforça par tous les moyens de devenir autonome. Mais c'était là une entreprise périlleuse et difficile puisque, n'ayant jamais achevé ses études, elle n'avait pas de métier. Sa première source de revenus fut les cours de tchèque qu'elle dispensait, pour l'essentiel à des industriels dont les usines et les biens se trouvaient en Tchécoslovaquie après le démembrement de l'Empire autrichien et qui s'efforçaient d'apprendre la langue du nouvel État. Elle comptait aussi parmi ses élèves l'écrivain Hermann Broch. Ces cours de langue étaient, au début, sa seule source de revenus et parfois, quand elle touchait vraiment à la misère, quand Ernst Polak ne lui donnait pas un sou pour leur ménage, elle allait tout simplement à la gare centrale de Vienne et offrait ses services aux voyageurs comme porteur, elle traînait des valises. Mais aucun travail, quel qu'il fût, n'était susceptible d'ébranler son assurance ; c'étaient les tourments moraux qui l'accablaient toujours plus. Elle ne pouvait surmonter le choc qu'elle avait éprouvé lorsque son père l'avait rejetée, elle ne pouvait supporter les humiliations qu'Ernst Polak lui infligeait jour après jour. Profondément blessée, elle tournait désespérément en rond, ne trouvant pas d'issue à son désarroi, sentant le sol se dérober sous ses pieds. Lorsque

---

1. F. Kafka, *L à M*, p. 18.

Kafka lui écrit, par la suite : « Toi qui demeures vivante, vraiment vivante jusqu'en de tels abîmes... », l'expression « abîme » doit être prise au sens littéral.

Milena croyait qu'elle avait perdu tout attrait pour Polak parce qu'elle était toujours mal habillée et ne pouvait donc rivaliser avec ses élégantes égéries. Mais comment aurait-elle pu s'habiller, alors qu'elle n'avait même pas assez d'argent pour se nourrir correctement ? Une de ses amies, dont les parents étaient aisés, connaissait ses soucis. Désireuse de l'aider, elle inventa un expédient des plus dangereux. Elle déroba à ses parents un bijou de valeur, le vendit et remit l'argent à Milena. Celle-ci l'employa, pour l'essentiel, à payer les dettes de Polak — dettes qu'il contractait impudemment en compagnie d'autres femmes et que, plus impudemment encore, il demandait à Milena d'acquitter. Mais le reste de l'argent, elle se le réserva. Elle était en proie à une idée fixe : elle voulait mettre Polak à l'épreuve. On allait voir, pensait-elle, s'il l'aimait encore vraiment ou s'il en avait tout simplement assez d'elle parce qu'elle allait toujours vêtue de la même robe misérable. Il fallait qu'elle sache si Polak était, tout bonnement, capable d'aimer. Elle courut les magasins et s'entoura d'une magnificence telle qu'elle n'en avait jamais connu jusqu'alors ; elle acheta les plus belles chaussures, la robe la plus élégante, le chapeau le plus excentrique. Ainsi métamorphosée, elle courut au café Herrenhof, y entra et se dirigea, le cœur battant, vers la table où Ernst Polak trônait au milieu de ses amis et amies, comme chaque jour. Tout allait se jouer à cet instant : la remarquerait-il, ou bien ne prêterait-il aucune attention à son arrivée, comme d'habitude ? Lorsqu'elle s'approcha de la table, Polak se retourna et dit d'un ton plein d'admiration : « Eh bien, Milena, comme tu es élégante, aujourd'hui ! » Elle fit un pas dans sa direction et lui administra une gifle retentissante. « Tu n'en reviendras pas, quand tu sauras d'où me vient cette élégance ! », lui lança-t-elle.

Les conséquences de ce vol ne purent être étouffées qu'à grand-peine et toute la responsabilité en retomba sur

Milena, car c'était pour elle que la jeune fille avait volé. A l'isolement s'ajoutait alors le mépris que Milena sentait peser sur elle. Il ne se trouva pratiquement personne pour la comprendre et lui pardonner. Confrontée à cette situation sans issue, elle se mit en quête de consolation, ne trouvant personne pour lui offrir une épaule où poser sa tête et pleurer tout son saoul. Plongée dans cette crise psychique, elle recourut à la drogue. L'un des amis de son mari, cet hôte occasionnel qui avait l'habitude de dormir enroulé dans les tapis, lui fournit de la cocaïne.

Dans une de ses lettres, Kafka y fait allusion. Il évoque une conversation avec une de ses connaissances du nom de Stein et qui, arrivant de Vienne, lui rendit visite à Prague :

« Hier, j'ai reparlé avec ce Stein. C'est un de ces êtres avec lesquels on est injuste. Je ne sais pourquoi on se moque de lui. Il connaît tout le monde et sait le privé de chacun ; avec cela discret, et des jugements prudents, intelligemment nuancés, respectueux ; qu'ils soient trop nettement vaniteux, trop naïvement, ne fait qu'accroître son mérite, quand on connaît bien le caractère des gens secrètement vaniteux, voluptueusement vaniteux, criminellement. J'ai attaqué sur Haas, glissé sur Jarmila, j'en étais un instant après à ton mari, et finalement... Il n'est d'ailleurs pas vrai que j'aime entendre parler de toi ; pas du tout ; c'est ton nom seulement que j'aimerais ne cesser d'entendre tout le jour. Si je lui avais posé des questions, il m'aurait beaucoup parlé de toi comme il m'avait parlé des autres ; comme je ne lui demandais rien, il s'est contenté de constater avec une affliction sincère que tu ne vivais presque plus, que tu étais minée par la cocaïne (comme j'ai été heureux que tu vives, à ce moment-là) ! Il a d'ailleurs ajouté, avec sa prudence et sa modestie habituelles, qu'il n'avait été témoin de rien, qu'il ne faisait que répéter des ouï-dire[1]. »

Il est difficile pour un être vivant aussi passionnément que Milena (elle disait d'elle-même qu'elle n'était qu'un

1. F. Kafka, *L à M*, p. 214.

paquet de sentiments) de domestiquer ses instincts impétueux et de s'imposer une discipline. Elle finit néanmoins par y parvenir et c'est là sa grandeur. Elle entreprit une activité qui correspondait à ses capacités, s'essaya à des traductions en tchèque et écrivit ses premiers articles. Au début, il ne s'agissait sans doute que d'une nouvelle tentative de sortir de la misère financière. Mais elle finit par se trouver empoignée par ce nouveau travail, elle retrouva son chemin, devint créative. Elle envoya ses petits feuilletons à Prague, à son amie Staša qui était devenue collaboratrice du journal *Tribuna*. Dévorée d'impatience, elle attendit la réponse, car ses premières productions journalistiques lui semblaient fort mauvaises, affreusement sentimentales. Pourtant, elles furent acceptées. Milena était fière de se voir imprimée et plus qu'heureuse de pouvoir prendre sa part au financement du ménage — chose qu'Ernst Polak trouvait d'ailleurs des plus naturelles. Il lui arriva pourtant, une fois, de commettre une énorme maladresse à l'occasion d'une scène de ménage. Tout à son souci de s'affirmer face à son mari, elle évoqua ses succès journalistiques et lui montra ses articles. Polak les lut et éclata d'un rire sonore. Milena en fut mortifiée jusqu'au tréfonds d'elle-même.

La plupart des articles qu'elle écrivait alors étaient autobiographiques ; l'un d'entre eux montre bien quels étaient, à l'époque, ses sentiments et avec quel courage elle s'efforçait d'en finir avec son malheur. Elle y écrit : « Ô vous les petites routes qui courent au loin derrière la ville, vous les chemins à travers champs d'où l'on entend, au lointain, le carillon vespéral ! Comment ne nous rendriez-vous pas heureux ?! Croyez-moi, il n'est pas une douleur au monde que l'on ne puisse anesthésier en parcourant à grands pas une route de campagne inconnue. Toute peine est supportable sur une route de campagne. Une, deux, une, deux — et voici la douleur qui monte en pulsations régulières, une, deux, une, deux. La douleur est encore aux prises avec les pieds, le cœur, lui, manque encore de courage, cela fait mal, mais les pieds disent : Regarde le monde ! Regarde le monde ! Et voici que le cœur tout convulsé s'ouvre lentement, il bat la chamade, déborde puis se calme et, bercé, assoupi par la marche, peut soudain rire de nouveau. Ce sont les pieds qui ont réduit à néant la douleur, elle est morte, regarde le monde, regarde le monde. Mais maintenant, il ne faut pas rester en place, pas maintenant, car tu retomberais aussitôt dans le désespoir. Continue, toujours, des heures durant, jusqu'à épuisement. Si ensuite tu t'immobilises, si tes pieds se taisent, alors peut-être, dans le silence qui s'étend autour de toi, trouveras-tu — je ne puis, bien sûr, te le promettre — deux ou trois larmes[1]... »

1. M. Jesenská, *Le Chemin de la simplicité, op. cit.*

Franz Kafka et Milena

> « Ou le monde est bien petit, ou nous sommes
> gigantesques, en tout cas, nous le remplissons[1]... »

Avant même de me parler de sa relation avec Kafka, Milena me raconta, un soir que nous faisions les cent pas dans la lumière blafarde du crépuscule, entre les baraques grises du camp, l'histoire du voyageur de commerce Gregor Samsa — *la Métamorphose*. La version que m'en donna alors Milena — je devais m'en apercevoir plus tard — était des plus personnelles. A l'en croire, *elle* était le voyageur de commerce, Samsa l'indécis, le méconnu qui, métamorphosé en un gigantesque cafard, est tenu caché par sa famille car elle a honte de lui. Dans le récit qu'elle m'en fit, elle s'étendit tout particulièrement sur la maladie du cafard, décrivant dans le détail la manière dont on finit par le laisser crever, seul, avec sa blessure sur le dos, pleine d'ordure et de parasites.

C'est en 1920, à Vienne, que Milena lut les premières nouvelles de Kafka. Dès cette époque, elle prit conscience du génie du poète dont elle devait vénérer l'œuvre sa vie durant. Elle considérait la prose de Kafka comme ce qu'il y avait de plus accompli. On peut imaginer que pendant ses années viennoises son propre malheur l'a rattachée avec une particulière intensité aux textes de Franz Kafka. C'est vraisemblablement pour cette raison qu'elle conçut le projet de les traduire.

Elle osa se lancer dans cette entreprise alors que sa

---

1. F. Kafka, *L à M*, p. 110.

connaissance de la langue allemande était encore imparfaite. Elle fut ainsi la première traductrice en tchèque de textes comme *le Chauffeur, le Verdict, la Métamorphose* et *Contemplation*.

A Ravensbrück, Milena m'indiqua allusivement comment avait commencé sa relation amoureuse avec Kafka. Elle avait envoyé une traduction à sa maison d'édition et reçu une réponse personnelle de l'auteur. Dans la première des lettres qu'il lui adressa, il évoque la possibilité que « ces lettres vous aient blessée[1] », ce qui indique, à l'évidence, qu'il avait critiqué la traduction de Milena ; ce sont ces critiques qui amenèrent Milena à le rencontrer. Kafka et Milena se connaissaient dès avant la rencontre décisive — ils appartenaient tous deux, à Prague, aux mêmes cercles littéraires. C'est ce qu'indique à nouveau une des premières lettres de Kafka où il écrit :

« Je m'aperçois tout à coup que je ne me rappelle au fond aucun détail particulier de votre visage. Seulement votre silhouette, votre costume, au moment où vous êtes partie, entre les tables du café ; de cela, oui, je me souviens[2]. »

Kafka, chez qui les médecins avaient diagnostiqué une affection pulmonaire, faisait alors une cure à Merano. Milena s'y rendit. Elle évoque cette rencontre, sans toutefois mentionner le nom de Kafka, dans un petit livre publié en 1926 et intitulé *le Chemin de la simplicité*. Le chapitre où il est question de Kafka porte ce titre : « Malédiction des qualités éminentes. » Elle y défend l'idée que les êtres parfaitement « corrects », sans défauts, ne sont souvent, en rien, les plus sympathiques, mais au contraire fréquemment dangereux et mauvais ; tandis que ceux qui ont ce qu'il est convenu d'appeler des défauts leur sont souvent bien supérieurs en tolérance et en bonté. Elle range dans la catégorie des « individus corrects » son propre père, parlant d'elle-même, chose intéressante, comme de son « fils » ; elle écrit : « Mon père n'a pas menti

1. F. Kafka, *L à M*, p. 31.
2. *Ibid.*, p. 32.

une seule fois de sa vie, et c'est là une chose extraordinaire. Mais s'il devait arriver une fois à son fils d'embrouiller la vérité, ce ne serait pas une raison pour l'injurier et le traiter de fieffé menteur ! Mais le père, tout à la fierté que lui inspire son amour de la vérité, grisé par les compliments qu'il se décerne à lui-même, est à ce point impitoyable qu'il eût peut-être mieux valu, pour l'éducation de son enfant, qu'il ait dû mentir, ne fût-ce qu'une fois dans sa vie. Il ne traiterait pas son enfant aussi cruellement qu'il le fait aujourd'hui[1]. »

A l'homme aux « qualités éminentes », Milena oppose dans ce texte l'homme véritablement bon, c'est-à-dire pour elle Franz Kafka. Elle écrit : « Je crois que l'homme le meilleur que j'aie jamais connu était un étranger que j'ai très souvent rencontré en société. » Il n'est pas douteux que l' « étranger » dont elle parle est Kafka, qui était tout à la fois allemand et juif ; la suite du chapitre le montre, puisqu'elle y rapporte à la fin une histoire dont Kafka lui-même lui a parlé dans une de ses lettres. Elle poursuit : « Personne ne savait grand-chose de lui, et les gens ne le tenaient pas pour une personnalité extraordinaire. Un jour, quelqu'un porta contre lui une accusation quelconque et il ne se défendit point. Il avait un visage si honnête, si viril... l'accusation portée contre lui était de taille ; je ne voulus pas y prêter foi. Cela me faisait un mal infini que cet homme jeune au visage franc, aux yeux tranquilles, au regard si direct, ait pu commettre quelque chose d'aussi laid. J'ai donc décidé de m'enquérir de ce qui s'était vraiment passé. Je découvris alors qu'il ne s'était pas défendu parce que cela l'aurait obligé à révéler une action infiniment belle et noble qu'il avait commise et dont tout autre n'aurait pas manqué de faire étalage — même si l'occasion ne s'en était pas présentée. Je n'avais jamais vu rien de semblable. Je me rendis compte par la suite qu'il était en fait l'être le plus remarquable que j'aie rencontré et, de toute ma vie, rien ne m'a autant touchée que les petites incursions qu'il m'a été donné de faire dans

1. M. Jesenská, *Le Chemin de la simplicité, op. cit.*

son cœur. Il était d'une noblesse infinie, mais il le cachait, comme s'il avait honte, je crois, d'être meilleur que les autres. Il était incapable de faire quoi que ce soit qui eût révélé ce qu'il était vraiment ; ce qu'il faisait de beau, il le faisait silencieusement, timidement et craintivement, secrètement, en cachette — vraiment en cachette, et jamais de façon que l'on ait seulement l'impression que c'était en cachette. A sa mort — il était trop bon pour ce monde, et cette banalité ne me fait pas peur, elle est ici à sa place —, j'ai lu dans l'un de ses journaux intimes la description d'une scène qui remonte à sa jeunesse ; je crois bien n'avoir jamais rien vu de plus beau. Voici cette scène : un jour (il était encore enfant et très pauvre), sa mère lui donna une pièce de vingt hellers. Il n'avait jamais eu encore une telle somme, c'était donc là un très grand événement. Cet argent, il l'avait gagné, ce qui donnait d'autant plus d'importance à l'affaire. Il sortit pour s'acheter quelque chose et rencontra une mendiante qui avait l'air si pauvre qu'elle lui inspira un terrible effroi ; il se trouva aussitôt empoigné par le désir violent de lui offrir sa pièce de vingt hellers. Mais à cette époque, une pièce de vingt hellers représentait encore une petite fortune pour une mendiante ou un petit garçon. Il redoutait les louanges et les remerciements dont le submergerait la mendiante, il redoutait d'attirer ainsi l'attention ; il décida donc de changer sa pièce, se procura, en échange, dix kreuzers. Puis il s'en fut donner un kreuzer à la mendiante, fit le tour du pâté de maisons, revint par l'autre côté, lui offrit un second kreuzer, et ainsi de suite, dix fois, lui donnant ses dix pièces, n'en conservant pas une seule pour lui-même. Puis il s'effondra en sanglots, totalement épuisé par la tension mentale à laquelle l'avait contraint cette action.

« Je crois que c'est là le plus beau conte que j'aie jamais entendu et, après l'avoir lu, je me suis promis de m'en souvenir jusqu'à ma mort[1]. »

C'est à Merano, en 1920, que Kafka et Milena commen-

1. *Ibid.*

cèrent à s'aimer. Les lettres de Kafka qui ont été conservées témoignent de la violence de cet amour, de sa dimension tragique. Je fus, lorsque je les lus, le cœur battant, submergée par les souvenirs de Milena. Tout ce qu'on peut y lire sous la plume de ce poète béni des dieux est unique, exceptionnel. Milena était telle que la voyait Kafka, elle était *l'amante*. L'amour était pour elle la seule chose qui soit véritablement grande dans la vie. Elle sentait, éprouvait si intensément qu'elle pouvait s'abandonner totalement, aux plans moral, physique comme spirituel. Elle ignorait toute vaine pudeur et considérait que ce n'était pas une honte de ressentir intensément. L'amour était pour elle quelque chose de clair, d'évident. Elle n'avait jamais recours à quelque artifice féminin que ce soit ; elle ignorait le jeu et la coquetterie. Amante, elle avait ce don rare qui consiste à deviner les sentiments de l'autre ; elle pouvait même, plusieurs jours après, décrire à son partenaire l'enchaînement de sensations qui l'avaient traversée et emportée à un instant donné. « On ne sait rien d'un être avant de l'avoir aimé », me dit-elle un jour.

Les rares témoignages écrits de Milena concernant Franz Kafka qui nous sont demeurés disent sa connaissance unique, profonde, du génie de Franz Kafka, mais aussi de sa tragique faiblesse constitutionnelle.

Milena a vingt-quatre ans — mais la vie lui a déjà été amère et l'a précocement mûrie ; elle est pourtant une femme jeune, pleine de force et « plutôt terre à terre », comme elle l'écrivit elle-même. Elle aime Franz Kafka, est amoureuse de son « visage honnête et viril », de ses « yeux tranquilles au regard si direct » ; lorsque, en 1920, Wilma Lövenbach vient lui rendre visite à Vienne, elle lui demande : « Connais-tu Franz Kafka ? », et Milena de répondre : « Oui, c'est un homme beau ! »

Elle submerge celui qu'elle aime de lettres et de télégrammes et, plus il est hésitant, plus elle exige sa présence de manière impérieuse. Quatre jours de bonheur échoient aux amants. « Les marronniers étaient en fleur », se rappelait-elle, lorsqu'elle évoqua pour moi cet épisode. Il semble pourtant que ce soit lors de cette rencontre que s'amoncelèrent les premiers nuages sur leur amour. Si Milena n'avait été, comme elle l'affirme par la suite dans une lettre à Max Brod, qu'une « femmelette », cet épisode viennois aurait vraisemblablement mis un terme à leur amour.

Mais Milena, si forte, si jeune, Milena avec sa « force qui donne la vie » n'était pas liée et apparentée à Kafka par l'amour physique seulement.

« Les plus belles de toutes tes lettres, lui écrit-il (et les plus belles c'est beaucoup dire, car elles sont dans leur ensemble et dans chacune de leurs lignes ce qui m'est arrivé de plus beau dans la vie), ce sont celles dans lesquelles tu donnes raison à ma " peur " tout en essayant de m'expliquer pourquoi je ne dois pas l'avoir. Car moi aussi, même si j'ai parfois l'air d'être son avocat soudoyé, je lui donne probablement raison au plus profond de moi-même, que dis-je? Elle compose ma substance et c'est peut-être ce que j'ai de meilleur. Et comme c'est ce que j'ai de meilleur, c'est peut-être aussi l'unique chose que tu aimes en moi. Que pourrait-on en effet trouver d'autre à tant aimer en ma personne? Mais elle, elle est digne d'amour.

« Tu m'as demandé une fois comment je pouvais dire " bon " ce samedi que j'ai passé avec l'angoisse au cœur; c'est bien facile à expliquer. T'aimant (*et je t'aime, tête dure, comme la mer aime le menu gravier de ses profondeurs; mon amour ne t'engloutit pas moins;* et puissé-je être aussi pour toi, avec la permission des cieux, ce qu'est ce gravier pour la mer!); t'aimant, j'aime le monde entier; ton épaule gauche en fait partie; non, c'est la droite qui a été la première et c'est pourquoi je l'embrasse s'il m'en prend fantaisie (et si tu as l'amabilité de la dégager un peu de ta blouse); ton autre épaule en fait aussi partie, et ton visage au-dessus du mien dans la forêt, et ton visage au-dessous du mien dans la forêt, et ma tête qui repose sur ton sein presque nu. Et c'est pourquoi tu as raison de dire que nous n'avons déjà fait qu'un; ce n'est pas cela qui me fait peur, c'est au contraire mon seul bonheur, mon seul orgueil, et je ne le limite pas à la forêt.

« Mais justement, entre ce monde du jour et cette
" demi-heure au lit " dont tu m'as parlé une fois, dans une
lettre, avec mépris, comme d'une histoire masculine, il y a
pour moi un abîme que je ne puis franchir, probablement
parce que je ne le veux pas. De l'autre côté, c'est affaire de
la nuit ; à tous égards, dans tous les sens, c'est une affaire
de la nuit ; ici c'est le monde, et je le possède ; et il faut que
je saute dans la nuit, de l'autre côté de l'abîme, si je veux
en reprendre possession ? Peut-on prendre demain possession d'une chose ? N'est-ce pas la perdre ? Ici est le monde
que je possède et je passerais de l'autre côté pour l'amour
d'un philtre inquiétant, d'un tour de passe-passe, d'une
pierre philosophale, d'une alchimie, d'un anneau magique ? Pas de ça, j'en ai affreusement peur.

« Vouloir attraper par magie, en une nuit, hâtivement,
la respiration oppressée, perdu, possédé, vouloir, dis-je,
attraper par magie ce que chaque jour donne aux yeux
ouverts ! (" Peut-être " ne peut-on pas avoir d'enfant autrement, " peut-être " les enfants sont-ils aussi magie, lais-
sons la question pour l'instant.) C'est pourquoi j'ai tant de
gratitude (et pour toi et pour tout) et c'est pourquoi aussi
il est *samozřemjé*[1] que je trouve auprès de toi la plus
grande inquiétude en même temps que la plus grande
paix, et la suprême liberté en même temps que la suprême
contrainte, pourquoi aussi, l'ayant compris, j'ai renoncé à
toute autre vie. — Regarde-moi dans les yeux[2]. »

Toute sa vie durant, Milena souffrit de sentiments de
culpabilité, se méprisant chaque fois qu'elle subissait un
échec. Elle ne surmonta jamais la douleur que lui inspira
sa rupture avec son père. A l'époque de ses amours avec
Kafka, cette blessure qui ne devait jamais guérir était
encore grande ouverte et la tourmentait sans relâche. Qui
aurait pu mieux comprendre une telle douleur que Kafka
qui, toute sa vie durant, souffrit dans ses rapports avec
son père ? Désireux de lui montrer combien il la comprenait, il fit lire à Milena sa *Lettre au père*. Pourtant, la rela-

1. Tout naturel *(NdT)*.
2. F. Kafka, *L à M*, p. 169.

tion perturbée de l'un et de l'autre au père était très différente. Le lien de Milena à son père se fondait sur le sentiment, en ce sens il était plus fort et plus douloureux que celui de Kafka au sien ; une des lettres qu'il adressa à Milena montre d'ailleurs qu'il ne comprend pas vraiment son déchirement :

« Je ne comprends ton désespoir à propos de la lettre de ton père que s'il renaît à chaque détail qui te rappelle l'enfer de vos rapports, un enfer déjà bien ancien. Cette lettre ne t'apprend rien de neuf, même en lisant entre les lignes. Elle n'apprend rien de neuf, même à moi qui n'ai pourtant jamais eu de lettre de ton père entre les mains. Il est aimable et tyrannique ; il croit qu'il doit être tyrannique pour satisfaire aux exigences du cœur. La signature n'a vraiment rien de particulier, c'est celle du despote typique ; il n'y a d'ailleurs au-dessus *lito* et *strašně smutné*[1], c'est tout dire.

« Mais ce qui t'effraie, c'est peut-être la disproportion entre ta lettre et la sienne ? Que te dire ? Je ne sais pas ce que tu as écrit ; mais pense à la disproportion qu'il y a aussi entre son empressement " tout naturel " et ton " inconcevable " entêtement.

« As-tu des doutes sur la réponse à faire ? Ou plutôt " as-tu eu " ? puisque tu dis que maintenant tu saurais ce que tu dois dire. C'est curieux. Si tu avais déjà fait cette réponse et que tu me demandes : " Qu'ai-je répondu ? ", je te dirais sans hésiter ce que tu as répondu à mon sens.

« Évidemment, entre ton mari et moi il n'y a aucune différence aux yeux de ton père, cela ne fait pas l'ombre d'un doute ; pour un Européen, nous faisons figure de nègres dans une parfaite égalité ; mais, indépendamment du fait que tu ne peux rien dire de certain à ce sujet en ce moment, pourquoi cela devrait-il entrer dans la réponse ? Et pourquoi serait-il nécessaire de mentir ?

« Je crois que tu ne peux que répondre ce que dirait nécessairement à ton père quelqu'un qui ne verrait que ta vie, qui serait aveugle à tout autre spectacle, qui la regar-

1. « Peine » et « effroyablement triste » *(NdT)*.

derait le cœur battant ; nulle " proposition " n'a de sens, nulle " condition ferme et précise " ; Milena vit sa vie et n'en pourra vivre d'autre. Cette vie est triste, sans doute, mais après tout aussi " saine et paisible " que celle qu'elle aurait eue au sana. Milena ne vous demande qu'une chose, qui est de vous en rendre compte ; elle ne demande rien d'autre, surtout pas d' " organisation ". Elle vous demande uniquement de ne pas vous raidir et vous éloigner d'elle, mais d'obéir à votre cœur et de parler avec elle comme on parle à un être humain, aussi humain qu'on peut l'être soi-même. Si vous y parvenez un jour, vous aurez effacé de sa vie beaucoup de " tristesse " ; elle n'aura plus lieu de vous faire " peine "[1]. »

Milena était un être pétri de contradictions. En elle, la tendresse féminine s'alliait à une détermination toute masculine. Elle était chaste, pudique et risque-tout à la fois. Sans doute sut-elle très vite que son amour pour Kafka était sans avenir. Mais quel est l'amoureux qui renoncerait à espérer ? Qui ne continuerait pas à se battre ? Voici ce qu'on peut lire dans une lettre de Kafka :

« Ne dites pas que deux heures de vie sont plus *a priori* que deux pages d'écriture[2]... » C'est donc qu'elle l'a dit et qu'elle l'a pensé aussi. Dans une autre lettre, Kafka écrit :

« Et maintenant Milena t'appelle d'une voix qui pénètre aussi fort dans ton cœur que dans ton cerveau... elle [Milena] est comme la mer, forte comme la mer avec ses masses d'eau ; quand elle se méprend, elle se rue aussi avec la force de la mer, quand l'exige la morte lune, la lointaine lune surtout. Elle ne te connaît pas et c'est peut-être parce qu'elle pressent la vérité qu'elle veut que tu viennes[3]. »

Kafka craignait l'influence magique de la lune lointaine sur les femmes.

1. F. Kafka, *L à M*, p. 182.
2. *Ibid.*, p. 65.
3. *Ibid.*, p. 90.

Il vint une seconde fois de Prague. Les amants se rencontrèrent à la frontière austro-tchécoslovaque, à Gmünd. Sans doute Milena, qui, en se mariant avec Ernst Polak, était devenue autrichienne, n'avait-elle pas obtenu de visa d'entrée pour sa patrie tchèque. Les temps étaient troublés. Mais elle ne trouva aucune plénitude à Gmünd. Son amour n'y connut pas la satisfaction physique. Dans une de ses lettres, Kafka s'efforce de trouver une explication :

« De Gmünd non plus je ne parlerai plus, tout au moins intentionnellement, je pourrais en dire beaucoup de choses, mais elles reviendraient toutes au fond à constater que le premier jour de Vienne n'aurait pu être meilleur même si j'étais parti le soir ; Vienne a même eu encore en plus cette supériorité sur Gmünd que j'y suis arrivé mort d'épuisement et d'anxiété, au lieu qu'à Gmünd j'étais venu sans le savoir, tant j'étais sot, avec une assurance grandiose, comme s'il ne pouvait plus jamais rien arriver ; je me présentais comme un propriétaire d'immeubles. Il est étrange que malgré l'inquiétude qui ne cesse de m'agiter, je puisse avoir cette lassitude de posséder, et qu'elle soit peut-être même mon vrai défaut en ce domaine et en bien d'autres[1]. »

Et, beaucoup plus tard, le 18 janvier 1922, Kafka note dans son journal :

« Qu'as-tu fait du sexe dont tu as reçu le don ? On dira finalement qu'il a été gâché, et ce sera tout. Mais il aurait pu facilement ne pas l'être... M. a raison : le malheur, c'est la peur[2]... »

Dans une lettre de Milena à Max Brod, remarquable par sa clairvoyance et la sûreté du jugement qu'elle y exprime concernant l'homme qu'elle aime, elle tente d'expliquer pourquoi Kafka a peur de l'amour. Elle écrit :

« Il me faudrait des jours et des nuits pour répondre à votre lettre. Vous vous demandez à quoi cela peut-il tenir que Frank ait peur de l'amour ? Moi, il me semble que les

1. *Ibid.*, p. 233.
2. F. Kafka, *Journal,* Paris, Livre de poche (traduction Marthe Robert), p. 530.

choses se présentent différemment. Pour lui, la vie est quelque chose de totalement différent de ce qu'elle est pour les autres ; avant tout, l'argent, la Bourse, le marché des changes, une machine à écrire sont pour lui des choses totalement mystiques (et il est vrai qu'en réalité, elles le sont, c'est seulement pour nous autres qu'elles ne le sont pas), ce sont là pour lui les énigmes les plus étranges, qu'il n'approche absolument pas de la même façon que nous. On aurait tort de croire, par exemple, qu'il considère son travail de fonctionnaire comme l'exécution normale, habituelle d'une charge. Pour lui, le bureau — y compris le sien — est quelque chose d'aussi énigmatique, d'aussi digne d'admiration que l'est une locomotive pour un petit enfant.

« Il est incapable de comprendre la chose la plus simple qui soit. Êtes-vous déjà entré avec lui dans un bureau de poste ? Il faut le voir rédiger un télégramme et chercher en hochant la tête le guichet qui lui convienne le mieux, il faut le voir aller, sans comprendre le moins du monde le pourquoi et le comment de tout cela, d'un guichet à l'autre jusqu'à finir par aboutir au bon... Il faut l'avoir vu payer, prendre sa monnaie, la recompter, découvrir qu'on lui a donné une couronne de trop, la rendre à l'employée assise derrière le guichet. Puis il s'éloigne lentement, recomptant une fois encore et, arrivé en bas, à la dernière marche, il s'aperçoit qu'en fait la couronne qu'il a rendue lui appartenait. Et le voici donc, désemparé, qui se balance d'un pied sur l'autre, et se demande que faire. Retourner ? La chose est difficile, avec toute cette foule qui se presse là-haut. "Alors laisse tomber", lui dis-je. Mais il me regarde d'un air épouvanté. Comment cela, laisser tomber ? Ce n'est pas d'avoir perdu une couronne qui le préoccupe, mais que ce n'est pas bien d'agir ainsi.

« Comment peut-on laisser les choses en l'état ? L'affaire l'occupe longuement, il ne cesse d'en parler. Il est fort mécontent de moi. Et ce manège se répète dans chaque magasin, chaque restaurant, chaque fois qu'il rencontre une mendiante — sous des formes différentes. Une fois, il donna une pièce de deux couronnes à une mendiante et lui demanda de lui rendre une couronne. Elle dit qu'elle n'avait pas de monnaie. Nous sommes donc restés plantés là deux bonnes minutes, à réfléchir à la conduite qu'il convenait d'adopter. Tout à coup, il se dit qu'il peut bien lui laisser les deux couronnes. Mais à peine a-t-il fait quelques pas qu'il se montre fort contrarié. Et c'est le même homme qui, bien évidemment, me donnerait d'enthousiasme et sur-le-champ vingt mille couronnes si je les lui demandais. Mais si je lui demandais vingt mille et une couronnes et que cela nous obligeât à trouver un endroit où faire la monnaie, et que nous ne sachions pas où le faire, alors il se demanderait sérieusement comment résoudre le problème de cette couronne qui ne devrait pas me revenir. Son attitude crispée face à l'argent est la même que vis-à-vis de la femme. Il en va de même pour sa peur du bureau. Il m'est arrivé une fois de lui télégraphier, téléphoner, écrire, de l'implorer au nom de Dieu de venir me rejoindre pour un jour. Je l'ai supplié à deux genoux. J'en avais très besoin alors. Il n'a pas dormi pendant des nuits, il s'est tourmenté, m'a écrit des lettres où il se mettait en pièces — mais il n'est pas venu. Pourquoi ? Il n'a pas pu demander congé. Non, il n'a pas pu dire au directeur, à ce même directeur auquel il voue une admiration éperdue (sérieusement !) parce qu'il tape si vite à la machine — il n'a pas pu lui dire qu'il voulait venir me voir. Et dire autre chose — nouvelle lettre débordant d'épouvante — comment cela ? Mentir ? Dire un mensonge au directeur ? Impossible. Si vous lui demandez pourquoi il aimait sa première fiancée, il répond : " Elle était tellement capable en affaires " et son visage se met à rayonner, illuminé par le respect qu'il lui voue.

« Non, décidément, le monde entier est et demeure une énigme pour lui. Un secret mystique. Une entreprise hors de sa portée et à laquelle il voue, avec sa touchante naïveté, la plus haute estime parce que c'est le monde de ceux qui sont " capables en affaires ". Lorsque je lui parlai de mon mari qui me trompe cent fois par an et exerce sur moi et sur nombre d'autres femmes une sorte d'envoûtement, son visage s'illumina de la même vénération que lorsqu'il parlait de son directeur qui tape si vite à la machine et est en conséquence un être supérieur, ou lorsqu'il parlait de sa compagne qui était si " capable en affaires ". Tout ceci est pour lui un univers étranger. Une personne qui tape vite à la machine, un type qui a quatre aventures en même temps, c'est pour lui tout aussi incompréhensible que la couronne au bureau de poste, la couronne laissée à la mendiante — incompréhensible parce que c'est vivant. Mais Frank ne peut pas vivre. Frank n'a pas la capacité de vivre. Frank ne guérira jamais. Frank mourra bientôt.

« Il est certain que nous sommes en apparence tous capables de vivre parce qu'à un moment quelconque nous nous sommes réfugiés dans le mensonge, dans l'aveuglement, dans l'enthousiasme, dans l'optimisme, dans une conviction, dans le pessimisme ou dans n'importe quoi. Mais lui, il n'a pas d'asile protecteur. Il est absolument incapable de mentir, comme il est incapable de s'enivrer. Il n'a pas le moindre refuge, pas le moindre abri. C'est pourquoi il est exposé à tout ce dont nous nous protégeons. Il est comme un homme nu parmi des gens vêtus. Et ce qu'il dit, ce qu'il est, ce qu'il vit, ce n'est même pas la vérité. C'est un être pur bien décidé à rejeter tous les artifices qui lui permettraient d'exprimer la vie, sa beauté ou sa misère. Et son ascèse est absolument sans héroïsme, ce qui la rend encore plus grande et plus haute. Tout " héroïsme " est mensonge et lâcheté. Ce n'est pas un homme qui se sert de son ascèse comme moyen vers un but, c'est un homme que sa terrible clairvoyance, sa pureté et son inaptitude au compromis forcent à l'ascèse.

« Il existe des gens très avisés qui ne veulent pas non plus faire de compromis. Mais ils mettent des lunettes magiques qui leur font tout voir autrement que cela n'est. Et donc ils n'ont pas besoin de compromis. Alors ils peuvent écrire vite à la machine et avoir des femmes. Il se tient auprès d'eux et leur jette des regards surpris, tout comme il regarde également cette machine à écrire et ces femmes. Il ne comprendra jamais comment les choses se passent.

« Ses livres sont étonnants. Mais lui, il est bien plus étonnant encore [1]... »

*
* *

La relation amoureuse entre Franz et Milena qui ne perdura, longtemps, que sous forme épistolaire, finit par s'achever à la demande de Kafka. C'était un homme gravement malade et la vitalité de Milena le faisait souffrir ; elle exigeait tout son amour, y compris dans sa dimension physique qui effrayait tant Kafka. Il suffit de lire les deux lettres de désespoir que Milena écrivit à Max Brod après que Kafka eut exigé la rupture de leur relation pour mesurer aussi bien la force de cette passion que l'impasse sur laquelle elle débouchait. Voici cette première lettre :

« Cher docteur, pardonnez-moi, mais je ne suis pas capable d'écrire en allemand. Mais peut-être savez-vous suffisamment le tchèque pour me comprendre ; pardonnez-moi de vous importuner. Mais c'est que je ne sais plus à quel saint me vouer. Mon cerveau ne supporte plus la moindre pensée, la moindre impression, il n'enregistre plus rien, je ne sais rien, ne sens rien, ne comprends rien ; il me semble être tombée ces derniers mois dans quelque chose d'absolument épouvantable, mais je n'en sais pas grand-chose. Je ne sais absolument rien du monde, je sens simplement que je me tuerais si j'étais capable de prendre conscience de ce qui, précisément, se dérobe à ma conscience.

« Je pourrais vous raconter comment, de quelle façon et pourquoi tout est arrivé ; je pourrais tout vous dire de moi, de ma vie ; mais à quoi bon et, en outre, je ne saurais le faire, la seule chose qui m'importe en ce moment, c'est cette lettre de Frank que j'ai entre les mains ; il me l'envoie des Tatras et elle contient une prière tout à fait mortelle qui est en même temps un ordre : " Ne pas écrire et empêcher que nous nous rencontrions, accède, je t'en prie, à cette demande sans faire de bruit, seul peut me per-

1. Max Brod, *Franz Kafka*, *op. cit.* (éd. allemande), p. 280.

mettre de continuer à vivre d'une manière ou d'une autre, toute autre solution continue à me détruire. " Je n'ose lui écrire ni une question ni un seul mot ; je ne sais pas non plus ce que j'attends de vous. Je ne sais pas — ne sais pas ce que je veux savoir. Dieu du Ciel, je voudrais m'enfoncer les tempes dans le cerveau. Je ne vous demanderai qu'une seule chose, vous l'avez vu ces derniers temps, vous le savez donc : suis-je coupable ou ne suis-je pas coupable ? Je vous en prie au nom de Dieu, ne cherchez pas à me consoler, ne m'écrivez pas que ce n'est la faute de personne, ne me parlez pas de psychanalyse. Tout, entendez-vous, tout ce que vous pourriez m'écrire, je le sais [...].

« Comprenez, je vous prie, ce que je veux. Je sais qui est Frank ; je sais ce qui s'est passé et je ne sais pas ce qui s'est passé, je suis au bord de la folie ; je me suis efforcée d'agir comme il convient, de vivre, de penser, de sentir comme il convient, conformément à ce que dicte la conscience, mais *il y a* faute quelque part. C'est de cela que je veux que vous me parliez... Je veux savoir si cela tient à moi que Frank souffre et ait souffert de moi comme de toutes les autres femmes qu'il a connues, si bien que sa maladie s'est aggravée, si bien que lui aussi a dû me fuir dans sa peur, si bien que moi aussi je dois maintenant disparaître ; je veux savoir si c'est là ma faute ou si c'est quelque chose qui découle de son être même. Ce que je dis est-il clair ? Il *faut* que je le sache. Vous êtes le seul qui, peut-être, sache quelque chose. Je vous en prie, dites-moi la vérité dans son absolue nudité, dans sa simplicité, dans sa brutalité s'il le faut, dites-moi ce que vous pensez vraiment[1]... »

A la fin de la seconde lettre qu'elle adresse à Max Brod, on trouve cette phrase bouleversante : « Je vais tous les jours à la poste, je ne puis en perdre l'habitude... » Elle l'avait fait deux années durant. Le guichet de la poste était inséparable de son amour. Kafka adressait toutes ses lettres à Milena poste restante à Vienne, il n'osait pas, par peur d'Ernst Polak, les envoyer à son domcile. Au cours

---

1. Max Brod, *Franz Kafka, op. cit.*, p. 282.

de l'hiver 1922, Wilma vit un jour Milena traverser la rue en toute hâte, à grandes enjambées. Wilma passait en auto, elle cria son nom, Milena tourna la tête. Elle avait un regard absent, le visage blême, marqué par la souffrance ; elle semblait indifférente à tout ce qui l'entourait. « Je pensais que je n'échapperais pas à la folie, en proie que j'étais à la souffrance, au mal d'absence, à un effrayant amour de la vie », écrit-elle dans sa réponse à Max Brod où elle tente d'expliquer quelle fut sa faute, « comment, de quelle manière et pourquoi tout est arrivé... ». Sa lettre commence ainsi :

« Je vous remercie de votre amabilité. J'ai, depuis que je vous ai écrit, quelque peu retrouvé mes esprits. Je suis en état de penser à nouveau. Pour autant, je ne me sens pas mieux. Il va absolument de soi que je n'écrirai pas à Frank. Comment pourrais-je bien le faire ! S'il est vrai que les êtres humains ont une tâche à remplir sur terre, je m'en suis très mal acquittée auprès de lui. Comment pourrais-je manquer d'humilité au point de lui nuire alors que je n'ai pas été capable de l'aider ?

« Ce qu'est son angoisse, je le sais sur le bout des doigts. Elle existait avant moi déjà, à une époque où il ne me connaissait pas. J'ai connu son angoisse avant de le connaître. Je me suis blindée contre elle en la comprenant. Frank, lui, a échappé pendant les quatre jours qu'il a passés près de moi. Nous en avons ri. Je suis absolument certaine qu'aucun sanatorium ne parviendra à le soigner. Il ne se rétablira jamais, tant que cette angoisse l'habitera. Aucun affermissement psychique ne peut surmonter cette angoisse, car l'angoisse fait obstacle à tout affermissement. Cette angoisse n'a pas seulement trait à moi, mais à tout ce qui vit sans pudeur, à la chair aussi par exemple. La chair est trop dévoilée, il ne supporte pas de la voir. C'est là une angoisse qu'à cette époque je suis parvenue à écarter. Lorsqu'il la sentait monter, il me regardait dans les yeux, nous attendions un moment comme si nous ne pouvions reprendre haleine ou comme si nos pieds nous faisaient mal, et, au bout d'un moment, elle s'en était allée. Il n'y avait pas besoin du moindre effort ; tout était simple et clair. Je l'ai traîné sur les collines derrière Vienne, courant devant lui, car il avançait lentement ; il suivait à pas lourds et, lorsque je ferme les yeux, je vois encore sa chemise blanche et son cou bronzé, je le vois encore qui s'efforce à suivre. Il a marché toute la journée, montant et descendant les collines, il s'est exposé au soleil, n'a pas toussé une seule fois, a mangé comme un ogre et dormi comme un loir, il était, tout simplement, en bonne santé ; ces jours-là, sa maladie ressemblait à un petit refroidissement. Si j'étais partie à Prague avec lui à ce moment-là, je serais restée pour lui celle que j'étais auparavant. Mais j'avais les deux pieds enracinés dans la terre viennoise, je n'étais pas en état de quitter mon mari et peut-être étais-je trop femme pour avoir la force de me soumettre à une vie dont je savais qu'elle impliquerait l'ascèse la plus rigoureuse, pour toute ma vie. Mais je suis habitée par une irrésistible nostalgie, une nostalgie frénétique d'une vie tout autre que celle que je mène et que celle que je mènerai jamais, la nostalgie d'une vie avec un enfant, d'une vie tout à fait terre à terre.

« Et ce sentiment l'a emporté en moi sur tout autre, sur l'amour, sur l'attrait d'une existence aérienne, sur l'admiration et, une fois encore, l'amour. On pourra dire à ce propos ce que l'on voudra, le résultat sera toujours un mensonge. Ce n'est encore là, peut-être, que le plus véniel. Et ensuite, justement, il était déjà trop tard. Puis ce combat en moi-même est devenu trop évident, et cela l'a effrayé. Car c'est précisément contre cela qu'il lutte, depuis toujours, mais de l'autre côté de la barrière. Il a pu trouver le repos auprès de moi. Mais ensuite son angoisse est revenue, s'est immiscée entre nous. Contre ma volonté. J'ai très bien compris alors que quelque chose s'était passé qu'il serait dorénavant impossible d'effacer. J'étais trop faible pour pouvoir faire, réaliser la seule et unique chose qui, je le savais, aurait pu l'aider. Et c'est ma faute. Et vous savez, vous aussi, que c'est ma faute. Ce que l'on met sur le compte de la non-normalité de Frank — c'est cela, précisément, qui fait sa supériorité. Les femmes qui l'ont rencontré étaient des femmes ordinaires qui ne savaient vivre, précisément, que comme des femmes. Je crois, en fait, que c'est nous, que c'est le monde tout entier, tous les humains qui sont malades et qu'il est le seul à être sain, le seul à comprendre, à sentir comme il convient, le seul être pur. Je sais qu'il ne se défend pas contre la vie, mais seulement contre ce type de vie. Si j'avais été capable de partir avec lui, il aurait pu vivre heureux avec moi. Mais tout cela, c'est aujourd'hui que je le sais. A cette époque, j'étais une femme ordinaire, comme toutes les femmes du monde, une petite femme prisonnière de ses instincts. Et c'est cela qui a suscité son angoisse. Elle était fondée. Se peut-il, aussi bien, que cet être ressente quoi que ce soit sans que cela soit fondé? Sa connaissance du monde est dix mille fois plus grande que celle de tous les habitants de cette terre. Cette angoisse qu'il ressentit alors était fondée. Et vous vous trompez : Frank ne m'écrira pas de son propre mouvement. Il n'est rien qu'il puisse m'écrire. Il n'y a, en fait, pas un seul mot qu'il puisse me dire dans cet état d'angoisse. Il m'aime, cela je le sais. Il est trop bon et trop pudique pour pouvoir cesser de m'aimer. Il considérerait cela comme une faute. Il se considère toujours, en effet, comme le coupable, le faible. Avec tout cela, il n'y a pas au monde un seul être qui possède cette force extraordinaire qui est la sienne : ce sentiment qui l'habite de l'irrévocable nécessité de la perfection, de la pureté et de la vérité. C'est ainsi. Je sais jusque dans mon être le plus intime que c'est ainsi. Simplement, je ne puis m'en rendre totalement consciente. Lorsque je le pourrai, ce sera terrible. Je cours parmi les rues, je reste toute la nuit à la fenêtre, parfois les pensées crépitent en moi comme les petites étincelles qui jaillissent en tous sens lorsqu'on aiguise un couteau, mon cœur est comme accroché à un hameçon, vous savez, un hameçon très fin qui me déchire, m'inflige une horrible douleur, si aiguë, si fine[1]... »

La correspondance régulière entre Franz et Milena fut interrompue à la demande de Kafka. Mais un passage de

1. Max Brod, *Franz Kafka*, op. cit., p. 285.

sa correspondance avec Max Brod nous dit bien quels étaient ses sentiments pour Milena :

« Tu parleras avec M., moi je n'aurai plus jamais ce bonheur-là. Si tu lui parles de moi, fais-le comme si j'étais mort, je veux dire pour ce qui est de mon " dehors ", de mon " exterritorialité ". Quand Ehrenstein* est venu me voir récemment, il m'a dit à peu près qu'en M. c'est la vie qui me tend la main et que j'ai le choix entre la vie et la mort ; c'était un peu emphatique (en ce qui me concerne moi, pas M.), mais vrai au fond, je trouve seulement bête qu'il ait eu l'air de croire à une possibilité de choix pour moi. S'il y avait encore un oracle de Delphes, je l'aurais interrogé et il m'aurait répondu : " Le choix entre la vie et la mort ? Comment peux-tu hésiter[1] ? " »

De temps à autre, Milena continua à envoyer des lettres et des cartes postales à Kafka et elle le vit quelquefois à Prague, dans la maison de ses parents. Kafka note à ce propos, le 19 janvier 1922, dans son journal :

« ... tes dernières visites étaient, certes, affectueuses et fières comme toujours, mais un peu lasses, un peu contraintes, comme les visites qu'on fait aux malades.

« Cette impression est-elle juste ?

« As-tu trouvé dans le *Journal* quelque chose de décisif contre moi[2] ? »

A en croire le *Journal* de Kafka, Milena lui a rendu visite, pour la dernière fois, en mai 1922 ; mais certains disent qu'elle l'a vu plus tard encore, alors qu'il était déjà gravement malade. Je ne sais pas ce qu'il en est. Il est sûr qu'elle l'a aimé jusqu'à la fin. C'est ce que montre l'article nécrologique profondément émouvant qu'elle écrivit lorsqu'il mourut :

« FRANZ KAFKA. Avant-hier est mort au sanatorium de Kierling à Klosterneuburg, près de Vienne, le Dr Franz

1. F. Kafka, *Correspondance, op. cit.*, p. 376.
2. F. Kafka, *Journal, op. cit.*, p. 532.

Kafka, écrivain allemand vivant à Prague. Très peu de gens le connaissaient ici, car c'était un ermite, un homme qui connaissait la vie et qu'effrayait la vie. Il souffrait depuis des années déjà d'une affection pulmonaire et, bien qu'il se fît soigner, on peut dire néanmoins qu'il encouragea spirituellement et favorisa consciemment sa maladie. " Lorsque l'âme et le cœur ne peuvent plus supporter le fardeau, le poumon en prend la moitié de façon que la charge se trouve au moins répartie de façon plus ou moins équitable ", écrivit-il, un jour, dans une lettre, et c'est de la sorte qu'il se comportait avec sa maladie. Elle lui conférait une sensibilité confinant au miraculeux, une pureté spirituelle qui l'éloignait de tout compromis jusqu'aux conséquences les plus effroyables ; inversement, c'était un homme qui faisait peser sur sa maladie tout le poids de la peur de la vie qui habitait son âme. Il était craintif, angoissé, doux et bon, mais les livres qu'il écrivait étaient cruels et douloureux. Il voyait le monde rempli de démons invisibles qui combattent et anéantissent un homme sans défense. Il était clairvoyant, il était trop sage pour pouvoir vivre, et trop faible pour combattre ; mais c'était là la faiblesse de l'homme noble, beau, qui n'est pas apte à combattre la peur, les malentendus, l'absence d'amour et le mensonge spirituel ; il était de ceux qui, depuis toujours, se savent impuissants, se soumettent et, ce faisant, couvrent de honte le vainqueur. Il disposait de cette connaissance des hommes qui est l'apanage de ceux qui vivent dans la solitude ; ses nerfs ultra-sensibles lui permettaient de pénétrer, comme un voyant, dans les arcanes d'un être, simplement en saisissant une expression fugitive sur son visage. Sa connaissance du monde était aussi extraordinaire que profonde. Il constituait lui-même un univers extraordinaire et profond. Il a écrit les livres les plus importants de la jeune littérature allemande. Ils incarnent, sans aucun parti pris, le combat des générations de notre temps. Ils sont d'une nudité si véridique qu'ils apparaissent encore comme naturalistes là où ils parlent en symboles. Ils ont l'ironie sèche et le don de vision sensible d'un homme qui a ausculté le monde avec une clairvoyance si extraordinaire qu'il n'a pu le supporter et s'est trouvé voué à la mort ; car il ne voulait pas faire de concessions, il ne voulait pas, comme les autres, trouver le salut dans quelque fourvoiement intellectuel, si noble fût-il. Franz Kafka a écrit le fragment intitulé *le Chauffeur* (publié en tchèque dans la revue *Červen* *[Juin]* de Neumann), et qui constitue le premier chapitre d'un beau roman encore inédit. Il a publié *le Verdict* qui met en scène le conflit de deux générations. *La Métamorphose*, l'ouvrage le plus puissant de la littérature allemande moderne. *La Colonie pénitentiaire* et des ébauches, intitulées *Contemplation, le Médecin de campagne*. Le manuscrit de son dernier roman, *Devant le tribunal [le Procès]*, est déjà prêt pour l'impression depuis trois ans ; il est l'un de ces ouvrages dont la lecture inspire un tel sentiment d'universalité que tout commentaire en est superflu. Tous ses ouvrages évoquent l'horreur de malentendus mystérieux, d'une faute non identifiable dont se seraient rendus coupables les hommes. C'était un homme et un artiste doté d'une conscience si scrupuleuse qu'il demeurait encore vigilant là où les autres, les sourds, se sentaient déjà en sûreté[1]. »

1. M. Jesenská, Notes du jour in *Národní Listy*, 6 juin 1924. Édition allemande : Vienne, *Forum* (IX/97).

Le chemin de la simplicité

Début 1924, Wilma, l'amie de Milena, revint à Vienne et se rendit à la Lerchenfelderstrasse. D'une façon générale, Milena ne parlait que très peu de sa vie privée, elle était rien moins que communicative. « Il faut pouvoir garder ses distances, écrivit-elle un jour. Il faut être capable de fréquenter quotidiennement des gens sans rien leur révéler de soi-même. Peut-être ne pourra-t-on pas empêcher que tel ou tel connaisse des aspects de notre vie privée, mais ce n'est pas une raison pour l'y aider de surcroît. Lorsqu'on franchit les barrières de l'intimité, on s'expose à la critique, à la pitié et à l'envie ; les relations humaines commencent alors à devenir problématiques car, sans le vouloir, l'on a ouvert toutes grandes les portes aux malentendus. On ne maîtrise plus jamais les relations avec les autres, on ne peut plus jamais les façonner, on est au contraire modelé par elles. Au reste, l'excès d'intimité débouche sur l'infidélité vis-à-vis des véritables amis, c'est une faute de goût vis-à-vis de soi-même[1]. »

Milena accueillit Wilma avec une très grande cordialité et la conduisit dans la maison. Dès le premier coup d'œil, il était visible que Milena avait changé : elle était plus calme, en meilleure santé, plus équilibrée ; non sans fierté, elle raconta à son amie qu'elle venait d'installer une sorte de pension dans sa maison, qu'elle louait deux chambres, préparait à dejeuner à ses pensionnaires, employant même une gouvernante. Elle semblait alors vraiment dominer l'existence. Elle avait développé certains talents

1. M. Jensenská, *Le Chemin de la simplicité, op. cit.*

pratiques, s'était approprié diverses connaissances en matière de ménage et de cuisine — des capacités dont tireront parti, plus tard, à Prague, nombre de ses hôtes démunis, et qui feront l'admiration de tous.

Étonnée de cette transformation, Wilma n'eut pas à chercher longtemps pour découvrir que Milena avait enfin trouvé la force de se séparer d'Ernst Polak, d'en finir avec cette union depuis si longtemps ébranlée et qu'elle avait trouvé le bonheur dans un nouvel amour.

« Permets-moi de te présenter mon " sous-locataire ", le comte Xaver Schaffgotsch », lui dit Milena, prononçant ce nom avec une nuance d'hésitation qui semblait demander qu'on excusât le titre de noblesse. Un homme jeune, sympathique, entra dans la pièce et Wilma, la très bourgeoise Wilma, enregistra avec satisfaction qu'il avait d'excellentes manières témoignant d'une bonne éducation qui n'était pas de surface. « Cet homme était vraiment une bénédiction, après tous ces singes savants mal embouchés qui, habituellement, entouraient Milena. On lui prêtait enfin l'attention qui revient à toute femme, qui flatte toute femme... »

Un peu plus tard, Milena insista auprès de Wilma sur le fait que Xaver n'était pas un aristocrate typique, mais au contraire un outsider dans la noblesse. C'était un ancien officier autrichien qui s'était rendu en Russie au temps de la révolution et de la guerre civile et y était devenu communiste. Il introduisit Milena dans les milieux communistes. C'est en sa compagnie que Milena rendit visite, en 1925, à sa bonne amie pragoise Alice Gerstel qui était mariée avec Otto Rühle * et vivait, près de Dresde, à Buchholz-Friedenwald. A cette époque, Milena avait décidé de tourner définitivement le dos à Vienne. Rühle et sa femme vivaient alors dans une jolie maison située sur une colline, non loin du Cerf blanc, à Hellerau. Tous deux menaient une vie active et étaient fort sociables.

Otto Rühle, qui avait quelque vingt ans de plus que sa femme, appartenait avant la Première Guerre mondiale à l'aile gauche du parti social-démocrate d'Allemagne ; député au Parlement, il avait refusé, avec Karl

Liebknecht, de voter les crédits de guerre en 1914. En 1916, il avait pris part à la fondation du Spartakusbund et, deux ans plus tard, en décembre 1918, à la fondation du parti communiste d'Allemagne. Mais, militant de la gauche anti-autoritaire, il entra un an plus tard en opposition avec le Parti et ne regagna jamais plus le giron de quelque parti que ce soit. Dès cette époque, Rühle et ceux qui partageaient ses idées soulignaient le danger qu' « en cas de victoire de la révolution, la dictature de la classe soit remplacée par celle du Parti et de sa direction ». Pourtant, Rühle demeura marxiste jusqu'à la fin de ses jours et il consacra des dizaines d'années à écrire des sommes sur Marx. Son dernier livre, *Living Thoughts of Marxism*, a été écrit en collaboration avec Léon Trotski au Mexique où tous deux vivaient en émigration. Enseignant de profession, Rühle consacra également de nombreux ouvrages d'orientation marxiste aux questions pédagogiques. *L'Enfant prolétaire*, *Comment s'y prendre avec les enfants ?*, *L'Enfant à l'abandon*, ce sont là quelques titres parmi tous ceux qui composent son œuvre très abondante.

Rühle partageait avec sa femme Alice (qui était une disciple d'Alfred Adler, le théoricien de la psychologie individuelle) un autre centre d'intérêt encore : la psychologie. Ils sont les auteurs de nombreux textes sur les découvertes de la psychologie moderne, et ont notamment écrit un livre sur la question.

Lorsque Milena et Xaver Schaffgotsch arrivèrent à Buchholz, en 1925, Rühle était propriétaire à Dresde de la maison d'édition « Am anderen Ufer » (Sur l'autre bord), où étaient publiés nombre de ses écrits. Alice, pragoise de la même génération que Milena et européenne cultivée comme elle, donnait le ton dans la maison de Rühle. Il lui fallait, pour vivre, musique, littérature et art. Montrant à l'occasion ses grandes connaissances en architecture, elle faisait découvrir à ses hôtes les beautés du Dresde baroque, allait avec eux au théâtre, dans les expositions, et Milena, qui avait beaucoup d'affinités avec Alice, se sentait chez les Rühle comme chez elle. Elle demeura près de dix mois avec Schaffgotsch à Buchholz.

A cette époque, outre son activité journalistique courante, Milena travaillait à l'édition tchèque de *Peter Pan* que devait publier à la Noël 1925 la Bibliothèque de la jeunesse de l'Akciová Tiskárna de Prague. Une de ses connaissances pragoises, Jirka Malá, traduisait le livre en tchèque. Lorsqu'elle eut achevé ce travail, Milena l'invita à venir en parler à Buchholz. La jeune fille prit le train, attendant beaucoup de cette rencontre. A son arrivée à Dresde, Milena et Schaffgostch l'accueillirent sur le quai. Jirka Malá, qui était issue d'un milieu très conservateur, fut alors fort étonnée et déconcertée lorsqu'elle vit le jeune aristocrate empoigner sa valise, la charger sur un diable qu'il se mit à pousser comme un porteur. Elle répondit à ce qu'elle prit pour une manifestation excessive d'hospitalité par des protestations irritées, déconcertée par « cette façon inouïe de jouer au prolétaire » — comme elle se le dit alors, sans oser le formuler tout haut. Mais Milena mit fin à cette situation délicate en lui racontant en riant que Xaver et elle-même étaient des experts confirmés en matière de transport de valises ; « c'est même, précisa-t-elle, en nous livrant à cette activité que nous nous sommes rencontrés, devant la gare Franz-Joseph, à Vienne » ; puis elle ajouta : « Xaver a une pratique encore plus ancienne que moi, il a eu l'occasion, en Russie, de se prolétariser bien davantage encore que moi, quand, à l'époque de la famine, il débarquait des balles des navires... »

Mais la naïve Jirka n'avait pas fini de s'étonner du nouveau milieu dans lequel vivait Milena et de la façon dont elle changeait. Les débats sur le marxisme faisaient partie de la vie quotidienne chez Rühle, et Milena, qui, jusqu'alors, s'était totalement désintéressée de la politique, semblait non seulement y trouver de l'agrément, mais manifestait de surcroît des connaissances dans des domaines qui, pour la jeune Jirka, n'étaient que « de l'hébreu ». Elle restait là, assise au milieu des autres, envahie de sentiments d'infériorité et convaincue d'avoir profondément déçu Milena par son ignorance.

Mais, à son grand soulagement, on passait alors à un

autre thème, les trois amies se mettaient à revoir ensemble la traduction de *Peter Pan*. Jirka se retrouvait sur un terrain qu'elle connaissait bien. Elle était tout particulièrement impressionnée par le sens de la langue extraordinaire que manifestait Milena qui, sans savoir l'anglais, trouvait au plus vite les équivalents appropriés en tchèque. Stimulées par ce travail, les trois Pragoises commençaient à se souvenir de poèmes tchèques qu'elles aimaient et à les déclamer à l'envi. Un soir, Xaver Schaffgotsch prit sa revanche en montrant l'étendue de ses connaissances dans le répertoire de la poésie allemande. Jirka apprit à cette occasion que Schaffgotsch écrivait des contes, mais travaillait, à l'époque, à une pièce de théâtre qui fut publiée par la suite aux éditions Malik. On s'intéressait donc à d'autres questions que « tout ce fatras marxiste, communiste », constata alors Jirka, soulagée. Puis arriva la soirée, le clou de la journée pour elle : on passa à la musique. Jirka joua du violon, accompagnée alternativement par Alice et Milena ; il s'avéra alors, à l'occasion des discussions qui s'ensuivirent, que Xaver avait en musique des connaissances approfondies.

Milena s'était déjà fait un nom au fil des années de sa collaboration au quotidien tchèque *Tribuna* en qualité de « correspondante de mode à Vienne ». Mais, peu avant de partir à Dresde avec Xaver Schaffgotsch, elle avait franchi un échelon en devenant collaboratrice du journal du parti conservateur-national dont était membre Jan Jesensky, le *Národní Listy (Feuilles nationales)*; le professeur, à la faveur d'une réconciliation provisoire avec sa fille, l'y avait recommandée. La considération générale que valaient à Milena ses talents journalistiques remplissaient de fierté son père aussi bien que sa tante Ružena ; sa collaboration à *Národní Listy* était pour elle un triomphe. Pourtant, Milena ne devait absolument pas sa carrière à l'appui de son père, mais bien à sa seule assiduité, à son énergie et à ses dons. Elle-même n'avait pas très haute opinion de ce qu'elle écrivait. Voici comment elle formulait ce jugement dépréciatif : « La seule chose que je sache vraiment écrire, ce sont des lettres d'amour, en fin de compte, tous mes articles ne sont rien d'autre que cela... »

Au fil des ans, la personnalité de Milena et ses talents d'écrivain s'épanouirent. Le propos que nous venons de citer indique dans quelle direction ces dons se développaient ; cela ne l'empêcha pas, pourtant, d'intituler le livre qu'elle publia en 1926 — il s'agissait d'un recueil de ses feuilletons — *le Chemin de la simplicité*. Mais ce petit livre avait une autre particularité encore : c'était une sorte de « lettre au père » et elle l'avait, d'ailleurs, dédié à son « cher père ». Cette dédicace exprime le désir de Milena de se réconcilier avec lui ; elle vint le voir, le livre à la main, le priant de la comprendre en dépit de tout, dans l'espoir que, contrairement au père de Kafka, il ne « le laisserait pas sur la table de nuit » sans l'avoir ouvert.

Lorsqu'elle revint de Dresde à Prague en 1925, Milena reçut, de façon tout à fait inopinée, un accueil presque triomphal. Quand elle avait quitté sa ville natale en 1918, la « bonne société » nourrissait à son égard les sentiments les plus contradictoires. Sa relation avec Staša, l'affaire Veleslavin, sa manière étrange de s'habiller, tantôt vêtue de parures flottantes, tantôt débraillée, avec des jupes et des corsages à la diable, et puis, comble de tout, son mariage avec un « Juif allemand »... C'en était trop ! Mais c'était une autre Milena qui revenait. D'une beauté totalement épanouie, journaliste de mode réputée, courtisée par les meilleures couturières et élégamment habillée, mais avec cette simplicité qui lui était propre, et surtout : journaliste en renom au journal conservateur-national le plus important de Prague, le *Národní Listy*. On se l'arrachait de toutes parts. Elle recevait invitation sur invitation. Mais Milena ne se montrait guère, elle refusait de se plier à ces obligations sociales. Elle n'honorait de sa présence que les cercles intellectuels qu'elle fréquentait auparavant. C'est en cette compagnie qu'elle se sentait à nouveau dans son élément. Elle retrouvait à son café habituel, le Metro, ou encore au Národní Kavarna, au Slavia, faisant parfois un détour par l'Unionka, écrivains, journalistes et intellectuels tchèques, juifs et allemands. Elle travaillait avec grande ardeur et prenait plaisir à l'existence. On comprend d'autant mieux l'état d'exaltation dans lequel elle se trouvait alors si l'on se souvient qu'elle arrivait d'une Vienne vouée à la misère et à l'indigence. Prague, par contraste, tentait de toutes ses jeunes forces de rattraper le retard accumulé pendant trois cents ans d'immobilisme. La bohème pragoise menait une existence des plus sociables. C'étaient les débuts du jazz, et Milena, qui raffolait de danse, le préférait à tout. On se rencontrait pendant la journée dans les cafés, le soir, on se voyait dans les bars, chez les uns ou les autres. Contrairement à Vienne, Prague n'était qu'une petite ville et, parmi la bohème, tout le monde se connaissait, tout le monde fréquentait tout le monde. Milena avait beaucoup d'amis, mais il y avait aussi des gens qui l'évitaient ou lui étaient hostiles.

Elle semblait vouée soit à être portée aux nues, soit à être détestée. On ne pouvait être indifférent à son égard, tiède ou tolérant. Les uns la comparaient à Atjka, l'héroïne du roman de Romain Rolland, *l'Ame enchantée*, et d'autres colportaient des ragots venimeux sur son passé.

On ne pouvait en aucun cas caractériser Milena, après les années difficiles qu'elle avait connues à Vienne, après la discipline et le travail auxquels elle s'était astreinte pour se frayer son chemin à travers ces difficultés, comme un être harmonieux. Milena avait une conception chevaleresque de l'honneur qui l'apparentait à un Don Quichotte féminin. C'était un être qui s'imposait et imposait aux autres des exigences morales élevées et n'était pas prête à passer des compromis. Un tel être ne peut vivre que dans un conflit permanent. C'était cela précisément qui la rendait aisément vulnérable et souvent impatiente. A son irascibilité et son penchant pour l'ironie s'ajoutait encore sa propension à se dresser contre toute forme d'injustice. Ce qui lui valait, bien sûr, des inimitiés.

Voici un exemple qui montre combien Milena savait éviter de s'abaisser au niveau de ses ennemis. Un poète tchèque, Nezval* (il était communiste, extrêmement doué, mais faible de caractère), était de ceux qui n'aimaient pas du tout Milena et elle le lui rendait bien, éprouvant même une violente aversion à son égard. Un jour qu'il se trouvait invité chez des gens, Nezval s'enivra complètement, commença à faire du scandale, entraînant les invités dans une bagarre. On finit par le jeter à la porte. Il demeura là, étendu sur le pavé, ivre mort. Personne ne se souciait de lui. Milena vint à passer par là. Elle n'hésita pas une seconde, lui porta assistance, le défendant, de surcroît, contre la colère des passants qui s'étaient rassemblés autour de lui. Elle ne bougea pas d'un pouce tant qu'une ambulance ne fut pas là pour l'emporter. Il allait de soi pour Milena que c'est ainsi qu'il fallait se conduire, et un tel comportement ne dépendait en rien de la sympathie ou de l'antipathie qu'elle pouvait ressentir à l'égard de la personne en question.

Milena était la rédactrice de la page destinée aux femmes de *Národní Listy* ; elle y parlait, entre autres choses, de décoration intérieure et, toujours, de mode. Elle publia à cette époque aux éditions Topič une brochure intitulée *Faisons nos vêtements nous-mêmes*. Ses articles sur la mode étaient très particuliers. Kafka s'en amuse dans l'une de ses lettres ; il écrit :

« ... Je me fais l'impression [en lisant un tel article] d'un géant qui empêche, en écartant les bras, le public d'arriver jusqu'à toi (il y a du mal, il doit contenir la foule, mais en même temps, il ne veut perdre aucun de tes mots, aucun de tes moindres regards) ; le public, ce public qui n'en demeure pas moins, probablement, un parangon de stupidité, une race toquée, et qui plus est, femelle, qui crie peut-être : "Où est la mode ? Quand va-t-on nous montrer la mode ? Nous n'avons vu jusqu'à présent que Milena[1]." »

1. F. Kafka, *L à M*, p. 163.

Voici, à titre d'exemple, l'un de ces articles de mode :

« La plus grande beauté de l'homme, c'est l'harmonie. Je n'entends par là rien d'extérieur. J'entends l'harmonie qui rayonne de l'intérieur, une certaine pondération et un certain équilibre des traits positifs et négatifs en un tout unique et original. Regardons par exemple un chat : c'est quelque chose d'absolument parfait, et pourtant, le chat n'est en rien " parfait ". Il ne sait ni voler ni aboyer, ni parler ni compter et il y a, je crois, encore beaucoup d'autres choses qu'il ne sait pas faire. Mais tout ce qu'il sait faire, il le fait parfaitement et il ne lui viendrait jamais à l'esprit de s'essayer à quelque chose qu'il ne sait pas — danser, par exemple. Il y a aussi des gens chez qui tout est parfait et en absolue harmonie, qui se dominent tellement, possèdent tant de naturel, de sens critique par rapport à eux-mêmes qu'ils ne font jamais rien dont ils ne sont pas capables. C'est pourquoi ils ne sont jamais laids — car seuls sont laids la maladresse, le ridicule et une absurde vanité. Ce type de personnalité harmonieuse vit toujours en situation d'équilibre et se conduit toujours à la perfection. Il s'agit là parfois d'une attitude consciente, à laquelle on s'est contraint ; dans d'autres cas, il s'agit d'un don de la nature. Ce type de personnalité agit avec l'assurance de ceux qui savent qu'ils se conduisent convenablement en toutes choses. Ils parlent correctement, agissent correctement, se comportent correctement et s'habillent correctement. Peut-être n'ont-ils jamais vu de leur vie un journal de mode et n'ont-ils ni le temps ni l'argent nécessaire pour s'occuper de semblables questions. Mais un ordre conscient règne dans leur être intime et c'est pourquoi ils savent ce qu'ils veulent et savent ce qu'il est bon de vouloir...

« Tout ce que fait l'individu exprime ce qu'il a acquis spirituellement et intellectuellement. Son extérieur, mais aussi ses mouvements, sa façon de porter ses vêtements, de poser ses pieds ; sa façon de rire, comme de serrer la main à quelqu'un ; tout cela provient d'une seule et même source, du noble royaume de la vie intérieure. L'habit ne fait pas le moine — mais combien de gens en sont-ils à attendre, en cet après-guerre, que l'habit les définisse? Y sont-ils parvenus? On pourrait presque dire que les vêtements dévoilent les gens davantage qu'ils ne les voilent. Mais une chose est sûre : une véritable personne de valeur ne perd rien à être maladroitement habillée, même si bien des choses, dans sa vêture, ne sont pas conformes à " ce qui est convenable ". Ce qu'elle a d'original et d'authentique est suffisamment fort pour qu'elle soit beaucoup plus belle qu'une personne qui porte des vêtements d'une façon consciemment et fâcheusement " convenable ". Ceci ne signifie en aucun cas que l'extérieur soit dépourvu d'importance, tout au contraire. Ce que je veux dire, c'est simplement que l'extérieur n'est en rien quelque chose d'extérieur mais un miroir de ce qui se joue à l'intérieur. Une personne qui connaît une vie intérieure riche et belle résoudra tout naturellement le problème de son apparence (tout naturellement revenant ici, pratiquement, à dire " bien "), elle ne se vêtira jamais de frusques ridicules qui ne lui vont pas, car elle a besoin de la simplicité comme de l'air qu'elle respire. Des individus menteurs ou vides, par contre, ne gagnent ni en beauté ni en noblesse à porter les vêtements les plus chers. Quand bien même, du point de vue du couturier, leurs vêtements seraient parfaits, il manquerait aux manches, à la coupe, le petit quelque chose qui fait rayonner ceux qui valent quelque chose[1]... »

Depuis son retour, Milena habitait sur la Kleinseite une chambre meublée dans une vieille maison massive de la Grosspriorplatz. Elle aimait la Kleinseite car bien des souvenirs l'y rattachaient, à commencer ceux de sa grand-mère vers laquelle elle s'était toujours sentie attirée lorsqu'elle était enfant. Voici ce qu'elle écrit dans *Maminká*, un de ses derniers articles, où elle célèbre la femme tchèque : « ... Ma grand-mère était la réplique

1. M. Jesenská, *Le Chemin de la simplicité, op. cit.*

exacte de la Babička de Božena Němcova [...]. Elle portait un fichu de soie et faisait pousser des azalées sur le rebord de ses fenêtres. Elle avait huit enfants et quand il y avait à midi des beignets elle ne pouvait jamais en préparer assez, les enfants venaient prendre les beignets directement dans la poêle [...]. Et lorsqu'elle se mettait à pétrir et rouler la pâte pour préparer des boulettes, elle en avait pour une demi-journée. Qu'un des enfants attrape la varicelle, et les sept autres y passaient aussitôt. Et grand-mère trottinait, toute petite et débordant d'une attention soucieuse, d'un lit d'enfant à l'autre. Elle n'était elle-même jamais malade, elle n'en avait pas le temps.

« Les toits de la Kleinseite, le cercle de lumière qui se découpe sur la table, en dessous de l'abat-jour vert, un caractère remarquablement taciturne, une remarquable bonté, une nature débordant de force vitale, un amour du pays taillé dans le granit — c'était tout cela ma grand-mère. Lorsqu'on introduisit l'" heure d'été " pendant la Première Guerre mondiale et que la journée commença donc une heure plus tôt, Grand-mère appela cette innovation, avec mépris, une " invention autrichienne " et, chez elle, les pendules continuèrent à indiquer l'heure réelle, se réglant sur le soleil au mépris de toutes les prescriptions. Lorsque midi sonnait au clocher, cette femme d'ordinaire silencieuse élevait la voix pour lancer, d'un ton de reine ou avec les accents de qui déclame un poème pathétique : " Il est maintenant onze heures ! " Et, tout à fait entre nous : il *était* bel et bien onze heures [1] !... »

Milena avait la jouissance, dans sa chambre meublée, d'une salle de bains, luxe dont bénéficiait rarement, à l'époque, un sous-locataire. Un jour, Wilma vint lui rendre visite, ne la trouva pas dans sa chambre — puis entendit un clapotis provenant de la salle de bains. Elle appela Milena, et celle-ci lui répondit aussitôt : « Mais entre donc,

1. M. Jesenská, « Maminka », *Přítomnost*, 12 avril 1939.

ma chère ! » Wilma hésita, embarrassée par un tel sans-gêne puis, après que Milena eut réitéré son invitation, finit par entrer dans la salle de bains. Apercevant son corps nu, elle comprit pourquoi Milena n'avait nullement lieu de se gêner ; c'était un corps d'une beauté, d'une harmonie, de proportions parfaites, mince, mais non dépourvu de rondeurs pourtant ; Milena n'avait aucune raison de le cacher, et moins encore d'en avoir honte.

*
**

Milena avait passé sept années à l'étranger. Durant ce long intervalle, Prague s'était considérablement développée, sa nonchalance provinciale avait cédé la place au mode de vie d'une métropole. Les rues grouillaient de monde, pas seulement les jours de semaine, mais le dimanche aussi : les Pragois partaient en groupes organisés dans les montagnes ou d'autres lieux d'excursion. Quelque peu affolée, effrayée, Milena voyait ces masses s'agglutiner, le dimanche matin à la gare. « Cette foule a quelque chose de bouleversant. Elle est trop grande, trop étendue, trop puissante, elle occupe trop d'espace — mais elle ne pénètre pas en profondeur... »

Parlant d'elle-même, elle écrit : « Il existe des gens singuliers, des gens qui aiment davantage une rivière, une forêt, une maison forestière et une allée de peupliers lorsqu'ils les voient seuls. Ce sont des gens qui, lorsqu'ils sortent, ne veulent jamais arriver nulle part. Ils vont sans but à travers bois et champs, comblés par le calme, les senteurs campagnardes, les nuages et la solitude. Ce n'est même pas que ces gens ont un sentiment particulier de la nature, car ils se promènent avec le même enthousiasme dans les rues de la grande ville, lorsqu'il pleut et que les lumières se reflètent sur l'asphalte humide, c'est avec le même enthousiasme qu'ils observent, la nuit, les étranges figures que dessinent au plafond les lumières de la ville. Ce sont les mêmes qu'un livre de Stendhal peut tout autant transporter qu'un soir où le gris et le bleu se confondent dans un paysage de neige.

« J'aime la vie, celle qui enchante, qui émerveille, qui rayonne, sous toutes ses formes, dans toutes ses manifestations, les jours ordinaires comme les jours de fête, en surface comme en profondeur[1]... »

**

Un jour, à Ravensbrück, l'occasion se présenta pour Milena de me parler de *la Guerre des salamandres*, de l'écrivain tchèque Karel Čapek*. Il s'agit d'une utopie plutôt sinistre dont elle me fit le récit. Un jour, un vieux marin trouve dans l'océan Pacifique quelques salamandres fort intelligentes et qui présentent une étonnante similitude avec les hommes. Le capital international commence alors à employer ces animaux pour des tâches élémentaires, à exploiter leur force de travail. Mais les salamandres s'intéressent de façon croissante à l'activité des hommes et à leur environnement technique sophistiqué, elles observent avec leurs gros yeux de poisson ce que les hommes ont produit et s'approprient avec une rapidité surprenante leurs aptitudes techniques. Il s'avère bientôt que les salamandres y parviennent d'autant plus facilement que leur cerveau n'est pas très développé, qu'elles ne pensent pas, que rien ne les détourne du travail. Elles réussissent donc rapidement à imiter la civilisation humaine, et, comme elles se reproduisent plus vite que les hommes, elles en viennent rapidement à manquer d'espace vital. Elles déclarent la guerre aux hommes !

Nous eûmes l'occasion, au camp de concentration, de vérifier l'ampleur du danger que signalait Čapek. Ce fut une véritable leçon de choses : il y avait là une jeune Russe tout à fait primitive qui travaillait à l'atelier de couture des SS ; préposée à la machine à coudre les boutons, elle parvenait à des résultats fantastiques, réalisant en même temps deux opérations indépendantes de chaque main, dépassant du coup de 100 % la norme fixée par les

1. M. Jesenská, « Personnes en mouvement », *Přítomnost*, 14ᵉ année, p. 827 *sq.*

SS. « Dieu du Ciel, une des salamandres de Čapek est déjà arrivée à l'Ouest ! Malheur à nous s'il y en a bientôt des millions ! » remarqua Milena, bouleversée.

*
**

A Buchholz, où Milena et Schaffgotsch avaient passé presque un an, ils avaient vécu comme sur une île. Ils faisaient partie l'un et l'autre du cercle intime de la famille Rühle et les amis de Milena associaient tout naturellement Schaffgotsch à cette amitié. Toutes les nouvelles connaissances, ils les faisaient ensemble. Ils s'intéressaient aux mêmes choses et Schaffgotsch prenait sa part, cela allait de soi, au travail journalistique de Milena. Ils menaient une vie bien remplie, ils formaient un tout.

Lorsqu'ils arrivèrent à Prague, tout changea du jour au lendemain. Milena retournait dans son pays auprès de ses vieux amis et Schaffgotsch arrivait dans une ville inconnue, auprès d'étrangers. Il n'avait ni la force ni la capacité de s'affirmer dans ce nouvel environnement, de trouver son autonomie ; il devint une sorte de poids mort à la traîne de Milena, il la suivait comme son ombre. Il était toujours à sa recherche dans un café ou dans un autre ; du coup, les écrivains qui y avaient leurs quartiers lui avaient attribué le surnom méprisant de « Où-est-Milena ? ».

Milena, qui aimait Schaffgotsch, fit jouer toutes ses relations pour lui procurer un travail. En vain. Plus elle s'occupait de lui, et plus il mettait de véhémence à la rendre responsable de ses échecs. Ils commencèrent à se faire souffrir l'un l'autre et Schaffgotsch se détourna d'elle. Un jour que nous parlions des hommes, à Ravensbrück, Milena me dit amèrement et avec une intonation autocritique : « Ce fut toujours mon destin de n'avoir jamais pu aimer que des hommes faibles. Aucun d'entre eux ne m'a, en fait, prise en charge, ou même simplement dorlotée. C'est la punition qu'encourt une femme lorsqu'elle a trop d'initiative. C'est une chose que les hommes n'aiment que peu de temps, même ceux qui sont faibles. Après la femme indépendante, ils en cherchent une autre, une petite poupée fragile qui fait la moue, s'assied sur le canapé, les mains sur les genoux, et les regarde d'un air admiratif. La plupart de celles qui m'ont succédé étaient de ce genre. C'est ainsi que je vis se transformer miraculeusement mes hommes dépourvus de tout sens pratique, immatures — mais tellement spirituels. Pour leur nouvelle femme, ils montaient et dévalaient les escaliers, cherchaient des logements, couraient d'un bureau à l'autre, se procuraient des papiers, écrivaient des lettres officielles. Ils commençaient même à gagner de l'argent. »

Mariage et maladie

> « Qu'au nom de cette prétendue loi vous refu-
> siez d'être plainte est chose toute naturelle [...].
> En ce qui me concerne, je crois bien à votre loi,
> mais je ne pense pas qu'elle domine votre vie de
> façon si purement cruelle, sélective et définitive ;
> c'est l'expérience, sans doute, qui vous l'a révélée,
> mais ce n'est qu'une des expériences de la route,
> et la route n'a point de fin[1]. »

Au cours de l'été 1926, la nouvelle génération du Manes,
l'association des artistes plasticiens, organisa une excursion à Zbraslav à laquelle Milena fut également invitée.
On se retrouva dans le centre ville, au siège de l'association des artistes, le nouveau bâtiment du Manes. C'était
aussi bien le lieu de rencontre quasi quotidien de nombreux artistes. On se voyait dans les salles d'exposition, au
restaurant, ou encore au café qui était très apprécié à
cause de sa terrasse surplombant le fleuve et d'où l'on
découvrait un superbe panorama. La maison Manes passait alors pour le centre culturel de Prague, le cœur du
progrès.

En ce jour estival, donc, tous les invités montèrent sur
le petit vapeur de plaisance asthmatique, le *Primator Dit-*
trich, et la joyeuse promenade commença, en remontant la
Moldau. Lentement, voici la ville qui disparaît ; on voit
encore la silhouette élevée, massive du Hradschin et, sur
l'autre rive, le Petřin (Laurenziberg), avec ses bosquets
verdoyants. Le fond de l'air est doux, estival, l'eau polie

1. F. Kafka, *L à M*, p. 45.

119

comme un miroir et, sur une rive du fleuve s'élève, dressé sur un rocher escarpé, le Vyšehrad (Přemyslidenburg) tout entouré des légendes remontant à l'époque de la princesse Libuša. Puis les rives du fleuve deviennent un peu plus étales et l'on voit alterner les nouveaux quartiers de la ville qui s'étend sans cesse avec d'horribles zones industrielles. Mais déjà, voici qu'à droite et à gauche de la Moldau, le paysage devient campagnard. Sur une colline, se dresse la petite église de Zlíchov et une vallée profondément échancrée permet de découvrir un nouveau paysage.

Le petit bateau dépasse en toussotant la vieille auberge de Chuchle qui constitue le but obligatoire des sorties des familles ouvrières et petites-bourgeoises de Prague. Se rappelant l'époque d'avant la Première Guerre mondiale, Milena décrit avec tendresse ce type de restaurant et ses frondaisons : « Dans le jardin se dressent des marronniers touffus, des lampions de papier se balancent au vent, la fanfare de quelque régiment d'infanterie fait de la musique, un peu plus loin, monte le grondement sourd du jeu de quilles... Aux tables de bois sont assis nos honnêtes artisans, avec leurs femmes et leurs filles, de jeunes vendeurs viennent danser dans le jardin, sur la piste de bois abritée du jardin, avec leurs souliers vernis et leurs vestes à épaulettes droites. On a peine à imaginer comme ils dansent bien, avec quelle passion, comme animés d'une flamme divine ; leurs doigts raidis se tiennent à distance réglementaire de la taille de leur partenaire, afin d'éviter de salir leur robe de leurs mains suantes. Les traits de crayon se succèdent sur leurs dessous de bock jusqu'à ce que le soleil décline sur les cimes des marronniers, que les lampions s'allument et que les étoiles montent au-dessus des arbres [1]... »

Le lit du fleuve s'élargit et, jusqu'à l'embouchure de la Berounka, un affluent de la Moldau qui serpente entre les pâturages et les taillis d'aulnes, s'étendent des deux côtés des prairies en fleurs. Une chaîne de collines boisées accompagne le fleuve, épousant toutes ses sinuosités.

1. M. Jesenská, « Personnes en mouvement », *op. cit.*

Sur le pont du navire règne une gaieté exubérante et rieuse. On danse sur la musique d'un gramophone éraillé. Une heure et demie après le départ, l'on aperçoit la puissante façade baroque du château de Zbraslav. On est arrivé. Le docteur Vančura, le médecin de Zbraslav, se tient sur le ponton, il est venu saluer les voyageurs ; c'est un écrivain de talent qui sera, par la suite, exécuté par les nazis. Plutôt que d'aller visiter le château et la petite ville, on court vers le bac rudimentaire et l'on gagne l'autre rive où se trouve l'agréable auberge Závist, avec son joli jardin, ses tilleuls en fleur ; on s'installe confortablement devant un café, une bière, des sandwiches. Seul un petit groupe, dont fait partie Milena, a envie de marcher et part découvrir les environs. Un chemin creux conduit à travers une épaisse forêt de feuillus jusqu'à un grand parc ombragé ; à travers les branches inclinées jusqu'au sol d'un gigantesque hêtre rouge, on aperçoit la façade rose, allongée, gracieusement élancée et de proportions remarquables du château de l'archevêque. On admire l'architecture de cette œuvre du XVIIe siècle, construite à l'emplacement d'un ancien couvent dont le rayonnement politique était, autrefois, très important. Au pied de la colline s'étend un paysage fleuri, avec ses villages opulents, ses champs qui ondoient à l'horizon, ses prairies et ses étangs entourés au loin de chaînes de collines couvertes de forêts bleutées.

La promenade terminée, on s'en va rejoindre les autres à l'auberge. Milena connaît bien plusieurs des artistes qui se trouvent là, comme Hoffmeister*, l'ami de Staša, caricaturiste plein d'esprit, et qui, à ce moment-là, écrit avec Staša le petit livre intitulé *Bon Voyage*. Mais la plupart de ceux qui se trouvent là, elle les rencontre pour la première fois, après toutes ces années passées à l'étranger. Elle fait à cette occasion la connaissance de Karel Teige*, secrétaire du groupe d'avant-garde Devětsil, le meilleur théoricien d'un groupe d'architectes modernistes dont plusieurs prennent part à l'excursion. Ces jeunes architectes font presque tous partie du Bauhaus de Dessau et chacun d'entre eux est, dans son domaine, un grand talent. Mais le plus doué de tous est l'architecte Jaromir Krejcar*.

Tous ne tardent pas à le remarquer : Jaromir n'a d'yeux et d'oreilles que pour Milena. Il sait depuis longtemps qui elle est. Qui, à Prague, aurait pu ne pas entendre parler d'elle, la nouvelle étoile qui monte au firmament du *Národní Listy*? Il connaît ses articles, surtout ceux qu'elle a consacrés à la culture de l'habitat. Il sait donc qu'ils sont en accord concernant le goût artistique moderne : tous deux prônent le chemin de la simplicité, et c'est la première chose qui les lie. A cela s'ajoute l'auréole de mystère qui entoure Milena paraissant pour la première fois dans ce cercle. Son long séjour à l'étranger est insolite. Elle parle de Vienne, de Dresde. Jaromir l'écoute, totalement captivé, et succombe à la magie de sa beauté et de son intelligence. Le soir tombe. On redescend la Moldau par le dernier bateau. Dans la fraîcheur du soir, sous la lueur des étoiles, le groupe se met à chanter. Tout de suite après la petite église de Zlíchov surgissent les premières lumières de Prague. Ils débarquent et tout le groupe se dirige vers le café habituel du Manes, tout près de la sobre Mühlturm, et qui s'enfonce dans la Moldau comme l'étrave d'un bateau. Il faut maintenant boire quelque chose pour se réveiller. Mais Milena n'en a pas besoin, elle est, de toute façon, ivre, ivre de bonheur, amoureuse de Jaromir.

Plus tard dans la nuit, lorsque tous se séparent, il l'accompagne de l'autre côté du fleuve, vers la Kleinseite où se situe la vieille maison qu'elle habite, bordée de sombres allées de verdure. Milena a peur d'un nouvel amour. Mais peut-être pourrait-elle, « comme le faisaient les autres », se contenter de batifoler avec lui, de lui « accorder cette unique nuit » ? Mais elle n'y parviendra pas. L'amour les submerge. Elle épouse Jaromir en 1927 et connaîtra alors avec lui les plus belles années de sa vie. Par l'entremise de Jaromir, Milena découvre un monde nouveau. Presque tous les architectes célèbres de l'époque, les tenants des courants modernes en littérature et en art fréquentent sa maison. Milena s'enthousiasme pour le travail de Jaromir. Avec un intérêt passionné, elle assimile les idées révolutionnaires de l'architecture moderne, se fraie son chemin sur le terrain de son mari.

Jaromir Krejcar, fils d'un garde-forestier de Hundsheim, en Basse-Autriche, est arrivé à la force du poignet à ce métier qu'il devait exercer de façon si remarquable. Il en avait gravi les échelons un à un. Il commença par acquérir une formation de maçon, fréquenta le collège à Prague, puis l'école du bâtiment, et enfin l'école supérieure d'architecture de l'Académie des arts de Prague. Il y étudia l'œuvre de Le Corbusier, Gropius, Oud*, Loos*, Peret, Hannes Meyer* et bien d'autres. Dès 1922, il était l'auteur du premier almanach, *Život (la Vie)*, publié à Prague où étaient célébrées les œuvres les plus récentes de tenants de l'architecture moderne, tchèques et étrangers. Il y vantait tout particulièrement les mérites des travaux de Le Corbusier et on peut dire, dans une certaine mesure, qu'il prit conscience de l'importance de cet architecte avant que ce ne fût le cas en France, dans son propre pays. C'est en 1923 que fut réalisé le premier projet architectural de Krejcar. C'est l'immeuble Olympic, qui abrite bureaux et commerces, un bâtiment de fer et de béton situé dans le centre de Prague. Cette maison devint le modèle standard de l'architecture moderne dans cette ville. Par la suite, il conçut d'autres immeubles commerciaux et aussi des villas privées. Le pavillon tchèque pour l'Exposition universelle de Paris en 1937, construit sur son projet, et le sanatorium de Trencin-Teplice en Slovaquie furent également fort remarqués.

Jaromir entretenait d'autres rapports avec la nature que Milena, la citadine. « Lorsque nous allions ensemble dans les forêts, me raconta-t-elle à Ravensbrück, Jaromir se transformait en un être nouveau, il était alors, totalement, le fils du garde-forestier. Nous marchions à travers champs sans nous soucier de chemins ou de sentiers ; il avançait devant moi et ses mouvements souples et légers ressemblaient à ceux d'un bel animal. Dans la forêt, il se trouvait dans son élément originaire, il m'y faisait découvrir des miracles tout à fait inconnus et toujours nouveaux... »

C'est à l'époque de cet amour que culmina l'activité journalistique de Milena. Entre 1926 et 1928, elle publia ses trois livres, poursuivit son activité journalistique courante, mais aussi, de surcroît, avec son amie Staša, participa à la rédaction du magazine *Pestrý Týden (les Variétés de la semaine)* qui venait d'être fondé. L'ambition de Staša et de Milena était de faire de *Pestrý Týden* une revue d'avant-garde et elles y parvinrent. Le magazine contenait des reproductions impeccables, avait un format inhabituellement grand, publiait d'excellents articles, aussi bien sur des questions historiques qu'actuelles, bref, était d'un niveau élevé. Vraisemblablement trop élevé pour la majorité des lecteurs, qui préférait les magazines moins ambitieux. La vente demeura donc trop modeste, tandis que les coûts de fabrication ne cessaient de croître. Au bout d'un peu plus d'un an, Milena et Staša en quittèrent la rédaction, laissant la place à des personnes ayant davantage la bosse des affaires.

Le premier appartement où elle vécut avec Jaromir se trouvait rue Spálená, dans une maison sans caractère, laide, où la mère de Jaromir, qui était veuve, possédait un petit magasin de confiseries dont les maigres revenus avaient servi à financer les études de son fils. Jaromir et Milena transformèrent cet appartement incolore en un ravissant logis — car ils avaient tous deux les mêmes goûts. Ils l'avaient aménagé dans un style simple inspiré du Bauhaus, mais en y imprimant leur note personnelle, sans froideur ni excès d'hypermodernisme et avec, de surcroît, tout le confort moderne. Lorsqu'ils eurent achevé d'aménager leur appartement, Milena et Jaromir invitèrent toute la cohorte de leurs amis à une soirée. Au cours de la fête, l'un des invités s'agenouilla devant la maîtresse de maison et déclama sur un ton mi-pathétique, mi-ironique : « Sois remerciée, ô Milena, pour n'avoir pas fait de cet appartement un établissement modèle respirant l'hygiène... » C'était ainsi que l'on désignait alors de façon péjorative la mode qui se répandait des appartements aménagés dans un esprit excessivement moderne.

***

Dans la mémoire de Milena, le souvenir des premières années passées avec Jaromir s'apparentait à un vol libre de tout souci. « Lorsque j'y repense, disait-elle, c'est comme si je n'avais fait, alors, que danser. » Pour la première fois de sa vie, peut-être, elle trouvait dans cette union un bonheur pur, elle découvrait un amour harmonieux.

Milena attendait un enfant. Sa vie, son amour s'en trouvaient comblés. Mais elle ressentit des douleurs dès les premiers mois de sa grossesse et alla demander conseil à un médecin réputé, ami de son père. Celui-ci l'écouta amicalement, mais négligea de l'examiner et la rassura d'un ton paternel : « Allons, ma petite dame, ne soyez donc pas si douillette, tout cela va passer... » Milena était toute confuse. Mais son état ne s'améliorait pas, elle souffrait, tout en se gardant bien de retourner consulter le médecin. Au huitième mois de sa grossesse, elle partit en vacances dans les montagnes avec Krejcar, dans l'espoir d'y retrouver la santé. Soucieuse de se prouver à elle-même et de montrer à Jaromir qu'elle était forte et pas le moins du monde « douillette », désireuse, pour ainsi dire, de forcer la main à sa santé, elle se baigna dans l'eau froide d'un lac de montagne. Peu après, elle était prise de frissons, d'une forte fièvre, et se trouva pratiquement paralysée. Il fallut la ramener à Prague en ambulance. Le diagnostic tomba : septicémie. Elle était assaillie de douleurs insupportables. Krejcar fit prévenir le père de Milena qui arriva à la hâte. Le souci que lui inspirait l'état de sa fille fit resurgir l'amour paternel enfoui dans les profondeurs de son être. Il ne quittait pas son chevet et, tout à son souci d'apaiser ses effroyables souffrances, il lui administrait de la morphine en permanence. Milena donna le jour à une petite fille, mais elle n'avait plus la force de s'en réjouir. Les médecins auxquels son père avait fait appel considéraient son état comme désespéré.

Milena croyait qu'elle allait mourir et elle le dit à son père. La conversation entre le père et la fille qui suivit montre combien la haine qui imprégnait cette relation la privait de toute issue. Jan Jesensky demanda à Milena ce qu'il conviendrait de faire de l'enfant après sa mort : il n'était pas possible, affirmait-il, de la confier à un gaillard aussi insouciant que son père. Il lui conseillait donc de prendre des dispositions afin que l'enfant lui revienne et qu'il pourvoie, lui, à son éducation. Milena, qui se croyait à l'agonie, lui répondit alors sans hésitation : « Plutôt que vous donner cet enfant, cher père, pour que vous en fassiez un être aussi malheureux que vous avez réussi à me rendre moi-même, je préférerais donner l'ordre qu'on le jette dans la Moldau ! »

Dans cette situation désespérée, pourtant, le père de Milena avait montré combien il aimait sa fille. Mais, toute reconnaissante et bouleversée qu'elle fût, Milena ne pouvait franchir l'abîme qui les séparait.

Elle ne mourut pas. Elle se rétablit lentement, mais son genou gauche, atteint de multiples métastases articulaires, perdait peu à peu toute flexibilité. Constatant qu'elle était atteinte de thromboses profondes, les médecins n'osèrent pas faire bouger sa jambe à temps et son père, en homme de la profession, comprit que si l'on perdait davantage de temps, Milena demeurerait estropiée pour le restant de ses jours. Il fit donc venir quelques-uns de ses collègues, des spécialistes, et leur demanda d'essayer de lui plier la jambe sous narcose. On y parvint. Ce succès bouleversa Jan Jesensky, l'emplit d'un tel bonheur qu'il sauta au cou d'un des médecins, au bord des larmes. Milena qui, à cet instant, émergeait de l'anesthésie, n'en crut pas ses yeux.

Après avoir passé plus d'un an sur un lit d'hôpital, Milena quitta le sanatorium et revient à la maison avec son enfant, la petite Honza. Tant qu'elle était restée clouée sur son lit, vivant dans l'espoir d'un complet rétablissement, elle n'avait pas pris conscience de la gravité du coup que lui avait infligé le sort. Ce n'est que lorsqu'elle se remit à prendre part à l'existence, appuyée sur des béquilles, qu'elle comprit (et que les autres constatèrent) qu'elle n'avait plus rien de commun avec la Milena d'avant, ni intérieurement ni extérieurement. Elle était morphinomane. A l'hôpital, on l'avait longtemps tenue sous morphine pour atténuer ses souffrances et, dorénavant, elle ne pouvait plus s'en passer. Elle était invalide. Avant sa maladie, l'élégance de sa démarche séduisait tous ceux qui la regardaient, et dorénavant, elle se déplaçait en boitant lourdement. L'un de ses genoux était demeuré raide et déformé. Elle était auparavant mince et élancée, avait un visage délicat et menu ; elle était désormais bouffie, grosse, difforme. Milena ne manqua pas de se rendre compte de cette transformation et elle perdit, dès lors, toute assurance féminine.

Dix ans plus tard encore, à Ravensbrück, elle soupirait, évoquant ces temps de grande amertume : « Allons donc, ceux qui sont en bonne santé n'ont aucune idée des tourments qu'endurent les infirmes ! Même en rêve, je ne m'étais encore jamais vue affligée d'une jambe raide... » Elle percevait la maladie, avec toutes ses conséquences, comme le prix à payer, une punition pour les années de bonheur inaltéré qu'elle avait connues avec Jaromir. « Tout se paie... », disait-elle.

Un jour, au camp, nous passions devant la baraque des Tziganes ; des échos de leurs chansons sentimentales nous parvinrent. Je m'arrêtai, voulant écouter, mais Milena m'entraîna, disant avec une grossièreté inaccoutumée, d'une manière presque hystérique, même : « Je déteste la musique tzigane ! Je ne peux pas, je ne veux pas l'entendre ! Chaque fois que j'en entends, cela me rappelle un horrible souvenir : un jour, Jaromir et moi, nous entendîmes parler des effets miraculeux des eaux de Pistyan et un médecin nous dit qu'il pensait qu'il était possible qu'une cure de bains de boue rende sa flexibilité à ma jambe. Nous nous y rendîmes, et c'est alors que commencèrent les tourments. Après chaque bain, on tentait de me plier le genou sur une " chaise d'extension ". J'éprouvais alors des douleurs absolument indescriptibles. Pas seulement pendant que l'on me faisait subir ce traitement, mais après aussi, sans rémission, jour et nuit. Pour calmer ces douleurs, il me fallait toujours plus de morphine.

Jaromir, contraint d'en acheter, était au désespoir, ne sachant plus à quel saint se vouer. Je commençai à me mépriser jusqu'au tréfonds de moi-même. Qu'était donc devenue ma force? Qu'étais-je devenue? Mobilisant ma volonté tout entière, je dis un soir à Jaromir : " A partir de maintenant, je ne prendrai plus jamais de morphine. Tu ne dois plus rien me donner, tu dois m'aider à cesser d'en prendre ! "

« Ni lui ni moi n'avions la moindre idée de ce qui peut se passer lorsqu'un morphinomane se trouve brusquement privé de sa drogue. Une douleur sauvage me submergea, m'envahit entièrement, toutes les fonctions de mon organisme se trouvèrent sens dessus dessous. J'étais là à me retourner en tous sens dans mon lit et tous les soirs, jusqu'à une heure avancée de la nuit, j'entendais l'orchestre de Tziganes qui jouait à l'hôtel, en dessous de moi. J'en devenais folle. Ces mélodies infernales ne faisaient qu'accroître ma fureur. Un jour, je sortis de mon demi-sommeil, en pleine confusion, et cherchai Jaromir. Il n'était pas là mais, près de la petite lampe posée sur la table de nuit, il y avait un revolver... Voilà donc où nous en étions. Jaromir n'en pouvait plus, il ne pouvait plus me supporter, il m'indiquait donc le mieux qu'il me restait à faire... Je me mis à pleurer, totalement désemparée, et, en bas, les violons des Tziganes continuaient à sangloter... » Milena se tut un instant, puis, un peu plus calme, elle ajouta : « Depuis longtemps déjà, lorsque je repense à cette scène atroce, je me dis qu'il est possible que j'aie eu une sorte d'hallucination, qu'il n'y ait pas eu le moindre revolver. Mais, quoi qu'il en soit, c'en fut fini de mon amour pour Jaromir... »

Dans l'impasse

> « ... ce sera un avant-goût de ce supplice de l'enfer qui consiste à revoir sa vie avec l'œil de la connaissance, en quoi le pire ne sera pas de percer à jour les mauvaises actions évidentes mais celles que j'ai crues bonnes à un certain moment[1]. »

Il fallut longtemps à Milena pour retrouver un nouvel équilibre. Mais sa tentative d'en finir avec cette vie brisée la conduisit d'abord à une impasse. Elle devint communiste. A Ravensbrück, elle me proposa une explication de son évolution vers le communisme. A l'en croire, elle était auparavant un être superficiel. Seule la maladie avait éveillé en elle un sentiment de responsabilité à l'égard de la société et ce n'est qu'ainsi qu'elle était devenue une personne consciente, éveillée aux réalités politiques. Elle pensait qu'une telle rupture se produisait à un moment quelconque de la vie de tout être responsable, et, plus encore, de tout être créateur. Avant sa maladie, elle ne s'intéressait que de façon marginale aux problèmes politiques ou sociaux. Ce n'est qu'alors qu'elle commença à s'en préoccuper sérieusement. A l'encontre de nombreux intellectuels d'avant-garde des années vingt et trente qui se contentèrent de flirter avec le communisme, Milena avait la particularité de s'engager à fond et jusqu'aux ultimes conséquences pour une cause dès l'instant où elle en avait

1. F. Kafka, *L à M*, p. 45.

reconnu la justesse. Mais son activité et ses prises de position politiques étaient exclusivement déterminées par des considérations morales ; pour elle, les valeurs humaines l'emportaient sur le programme politique.

Avant même d'entrer au parti communiste, elle avait cessé de travailler pour le très bourgeois *Národní Listy* et commencé à diriger la rubrique féminine du journal de Čapek et Peroutka*, le *Lidové Noviny (Journal populaire)*, d'orientation libérale. Mais la qualité de ses textes baissait sans cesse.

Milena menait un combat désespéré contre la morphinomanie. Elle fit deux séjours volontaires en sanatorium, y effectuant des cures de désintoxication. Ses feuilletons étant presque exclusivement autobiographiques, elle racontait donc à ses lectrices ses différentes expériences du sanatorium. La chose se répétant, le rédacteur en chef de *Lidové Noviny*, saisi d'un accès de rage, se mit à hurler : « Mais, madame, quand cesserez-vous donc d'écrire ce genre d'article ? » Elle ne tarda pas à cesser vraiment de le faire, lorsque, en 1931, elle entra au parti communiste.

Au début, elle prit très au sérieux ses tâches de militante communiste. Elle manifestait ses opinions en participant à des rassemblements de rue, des meetings, elle se percevait comme combattante d'un monde meilleur. Son ami Kodiček fait d'ailleurs une remarque intéressante à propos de ce fourvoiement de Milena au parti communiste : « Connaissant son radicalisme, on pouvait s'attendre qu'elle succombe, à un moment quelconque, à la mode du communisme intellectuel [...]. Mais il ne lui fallut pas longtemps pour prendre conscience du caractère trouble, inhumain, mécanique de la politique communiste ; en 1936, elle se fit exclure du Parti. »

Quelque temps passa, néanmoins, avant cette exclusion. A partir de 1930, elle travailla pour la revue communiste *Tvorba (la Création)*. A Ravensbrück, elle m'avoua qu'elle avait presque complètement perdu la faculté d'écrire lorsqu'elle appartenait au Parti. Après s'être efforcée, au début, de se convaincre que le Parti était le seul détenteur de la vérité, elle trouva bientôt insupportable de répéter

sans cesse dans ses articles les mots d'ordre du PC ou de
devoir les rabâcher sous une autre forme. Une anecdote
montre combien elle aspirait alors à échapper à cette
contrainte. Un jour, elle fit la proposition — histoire de
rire ou sérieusement, c'est difficile à dire — de publier un
numéro humoristique de *Tvorba*. On y mettrait cul par-
dessus tête la ligne du PC ; entre autres choses, on y traiterait le parti social-démocrate comme un parti frère, et
ainsi de suite. Lorsqu'elle fit part de ce projet à Julius
Fučik *, le rédacteur en chef de la *Tvorba*, celui-ci fut à ce
point horrifié qu'il en eut presque une attaque. Pourtant,
on toléra assez longtemps le comportement non ortho-
doxe de Milena. Cela s'explique pour une part par une particularité du Parti tchèque : jusqu'au début des années
trente, quelque chose comme une « solidarité de
bohème » y existait encore — phénomène depuis longtemps impossible dans d'autres partis communistes. Il ne
faut pas oublier, par exemple, qu'à ses débuts ce parti
comptait dans ses rangs un Jaroslav Hašek *, l'auteur du
Brave Soldat Chvéïk — un anarchiste, un fumiste, un
homme qui se souciait comme d'une guigne de « ligne
politique », se moquait de tous et de tout. Milena était
aussi une figure de la bohème et c'est pour cette raison
qu'on l'aimait, qu'on la traitait avec indulgence. Il se peut
aussi qu'on lui eût laissé les coudées franches parce
qu'elle venait de la presse bourgeoise et qu'on entendait
trouver par son entremise le contact avec les cercles intellectuels qui gravitaient autour d'elle.

La vie de famille de Milena était toujours plus malheureuse. Elle donnait souvent libre cours à sa jalousie car
Krejcar se détournait d'elle au profit d'autres femmes. Au
reste, l'argent leur filait entre les mains. Ils vivaient
entourés d'une cohorte d'amis comprenant nombre de
pauvres diables qu'il fallait nourrir et leur niveau de vie
ne correspondait en rien à leurs revenus ; cela d'autant
moins que bientôt Milena n'écrivit plus que pour la presse

communiste, et ne gagna plus que huit cents couronnes à peine par mois. A cela, il faut ajouter les sommes considérables qu'elle consacrait à la morphine... Voici un exemple illustrant bien cette situation. Milena venait d'effectuer une cure de désintoxication. Elle se rendit directement du sanatorium à la rédaction du journal social-démocrate *Právo Lidu (le Droit du peuple)*. Elle demanda au concierge de prévenir Vaněk, le rédacteur en chef du journal (c'était un ami de Milena), qu'une dame voulait lui parler. Mais elle ne pouvait, dit-elle, faire état de son nom. Sans doute, à cette époque, était-elle encore membre du parti communiste et craignait-elle de s'attirer des ennuis en effectuant cette démarche auprès de la rédaction du journal social-démocrate. Le concierge commença par exiger avec obstination qu'elle lui donne son nom, mais il ne put longtemps lui résister et finit par la laisser entrer.

Miloš Vaněk fut horrifié lorsqu'il la vit entrer dans la pièce. Elle avait une allure pitoyable, semblait tombée au plus bas, n'était pas peignée et portait un manteau d'homme râpé. Elle donnait l'impression d'être totalement abattue. « J'arrive tout droit d'une cure de désintoxication, dit-elle tristement à Vaněk. Miloš, est-ce que je peux écrire pour vous ? Pouvez-vous publier quelque chose... » Milena s'interrompit soudain au beau milieu de la phrase et dit : « S'il vous plaît, cher Miloš, pourriez-vous m'offrir un café ? » Vaněk acquiesça sur-le-champ et ils se mirent en quête d'un café. Mais Milena l'entraîna vivement loin de la grande rue, vers une obscure ruelle et entra d'un pas décidé dans un petit restaurant. A l'évidence, elle n'aurait voulu qu'on la voie pour rien au monde. Avant même que Vaněk n'ait commandé le café, elle le pria de lui demander plutôt une paire de saucisses chaudes. Vaněk s'exécuta immédiatement. Milena engloutit le plat avec un appétit qui témoignait d'une faim de loup. Le cœur de Miloš fut envahi de pitié lorsqu'il vit combien elle était affamée. Il appela le garçon et commanda quatre autres paires de saucisses. A l'évidence Milena n'y avait pas prêté attention car, lorsque le garçon posa devant elle toute cette nourriture, elle regarda d'abord l'assiette sans comprendre, puis jeta un regard furieux à Miloš en hurlant : « Qu'est-ce qui vous prend ? Cherchez-vous à m'offenser ? Avez-vous oublié que je suis une dame ? » Miloš ne parvint à la calmer qu'en lui affirmant sur tous les tons que ce n'était là qu'un malentendu et qu'il avait commandé ce plat pour lui-même.

Milena commença alors à travailler à *Právo Lidu* sous cinq pseudonymes différents. Tous ses articles étaient remis à Vaněk. Afin que Milena évite de s'y faire voir, c'était sa fille, la petite Honza, qui portait les manuscrits à la rédaction. Ces articles valurent bien des ennuis à Vaněk : les permanentes du PS tchèque qui écrivaient ne décoléraient pas de voir leurs manuscrits refusés et le pressaient de leur dire enfin qui étaient vraiment ces cinq collaboratrices. Il se taisait, continuait à publier les articles de Milena qui étaient bien meilleurs, bien plus justes et plus vivants que ceux de ses camarades.

En 1934, le rédacteur en chef de *Přítomnost (le Présent)*, Peroutka, vint un jour trouver Miloš Vaněk et lui demanda : « Que diriez-vous à un couple de parents qui affirme qu'il ne peut rester à Prague, qu'il doit absolument partir pour l'Union soviétique parce que son enfant doit bientôt aller à l'école ? Ces gens disent qu'à Prague les écoles sont corrompues par le système bourgeois et qu'il n'y a donc qu'une solution : partir pour Moscou... » Ce couple, c'était Krejcar et Milena... En effet, ils avaient vraiment conçu le projet d'aller à Moscou ; la situation qui se dessinait alors en Europe, la menace que constituait l'Allemagne nationale-socialiste avaient assurément influé pour une part essentielle dans cette décision, même si Krejcar et Milena n'en avaient pas encore conscience. Aux yeux de nombreux intellectuels, l'Union soviétique était alors la seule force capable de barrer la route au fascisme. A cela s'ajoutait un autre facteur : dans les années trente, nombre d'architectes modernes d'Europe de l'Ouest parmi les amis et connaissances de Milena et Krejcar étaient partis pour l'Union soviétique ; ils étaient convaincus d'y trouver un terrain d'action réellement satisfaisant. Ils rêvaient d'obtenir commande de lotissements entiers, voire de villes, et croyaient que l'État socialiste disposait de possibilités illimitées. Aussi bien Le Corbusier que Gropius, Hannes Meyer, May* et d'autres encore avaient déjà pris le chemin de l'Union soviétique.

Krejcar reçut une invitation de Moscou et partit seul : au dernier moment, Milena avait décidé de rester à Prague.

Les autorités soviétiques demandèrent à Krejcar de construire les plans d'une maison de repos pour les cadres et les ouvriers de l'industrie lourde à Kislovodsk, dans le Caucase. Krejcar déposa son projet, mais, à son grand déplaisir, il lui fallut alors engager des discussions avec les représentants de diverses instances étatiques, avec des gens qui n'entendaient rien à l'architecture. Deux objections revenaient sans cesse, débouchant régulièrement sur le rejet de son projet : son style était, lui disait-on, trop moderne et ses plans ne répondaient pas aux exigences de la vie en régime socialiste.

Krejcar eut rapidement l'opportunité de se familiariser avec la réalité soviétique ; il l'évoquait dans des lettres qui portaient la marque de sa déception et qu'il adressait à ses amis pragois. Personne ne lui répondait, à l'exception de Milena. Tous ses collègues communistes s'ensevelissaient dans un silence indigné, considérant ses observations comme purs mensonges.

On avait attribué à Krejcar, comme il est d'usage en Russie soviétique, une interprète, une jeune et belle Juive lettonne qui s'appelait Riva. De par sa propre expérience, Riva connaissait les allées sombres de la dictature soviétique — elle avait déjà connu la prison. Krejcar et Riva tombèrent amoureux l'un de l'autre, chose que n'avaient vraisemblablement pas prévue les responsables communistes qui avaient attribué cette mission à la jeune femme. Il était donc inévitable, une confiance absolue s'étant établie entre Riva et Krejcar, qu'ils ne se dissimulent plus l'un à l'autre ce qu'ils pensaient vraiment de la dictature communiste.

Au bout de deux années de séjour en Russie soviétique, Krejcar n'était pas parvenu à réaliser le moindre de ses projets architecturaux ; la seule chose qu'il souhaitait était donc de quitter ce pays. Il se sépara de Milena et épousa Riva qui réussit avec beaucoup d'habileté à se procurer des visas de sortie pour eux deux ; en 1936, en pleine époque des grandes purges de Staline, cela confinait presque au miracle.

De retour à Prague, Jaromir Krejcar réalisa de nombreux projets — entre autres une belle maison moderne rue Palackého Vinohrady ; en dépit de leur séparation, il y installa un grand appartement au sixième et dernier étage pour Milena et l'enfant. Tout autour de cet étage, construit légèrement en retrait, courait un balcon où Milena installa des fleurs à profusion — ce qui valut à son appartement d'être baptisé « les jardins suspendus de Milena ». Au début, ce qui caractérisait cet appartement, c'étaient surtout les vides béants qu'on y rencontrait partout car Milena manquait d'argent pour acheter des meubles ; il n'y avait, dans les immenses pièces, qu'un lit d'enfant, un matelas, quelques chaises et quelques caisses de bois. Mais, peu à peu, les « jardins suspendus » devinrent une demeure moderne modèle.

C'est à cette époque à peu près, ou peut-être dès après le départ de Krejcar pour Moscou, que le parti communiste chargea Milena de s'occuper d'un de ses membres qui était malade. Ceux qui lui avaient confié cette mission n'étaient pas animés par de simples sentiments humanitaires : le malade était soupçonné d'être trotskiste et l'on espérait que Milena le regagnerait au Parti. Elle le trouva dans une sorte de cave obscure, désemparé, émacié. Elle n'eut dès lors qu'une idée en tête : faire tout ce qui serait à la mesure de ses forces pour l'aider à se rétablir. Les seuls sentiments dont elle était animée à son égard étaient le souci, le sentiment de responsabilité que pouvaient lui inspirer un être qui souffrait. Elle oublia dès le premier jour la mission que lui avait confiée le Parti. C'est alors que se produisit la chose à laquelle elle s'attendait le moins : le malade tomba amoureux d'elle, non seulement fasciné par sa personnalité, mais succombant aussi à son charme féminin. Milena osait à peine y croire : elle se considérait comme une femme laide, une infirme, qu'aucun homme ne pourrait plus jamais désirer. Cet amour, auquel elle répondit bientôt, lui rendit l'assurance féminine qu'elle avait perdue depuis des années. Ce n'est qu'alors qu'elle trouva la force de surmonter la dépression et le désarroi dont elle avait souffert depuis sa maladie. Elle s'ouvrait à nouveau à l'existence, était de nouveau « maman Milena », celle qui donne. Elle était aux petits soins pour lui, une nouvelle fois son dévouement ne connaissait plus de bornes, une nouvelle fois elle commença à orienter l'existence de celui qu'elle aimait. Grâce à ses soins, son ami recouvra la santé, retrouva la force d'effectuer un travail qui lui convienne, le satisfasse et lui rende goût à la vie.

L'épisode de l'engagement communiste de Milena fut relativement bref. Elle était, de par sa nature, assez peu réceptive aux illusions politiques, il lui était dès lors d'autant plus facile de s'en libérer. Ce n'est que parce qu'elle se trouvait dans un état de désarroi et de faiblesse qu'elle avait eu besoin de l'assistance d'une religion temporelle et qu'une pensée politique où les désirs remplaçaient les réalités avait pu paralyser ses facultés critiques. Elle avait, au reste, échappé à la dégénérescence qui frappe les révolutionnaires professionnels, le besoin d'exercer librement son métier de journaliste ayant sans doute pesé d'un poids décisif. Pourtant, ce n'est pas d'un cœur léger qu'elle rompit avec le communisme, elle hésita longtemps avant de franchir le dernier pas. Comme je l'ai déjà dit, ce fut le premier grand procès mis en scène par Staline contre Zinoviev et ses camarades qui l'y poussa. C'était pendant l'été 1936. Milena se fit exclure du Parti avec quelques amis.

Contrairement à nombre d'autres communistes, elle ne fut en rien brisée par son exclusion du Parti, elle n'avait pas à déplorer la perte d'un « dieu ». Tout au contraire, elle se sentit — en bonne individualiste qu'elle était — délivrée ; c'est avec un profond soupir de soulagement qu'elle s'était libérée de la contrainte que faisait peser le Parti sur elle. Elle reconquit rapidement ses facultés créatrices, et grâce à son expérience de la vie politique, où elle s'était immergée avec toute son intelligence au cours des cinq années précédentes, elle devint rapidement une journaliste politique de renom.

Il en fut autrement pour un certain nombre de ses amis qui avaient quitté le Parti en même temps qu'elle. Avec leur exclusion, c'était toute leur vie qui s'effondrait. Succombaient tout particulièrement à ce sentiment ceux qui avaient vécu, pensé et travaillé exclusivement dans le cadre étroit du Parti. Il leur fut bien difficile de retrouver leur chemin, certains n'y parvinrent pas, ils demeurèrent extérieurs à la société, cherchant le salut dans l'agitation vide d'un trotskisme de salon ou plutôt de bistrot.

Par une journée de printemps plutôt grise, légèrement pluvieuse, Milena et son ami Fredy Mayer se trouvaient dans une petite taverne sombre située en plein centre de Prague. Milena était d'humeur mélancolique et parlait du passé, de tous les hommes qui avaient compté dans sa vie : « C'était beau, disait-elle, intéressant, excitant, mais je sais aujourd'hui que ce n'était pas vraiment ça. Je n'ai jamais trouvé l'homme de ma vie... Dans l'ensemble, il y avait bien trop de parlotes, de neurasthénie, nous étions à cent lieues de la vie... Ils étaient si nombreux à avoir peur de la vie, ces hommes, et c'était toujours à moi de leur redonner du courage. En fait, les choses auraient dû se passer autrement. Souvent, je me dis que j'aurais aimé avoir beaucoup d'enfants, traire les vaches et garder les oies, avoir un mari qui, de temps à autre, me fiche une raclée. Au fond de moi-même, je suis en fait une paysanne tchèque. Mon prétendu côté intellectuel n'est qu'un hasard malheureux. » L'entendant faire ce retour sur le passé, Fredy Mayer ne sut que répliquer : « Mais Milena, comment peux-tu donc... ? » Milena répondit par un éclat de rire et dit : « Oui, je sais bien, j'exagère, mais je m'imagine parfois que les choses devraient être comme ça. » Puis elle continua à parler d'elle, de sa vie, longtemps, très longtemps. Lorsqu'elle se tut, Fredy lui dit que tout son récit pourrait se résumer en une seule phrase : c'était le refrain d'une chanson que les cabaretistes pragois Voskovec et Werich chantaient souvent en s'accompagnant à l'accordéon ; il y était question d'une fille-mère qui se plaint auprès de la mère de Dieu et de l'enfant Jésus de son ami qui l'a vilement abandonnée avec un enfant sur les bras. Chaque strophe de la chanson s'achève sur cette conclusion que tire la femme ainsi trompée : « Mère de Dieu, et toi, petit Jésus : ces hommes, ce ne sont pas des êtres humains... »

Lorsque, tard dans la nuit, Milena revint à la maison, elle trouva devant sa porte un bouquet de fleurs, avec une carte sur laquelle était écrit : « *Mužský-to nejsou lidí.* » (Ces hommes, ce ne sont pas des êtres humains.)

Cela fait plus de trois ans que Hitler est au pouvoir en Allemagne. Partagés entre l'inquiétude et l'angoisse, tous ceux qui, en Tchécoslovaquie, réfléchissent aux événements politiques observent ce phénomène effrayant. Dans un article consacré aux joies dominicales du « petit homme », Milena se demande si, en Allemagne, l'homme de la rue peut encore connaître quelque insouciance dans sa vie privée ; elle écrit : « On a l'impression que là-bas le repos se prend aussi au commandement ; tout se passe comme si l'on ne pouvait plus y gambader parmi les forêts, y lancer en folâtrant des pommes de pin contre les troncs d'arbres, comme si plus personne n'y faisait un petit feu, n'y arrachait, tout réjoui, les champignons vénéneux. En Allemagne, la ville se met en route le dimanche matin pour recevoir sa ration d'air frais, et le soir, elle rentre à la maison, hors d'haleine, au pas cadencé.

« Le " petit homme " slave, lui, qui vit dans ses rêves et est, au fond de son cœur, un vagabond avec son âme en désordre et son humour, préférerait se recroqueviller dans les fossés qui bordent les routes et y avoir peur, comme un enfant [1]... »

1. M. Jesenská, « Personnes en mouvement », *op. cit.*

Vers de nouvelles tâches

> « Tant que tu ne cesses de monter, il y a toujours des marches, il y en a toujours qui se dessinent, plus haut que tes pas[1]. »

Quelques jours après son exclusion du parti communiste, Milena reçut la visite d'un jeune camarade, Kurt Beer, qui était encore membre du Parti — tout en étant, déjà, assailli de doutes. Il souhaitait connaître son point de vue politique. Milena l'assura qu'elle continuait à être partisane de quelque chose que l'on pouvait peut-être encore appeler « communisme », mais n'avait rien à voir avec ce que l'on entendait par là en Russie soviétique et dans les partis communistes. Puis elle ajouta d'un ton résigné : « Les communistes ont tout gâché, tout ruiné : il nous faudra maintenant repartir à zéro. »

Le jeune homme qui avait osé aller trouver cette « renégate » fut particulièrement impressionné par son attitude : Milena, quoiqu'elle fût beaucoup plus âgée que lui, ne laissait affleurer aucun sentiment de supériorité, le traitait en égal, répondait à tous ses arguments et l'introduisit, comme si la chose allait tout à fait de soi, dans son cercle d'amis. Il fit partie dès lors de ses invités permanents, appréciant fort l'atmosphère de sa maison. Un jour, la conversation roulait sur la beauté des hommes et l'on demanda à Milena qui elle trouvait beau, parmi leurs connaissances. « Závis Kalandra* est beau, répondit-elle, ses yeux avant tout. Mais ces yeux ne seraient rien sans les

1. F. Kafka, « Fürsprecher » *Die Erzählungen*, S. Fischer Verlag, p. 330.

139

nombreuses rides qui les entourent. Chacun de ces plis vit dans son visage et le rend beau... »

Lors d'une violente discussion politique, Milena, cédant à son tempérament emporté, fit un très grave affront à son jeune invité. Furieux, celui-ci quitta les lieux, fermement convaincu que c'en était fini de leur amitié. Le soir même, Milena se présenta chez lui et s'excusa de l'avoir offensé. Mais « s'excusa » n'est pas le terme approprié : elle s'entendait si bien à balayer le tort qu'elle avait pu faire à quelqu'un que celui-ci non seulement « pardonnait », mais oubliait totalement l'offense. « Pardonner » est un sentiment que l'on ne pouvait éprouver à l'égard de Milena. « Tu as une particularité, lui écrivit un jour Kafka, qui fait partie, je crois, de ton être profond, et *c'est par la faute des autres* si elle n'agit pas toujours : je ne l'ai rencontrée chez personne, bien mieux je ne puis me la représenter de façon précise bien que je l'ai trouvée en toi. C'est la faculté singulière de ne pas pouvoir faire souffrir[1]... »

*
**

En 1937, Ferdinand Peroutka, rédacteur en chef du journal démocrate-libéral *Přítomnost*, écrivain et journaliste de premier plan, proposa à Milena de collaborer à sa publication ; à bien des points de vue, y compris au plan économique, cette invitation constituait pour Milena une planche de salut, une chance inespérée. *Přítomnost* était un mensuel politique, littéraire et scientifique présentant bien des similarités avec la revue américaine *Nation*. Peroutka, qui connaissait Milena depuis longtemps, savait surtout une chose : elle écrivait bien. Il souhaitait aérer sa revue relativement austère en y ajoutant la dimension humaine du style feuilletoniste de Milena — qui, au demeurant, reposait toujours sur des faits.

Milena s'initia peu à peu à son nouveau travail. Dans ses premiers articles, on trouve encore la trace de l'époque où elle était « correspondante de mode à

1. F. Kafka, *L à M*, p. 172.

Vienne » ; elle profite même de la possibilité qui lui est désormais offerte de rendre un hommage tardif à Vienne où elle a passé tant d'années difficiles (gaies aussi parfois) de sa jeunesse. Lorsqu'elle écrivait encore pour *Tribuna* ou *Národní Listy,* il ne lui était pas possible d'évoquer affectueusement le souvenir de la capitale de l'ancien oppresseur autrichien. Dans les colonnes du très libéral *Přítomnost,* rien n'y fit plus obstacle.

Ses premiers articles dans *Přítomnost* sont, pour l'essentiel, des enquêtes socio-psychologiques fondées sur une connaissance approfondie de la société, des articles débordant de compassion humaine, imprégnés d'un humour ailé. Chacun d'entre eux nous révèle le secret de sa propre genèse. La vie elle-même en constitue l'étoffe. C'est ainsi qu'un jour, flânant par les rues de Prague, elle aperçoit l'enseigne d'une épicerie fine : « František Liliom, produits d'épicerie en tout genre » ; le souvenir du *Liliom* de Molnar*, de Vienne, du Prater, du temps de sa jeunesse, lui revient alors en force. Elle se dirige vers le café le plus proche et couche aussitôt ces souvenirs sur le papier.

Mais, dès qu'elle se met à écrire, l'évocation de ces souvenirs se transforme en adieu à Vienne, non pas un adieu sentimental (auquel Vienne se prêterait si facilement), mais un adieu lyrique :

« Si d'aventure vous n'avez jamais été à Vienne lorsque s'allument les flambeaux des marronniers et que toute la ville embaume le lilas, et qu'au Prater les baraques foraines, avec leurs balançoires, ouvrent les unes après les autres ; si d'aventure vous n'avez jamais vu encore cette lumière mi-grise mi-verte que les lampes électriques répandent le soir sur le feuillage des marronniers ; si d'aventure vous n'avez jamais vu encore les trembles géants qui bordent les prés le long du Danube, ces prairies immenses et constellées de violettes, avec leurs frênes, leurs peupliers argentés, qui, sur des kilomètres et des kilomètres, entourent le Prater et cachent pudiquement, pendant les nuits printanières, les couples d'amoureux ; si d'aventure vous n'avez jamais erré, le soir, dans les allées du Prater où, dans l'éclat des lumières, scintillent, tremblent, se balancent et sautillent les paillettes d'or et d'argent suspendues aux stands et aux balançoires ; si d'aventure vous n'avez jamais entendu dix orgues de Barbarie jouer en même temps dix valses différentes sous un ciel dont les étoiles pâlissent devant un éclat aussi vif — alors, non, vous ne pouvez pas savoir qui est Liliom, même si vous avez lu Molnar.

« Liliom, c'est le type des balançoires. Le soir, le Wurstlprater, a, sachez-le, quelque chose de totalement irréel. On y entre comme sur une scène. Auprès de chaque balançoire, il y a un homme, un costaud, un de ces braves gars de la banlieue viennoise, avec son maillot rayé, la casquette canaille rejetée sur la nuque. Paris a ses apaches, mais je ne sais pas s'ils sont authentiques. A Vienne, le type à la balançoire, lui, est authentique. Avec un geste superbe, il lance, de ses bras robustes, la nacelle de la balançoire jusqu'au ciel. Les petites demoiselles de la grande ville, toute pâlottes, les petites demoiselles qui ne peuvent sortir que le dimanche après-midi avec leur amie sont convulsivement cramponnées les unes aux autres... Leurs regards débordants d'une admiration dévote s'accrochent à l'homme qui les lance vers le ciel avec ce fabuleux élan ; mais voici que la peur les empoigne, elles piaillent, leurs jupes se gonflent, se soulèvent, leurs bouclettes soigneusement frisées s'échappent du bonnet... Mais qu'importe ! L'exubérance téméraire d'un bonheur inopiné se saisit d'elles — de ce bonheur qu'achète la foule avec le peu d'argent qu'elle a parcimonieusement économisé. Et le héros dans la main duquel disparaissent les piécettes, qui leur dit « Mademoiselle » et « Permettez... », l'homme qui leur donne ce superbe élan, l'homme dont on voit qu'il connaît la vie, avec sa cigarette derrière l'oreille, ses mains sales, son nez aplati et son sex-appeal rude, effronté, celui qui, insouciant, brise le cœur des petites servantes et ouvrières, cet homme, c'est Liliom[1]... »

Ici s'achèvent les souvenirs de Vienne. Car celui dont il

---

1. M. Jesenská, « Frantisek Liliom, Épicerie fine », *Přítomnost*, 15 décembre 1937.

est question, dans cet article, n'est pas du tout le Liliom de Vienne, mais František Liliom, le brave épicier tchèque. Et il n'y a plus trace de lyrisme dans la suite de l'article. Milena ne se contente pas d'y montrer combien le Liliom tchèque se distingue de son homonyme autrichien ; elle décrit avec une grande sympathie (et en manifestant une connaissance étonnante des problèmes d'approvisionnement en produits alimentaires) l'existence laborieuse et la tâche importante qui incombe au petit épicier de la grande ville.

*
**

En 1937, Milena demanda à Willy Schlamm*, rédacteur en chef de la *Weltbühne*, ayant émigré de Vienne à Prague, de collaborer à *Přítomnost*. Elle traduisait en tchèque les articles qu'il écrivait en allemand. Cette collaboration, mais aussi leurs centres d'intérêt culturels communs, leur amour de la musique, leur passion pour la littérature, les blagues, l'humour, le rire, le même enthousiasme, débouchèrent bientôt sur une étroite amitié. Willi Schlamm admirait la capacité de travail de Milena. Elle pouvait travailler soixante heures en une seule journée ; elle écrivait, traduisait, s'occupait d'un nombre incalculable de gens, prenait soin de son ménage, faisait la cuisine pour tous ceux qui, à ce moment-là, se trouvaient chez elle. Elle n'allait jamais à un rendez-vous avec Schlamm sans apporter un cadeau, sans manifester quelque petite attention. Elle avait toujours le temps. Tout le travail qu'elle abattait ne l'empêchait pas de s'installer tranquillement au café Bellevue, près du pont Charles où Schlamm avait l'habitude d'écrire ; et encore, elle lui donnait rendez-vous le soir dans une gargote quelconque, toujours prête à discuter, à faire des plaisanteries, à rire.

Dès 1937, elle avait liquidé toutes les séquelles de son passé communiste, s'était libérée de toute forme de pensée confondant désirs et réalité. Elle savait identifier les menaces pesant sur la liberté, de quelque côté qu'elles viennent, elle avait le courage de condamner avec la même vigueur la dictature national-socialiste et la dictature soviétique. Du coup, elle se trouvait très nettement à contre-courant d'une grande partie de l'intelligentsia tchèque qui, dans son antifascisme résolu, fermait les yeux devant la réalité soviétique. Milena avait le don des pronostics politiques. Dès le début de la Seconde Guerre mondiale, elle dit à des amis : « Si c'est l'Armée rouge qui doit nous libérer, je me suiciderai... »

Journaliste politique

« Tu as un regard pénétrant, mais ce serait bien peu, après tout, la rue est pleine de gens dont l'agitation attire le regard, mais tu as le courage de ce regard et avant tout la force de voir plus loin que ce regard ; l'essentiel est dans cette capacité et tu l'as[1]... »

Au fur et à mesure que s'accentuait la pression du fascisme hitlérien sur la Tchécoslovaquie, croissait l'amour intense que vouait Milena à son pays, mais aussi son sentiment de responsabilité vis-à-vis de la nation tchèque. Au cours de l'année 1937, déjà, les revendications de Henlein, le dirigeant du « Parti allemand des Sudètes » soutenu par Hitler, devinrent sans cesse plus exorbitantes. En avril 1938, la crise attisée par Hitler atteignit son paroxysme après que Henlein, entre autres revendications provocatrices, eut exigé dans son programme de Karlsbad la reconnaissance « légale » de l'indépendance du « territoire des Allemands des Sudètes » dans le cadre de la Tchécoslovaquie.

Il devint manifeste, dans le même temps, que la France et l'Angleterre n'avaient pas l'intention de protéger la Tchécoslovaquie face aux attaques de Hitler — en dépit de l'existence de liens de sympathie traditionnels, de liens culturels anciens unissant la France à la Tchécoslovaquie, mais aussi, depuis 1921, d'un pacte d'assistance mutuelle entre les deux pays. En mai 1938, Hitler concentra ses troupes aux frontières de Saxe et de Bavière, préparant à

1. F. Kafka, *L à M.*

145

l'évidence une attaque contre la Tchécoslovaquie. Prague riposta immédiatement à cette menace en concentrant des troupes, opération qui fut menée à bien sans accroc, avec un calme, une rapidité rares pour une mobilisation. Cette opération eut lieu dans la nuit précédant le 21 mai 1938, jour des élections municipales en Tchécoslovaquie. Bien des éléments tendent à indiquer que Hitler a eu l'intention, à l'origine, de profiter de l'occasion pour envahir la Bohême le jour des élections — un dimanche, alors que tous les organes de sécurité du pays auraient été mobilisés pour la circonstance. Interrogé par Chamberlain à ce propos, il nia néanmoins catégoriquement avoir nourri une telle intention, mettant cette accusation sur le compte de la « manie de la persécution » tchèque.

Peu avant ces journées de mai agitées, Milena partit à la campagne afin de se faire une idée de l'atmosphère régnant dans les villages. Elle rassembla ses impressions dans un reportage intitulé : « Le village de Bohême ». Voici ce qu'elle y disait de la détermination à se défendre de la population rurale tchèque :

« Dans ce petit village d'à peu près sept cents âmes, quelque huit personnes ont été convoquées pour effectuer un exercice militaire extraordinaire. Personne ne savait ce qui se passait, tout le monde était persuadé que c'était la guerre. Il leur restait quelques heures avant de partir. Mais un quart d'heure après avoir reçu leur feuille de route, les mobilisés frappaient à la porte du directeur d'école : " Qu'avez-vous à traîner ainsi ? Allons, partons donc ! " Ils portaient sous le bras leur chemise de réserviste, leurs caleçons et leurs chaussettes réglementaires ; ils avaient transmis aux femmes la responsabilité de la famille et la charge du travail, et ils partaient. Le directeur d'école s'apprêtait à préparer sa petite valise, mais que pouvait-il faire face à un désir de servir aussi prompt ? Il partit avec eux, bien qu'ils eussent encore beaucoup de temps devant eux. On apporta à l'un d'entre eux son ordre de mobilisation directement sur son champ de pommes de terre. " Mère, passe-moi le savon, je suis appelé ", dit-il ; il se lava les mains et partit.

« Il y a là une admirable volonté de se défendre. Ce peuple tranquille, paisible et pacifique mourrait de honte s'il se dérobait. Son courage va absolument de soi. Ce peuple est là sur sa propre terre, il veut la paix, de bonnes récoltes, il veut vivre — mais il prend les armes comme s'il partait déjeuner. Il n'y eut ni cérémonie d'adieux ni chants enthousiastes. Presque personne au village ne savait que huit hommes étaient partis. Il leur avait fallu une demi-heure pour répondre à l'appel... »

A la fin de son article, Milena donne un exemple de comportement exemplaire d'un officier en cas de guerre : « J'ai parlé avec un homme qui avait fait la Première Guerre mondiale. Il n'avait absolument aucune envie de tuer, de jouer au petit soldat. Les articulations de ses mains et de ses pieds étaient noueuses comme des racines, son visage ressemblait à une pierre patinée par le temps. Il me raconta comment l'officier s'était comporté avec les simples soldats. Il dormait, mangeait, parlait avec eux. Pourtant, les officiers sont une caste à part, tout un monde les sépare du commun des soldats : " Un autre tabac, une autre façon de parler et des gants blancs ", comme dit le film *la Grande Illusion*. Mais il semble que nos officiers ont compris que le peuple avait besoin d'officiers qui ne soient pas des maîtres, mais des soldats. Je ne sais pas de quel bord était cet homme remarquable, mais ce que je sais, c'est qu'il écrivait pour ces gars, ces hommes simples, les lettres qu'ils envoyaient à la maison car leurs mains noueuses avaient du mal à manier la plume et ils s'entendaient mal à traduire leurs sentiments en paroles. Cet officier mangeait la même nourriture qu'eux (elle était bonne, au demeurant), fumait les mêmes cigarettes ; il écrivit pour deux d'entre eux une requête adressée à l'administration fiscale à laquelle les opposait un conflit déjà ancien. A leur insu, il joignit à cette requête une recommandation où il priait l'administration de régler l'affaire rapidement. Et, miracle inouï, lorsque les soldats rentrèrent chez eux, ce problème inextricable était résolu. C'est qu'à l'évidence les choses peuvent marcher sans " *heil* " et sans ordres brutaux. Je ne sais pas, au reste, si cet officier n'était pas un loup blanc. Mais je sais que sa manière est la bonne pour constituer une bonne armée.

« Ce peuple, il n'y aurait pas besoin de l'éperonner si devait arriver l'heure que nul d'entre nous n'appelle de ses vœux. Il se défendrait, prendrait les armes avec le même sentiment d'évidence par lequel il a répondu à l'ordre de mobilisation au cours des journées de mai[1]. »

La démonstration que fit la population tchèque de sa volonté de se défendre ne demeura pas sans effet. Les gouvernements français et anglais firent preuve, après la mobilisation de mai, au moins en paroles, et pas pour longtemps, d'un peu plus de fermeté qu'auparavant face à Hitler. Un porte-parole du Quai d'Orsay alla jusqu'à déclarer que « si l'Allemagne franchit la frontière tchèque, la guerre éclatera automatiquement car la France est prête à aider la Tchécoslovaquie en toutes circonstances ». Mais ce ne fut qu'un feu de paille et le danger ne fut écarté que très provisoirement. Cette attitude plus ferme des alliés de la Tchécoslovaquie fit bientôt place à de nouvelles hésitations ; leur promptitude criminelle à se fier aux assertions solennelles de Hitler démontra alors leur impardonnable méconnaissance de la mentalité de l'adversaire national-socialiste. Dès les mois suivants, la tension s'accrut. Le nazi des Sudètes, Henlein avança de nouvelles revendications plus exorbitantes encore exigeant catégoriquement, pour finir l'*Anschluss* des Sudètes au Reich allemand.

Les gouvernements français et anglais, pris d'une peur panique à l'idée que pourrait éclater une guerre à laquelle ils n'étaient absolument pas préparés, ordonnèrent au gouvernement tchèque, l'implorèrent même de céder tout ce qui était possible à Hitler. Ils décidèrent, en juillet 1938, que l'Angleterre serait seule habilitée à discuter avec Hitler du problème tchécoslovaque, car, n'étant pas liée à Prague par un traité d'assistance, elle pourrait aborder le problème « objectivement ». Sans en avoir préalablement

1. *Přítomnost*, 16e année, 1938.

148

référé au gouvernement tchèque, Chamberlain envoya en Tchécoslovaquie une commission d'enquête dirigée par Lord Runciman. Son rôle était de vérifier s'il était vrai (comme l'affirmaient Hitler et Henlein) que la population allemande de Bohême était « terrorisée » par les Tchèques. Lord Runciman, qui ignorait tout de la situation en Bohême, refusa toute rencontre avec des représentants de la population tchèque et renonça à s'informer réellement, que ce soit aux plans politique, culturel ou social. Il rencontra exclusivement des représentants de l'aristocratie allemande de Bohême, couronnant sa mission par une entrevue avec le nazi Henlein au château du prince Max Hohenlohe.

Effectuant son reportage pour le compte de *Přítomnost*, Milena fut le témoin de la mobilisation rapide et sans accroc de la population tchèque ; mais elle vit aussi à quel point les problèmes existant dans la région frontalière de la Bohême étaient pratiquement insurmontables : un fossé séparait Tchèques et Allemands, une haine mortelle les dressait les uns contre les autres. Souvent, cette haine traversait les familles elles-mêmes. Ici, c'était le mari qui était allemand et la femme tchèque ; les enfants, excités par les passions chauvines, considéraient leur père comme un « ennemi de la patrie » ou méprisaient leur mère qui était boycottée par tous les gens de l'endroit et considérée comme « traître » parce qu'elle était mariée à un Allemand.

« Parents et enfants, époux, frères et sœurs se jettent des menaces au visage : " Attends un peu, attends quelques jours, on va te la fermer, ta gueule ! " Sur le chemin de l'école, les enfants se lancent à la figure " cochon de marxiste ", " putain tchèque " — et ce sont là encore les mots les plus doux — et c'est une chance s'ils ne sont pas accompagnés de pierres...

« A Eger, il y a eu deux morts. Les partisans de Henlein disent ouvertement — je l'ai moi-même entendu : " Il nous faut encore quelques morts, et après ce sera parti... " Il leur faut des martyrs, il leur faut des héros. Deux morts ne suffisent pas encore [...]. Mais il n'y a rien d'étonnant à ce que ces deux-là soient tombés. Il serait plutôt surprenant — dans ce climat de haine insondable, de boycott frénétique, de peur, de terreur organisée, dans une situation aussi épouvantable qui gagne partout, dans les familles, les usines, les ateliers, face à une atmosphère où toute prise de parti politique, voire nationale, cède le pas au pur fanatisme pathologique — qu'il n'y ait pas de morts. Ici, l'on voit le fils empoigner le couteau lorsqu'il parle à son père, le frère tirer le couteau contre son frère... »

A Eger, Milena rencontre un Allemand qui, loin d'être un partisan de Henlein, est un adversaire du national-socialisme. Il interdit à ses enfants de participer aux réunions sportives et autres défilés aux flambeaux du « parti allemand des Sudètes », se signalant ainsi à l'attention générale. Mais « même de tels parents, écrit-elle, n'osent pas expliquer à leurs enfants que, tout en étant allemands, ils ne sont pas nazis car, à l'école, les enfants sont exhortés à rapporter tout ce qu'ils entendent à la maison [...] et, du coup, les enfants rivalisent de zèle pour espionner leurs parents... ».

Dans le paragraphe suivant de son article, intitulé « Les Juifs, l'assassinat moral, la rumeur publique », elle évoque le destin des Juifs en Bohême du Nord :

« Le citoyen de chaque pays porte en lui, consciemment ou inconsciemment, la marque de sa nation. Cela se traduit par exemple dans la force de la conscience qu'il a de lui-même, qui est comme un reflet de la puissance à laquelle il appartient... Depuis que l'Allemagne est devenue une force, depuis que sa propagande ne cesse de vanter cette force, comme le vent s'engouffre dans la voile et l'entraîne sur l'eau, les Allemands se comportent partout comme des maîtres ombrageux, affirmant que leur sang est meilleur que celui de tous les autres. Depuis le temps où, presque partout dans le monde, les Juifs ont connu un horrible destin, où on les a déracinés, on leur a interdit de travailler, on les a privés de toute égalité de droit, ils parcourent cette terre emplis de crainte, de peur, l'âme en deuil. Nulle part ne les attend " un navire à huit voiles et cinquante canons "... Tout au contraire, ils errent, de frontière en frontière, ne trouvant nulle part de refuge, vivant dans des conditions pires encore qu'au ghetto — car, tout en y étant des réprouvés, ils y vivaient au moins parmi leurs semblables.

« Dans le nord de la Tchécoslovaquie ne vivent que peu de Juifs. Mais, dans cette région, l'antisémitisme n'existe pas seulement depuis cinq, mais depuis quinze ans ou, peut-être, depuis toujours. Maintenant, les choses en sont arrivées au point que les quelques Juifs qui y vivent (pour l'essentiel des commerçants, des médecins, des avocats ou des magistrats) peuvent à peine encore quitter leur maison. J'ai parlé à Asch avec un médecin qui y vit depuis vingt ans. Partout alentour, il a pratiquement soigné tout le monde, un jour ou l'autre. Aujourd'hui, les gens l'évitent, ils détournent le regard lorsqu'ils le voient, et, pour ne pas avoir à le saluer, changent de trottoir. Il n'a pratiquement plus de clients. Ceux qui fréquentent encore son cabinet viennent de très loin. Sa fille — maintenant une adulte, une personne instruite — fréquentait l'école locale et aucun enfant ne lui parlait. Par la suite, elle trouva une amie. Le médecin et sa femme lui ouvrirent les portes de leur maison, comme si elle était leur propre enfant. Elle vivait, elle étudiait avec leur fille... Depuis le 13 mars de cette année, elle ne leur dit plus bonjour. Elle n'a même pas pris congé de la famille. Des gens de cette espèce, on en trouve ailleurs aussi — mais les nationaux-socialistes, eux, considèrent leur attitude comme honorable, voire héroïque.

« C'est dans un petit bourg paysan, tout près de la frontière entre la Bohême et l'Allemagne, que j'ai appris ce qu'est l'assassinat moral. C'est l'assassinat par ragots, mensonges, racontards malveillants, affirmations sans fondements interposés. Dans cette petite ville vit un jeune médecin juif. On a fait courir le bruit qu'il cachait un " arsenal communiste ". Le simple fait qu'il vive dans un appartement loué de trois pièces enlève tout fondement à cette propagande qui court de bouche à oreille. Pourtant, tout absurde qu'elle fût à l'évidence, la rumeur se répandit dans le pays comme une traînée de poudre. A

151

dater de ce jour, on cessa de le saluer. A l'auberge du coin, un silence s'établissait lorsqu'il y entrait et les commerçants ne le servaient plus qu'à contrecœur, en maugréant, lui indiquant clairement ainsi qu'ils préféreraient qu'il demeurât à l'écart de leur boutique. L'assassinat moral est aujourd'hui une arme totalement neuve et elle inflige de bien plus terribles blessures que l'acier. Une personne que l'on a assassinée, on la conduit au cimetière — et elle y repose en paix. Mais celui à l'encontre de qui l'on commet un assassinat moral doit continuer à vivre — et pourtant, il ne peut pas vivre.

« Le journal de Henlein, *Der Kamerad*, comporte une rubrique permanente où l'on trouve, par exemple : " Nous communiquons que la fille de M. X., maire de telle localité, s'est fiancée avec un Juif. " Ou encore : " M. Y., employé de telle entreprise, a fait des achats dans la boutique du commerçant juif. " Des informations brutes de ce type, sans autre commentaire. Et cela suffit amplement. Les noms des personnes incriminées y sont mentionnés en toutes lettres. Ces sobres communiqués donnent le signal du boycott qui se déclenche de manière aussi rapide qu'ample et systématique. Nombreux sont ceux qui boycottent par conviction politique, d'autres le font de crainte que le même sort ne leur soit réservé.

« Un tel boycott n'affecte pas que les médecins, les commerçants et les avocats. Avec l'illogisme cruel de tout système totalitaire, il est aussi dirigé contre les plus pauvres d'entre les pauvres. Dans la petite ville de R., une couturière vit avec sa mère aveugle. Elle est allemande, aryenne. Mais, il y a seize ans de cela, le malheur l'a frappée : elle est tombée entre les mains d'un escroc au mariage, un Juif, qui l'a délestée de son argent et l'a plantée là avec un enfant. La couturière a pris en charge et élevé l'enfant, travaillant jusqu'à tomber de fatigue sur sa machine à coudre, gagnant point après point de quoi faire vivre trois personnes.

« Et voici que la fière race nordique tomba sur cette malheureuse aussi, avec son idéologie héroïque et son cri de ralliement : " Frappez les faibles ! " On découvrit le

152

faux pas qu'avait jadis commis la petite couturière entre deux âges — et pour lequel, de toute manière, elle avait déjà dû payer toute sa vie — et on annonça la nouvelle à tous ceux qui lisaient la presse nazie dans le secteur. Depuis lors, plus personne ne lui donne de travail et son fils, qui était en apprentissage auprès d'un patron, a été congédié sur-le-champ... »

Milena put constater sur place les souffrances sans cesse croissantes qu'enduraient les Juifs de la région, *avant* même que les Allemands n'occupent les Sudètes. Elle avait suffisamment d'imagination pour se faire une idée des horreurs que subissaient et subiraient encore les Juifs vivant sur les territoires où les nazis avaient imposé leur loi. Lorsque, un an plus tard, en mars 1939, l'ensemble de la Tchécoslovaquie tomba entre les mains de Hitler, Milena savait une chose : s'il lui fallait s'atteler à sauver tous ceux dont la vie était menacée, c'est la population juive qu'il lui faudrait aider en toute priorité. Cette année 1938 lui apprit une chose encore : jusqu'alors, elle avait considéré tout ce qui avait trait à l'armée comme un mal nécessaire. Mais maintenant, elle commençait à comprendre l'importance de la défense du pays et elle voyait le corps des officiers tchèques (qu'elle percevait jusqu'alors comme une caste totalement étrangère) avec des yeux tout à fait différents. Quand, en 1939, Hitler occupa la Tchécoslovaquie, ce fut elle qui comprit qu'il était politiquement nécessaire de sauver une partie au moins de l'armée tchèque qui avait un haut niveau de compétence, à savoir les officiers, les aviateurs menacés par la victoire des nazis ; ils pourraient ainsi renforcer le potentiel défensif de l'Angleterre, de l'ancien allié qui avait fait défection, dans cette guerre dorénavant inévitable. Milena fit ainsi preuve d'une clairvoyance presque prophétique, elle fit montre d'une capacité d'analyse étonnamment supérieure à celle de nombre de ses contemporains.

*
**

Mais Milena, tout à son penchant pour la rigueur et la justice, critique également les péchés par défaut d'action et les nombreuses erreurs politiques du gouvernement tchèque. Dans un article intitulé « Allemands contre Allemands, Tchèques contre Allemands — et malheureusement aussi Tchèques contre Tchèques[1] », elle évoque la pression à laquelle sont soumis ces derniers de la part de la population allemande dans le nord du pays : « Les Tchèques y sont boycottés par tout le monde — à la seule exception des Allemands *démocrates*. Mais je dois à la vérité de dire que j'ai eu l'impression que les Tchèques étaient loin de s'être suffisamment préoccupés de constituer un bloc démocratique avec les Allemands démocrates. [Milena évoque ici la préparation des élections municipales du 21 mai 1938. M. B.-N.] L'erreur cardinale de notre propagande et de nos compatriotes tchèques de la région frontalière a été de ne pas avoir compris qu'il était encore temps de renforcer ceux qui, dans le camp allemand, parlent, certes, une autre langue que nous, mais ont la même vision du monde que nous [...]. Si l'on y était parvenu, on aurait peut-être moins donné prise à la propagande hitlérienne [...].

« Partout, les gens ont un comportement plus correct lorsqu'on leur parle allemand. Qu'on s'adresse à eux en tchèque, ils haussent les épaules et vous plantent là. Mais dès qu'ils voient qu'un Tchèque se donne la peine de leur parler allemand, ils deviennent même particulièrement amicaux. J'en ai fait l'expérience un très grand nombre de fois : c'est avec reconnaissance que l'homme de la rue, dans les Sudètes, entend un Tchèque s'adresser à lui en allemand. Il abandonne aussitôt l'extrême réserve chargée d'hostilité qu'il affiche à son endroit en temps ordinaire. Dans dix-neuf cas sur vingt, il lui fait alors en souriant un geste bon enfant de la main, manière de dire : " Allons, pourquoi chercher plus loin ? Tu es tchèque, et moi allemand. Laisse-moi vivre en paix, et j'en ferai autant. "

1. *Přítomnost*, 16e année, 1938.

« Et c'est là, précisément, qu'est la racine du mal. Nous aurions dû nous préoccuper plus tôt de savoir qui sont ces gens et ce qu'en réalité nous leur voulons. Si nous les avions considérés comme des citoyens allemands de la République tchèque... [Ici, la censure tchèque a supprimé sept lignes de l'article de Milena, ce qui montre éloquemment combien les organes de gouvernement tchèques avaient déjà commencé à perdre leur sang-froid. L'article continue.] ... C'est la raison pour laquelle les Allemands aiment leur langue et je ne vois pas pourquoi nous ne devrions pas respecter cet amour. Ils sont allemands, pas nazis... [Mais déjà, voici que le passage suivant contrarie un censeur tchèque particulièrement nerveux. Il supprime les vingt lignes suivantes]... Ces personnes et leurs familles, poursuit Milena, auraient pu devenir *les porteurs de la propagande démocratique*, les soutiens moraux, sociaux et culturels de la démocratie tchèque et de tous les démocrates dans le nord du pays... »

Il est vrai que le gouvernement de la République tchèque s'est efforcé, après 1918, de résoudre démocratiquement le problème de la minorité allemande, mais il s'y est malheureusement attelé à un rythme beaucoup trop lent. On peut voir là l'effet aussi bien du ressentiment anti-allemand des Tchèques, remontant à l'époque de la vieille Autriche, qu'une manifestation de l'hyper-sensibilité des Tchèques à certaines tendances pangermanistes venues de la nouvelle Autriche et qui, franchissant les frontières de la Bohême, trouvaient un écho certain parmi la minorité allemande de la région. Mais ce n'est qu'en 1933, lors de l'accession de Hitler au pouvoir en Allemagne, que le problème devint vraiment brûlant. La propagande nationale-socialiste fut alors dirigée avec une intensité particulière vers les Allemands des Sudètes qui se trouvaient durement touchés par la crise économique mondiale. Dès les années 1934-1935 était né le « parti des Allemands des Sudètes » dirigé par Henlein ; le président Masaryk s'était refusé à l'interdire bien qu'il s'agît manifestement d'un parti dont les activités étaient tournées contre l'État. Il ne put s'y résoudre, car une telle décision aurait bafoué ses principes démocratiques. Dès les élections générales de 1935, Henlein recueillit deux tiers des voix allemandes et, en mai 1938, il en obtint même 92 %. Sans doute de nombreux facteurs historiques et politiques ont-ils influé sur le développement de la crise sur le territoire où se trouvait concentrée la minorité allemande ; il demeure pourtant évident que toutes les négligences accumulées jusqu'alors du côté tchèque ne pouvaient avoir, en 1938, qu'un effet catastrophique ; elles apparurent au grand jour le 21 mai 1938, lors des dernières élections municipales, à un moment où la puissance totalitaire ennemie se tenait déjà l'arme au pied aux frontières.

*
**

Si dangereuse que fût la situation où se trouvait placée la Tchécoslovaquie, Milena ne désespérait pas complètement, au cours de l'été 1938, de voir l'armée tchèque et le peuple tchèque résister à Hitler. Elle ne savait pas encore qu'elle occupait, avec ses compatriotes, une position perdue. Mais en dépit de la défaite que subit son peuple quelques semaines plus tard, l'attitude de Milena conserve quelque chose d'exaltant : elle était d'une simplicité si tranquille, si naturelle — comme l'est toujours le vrai courage.

Milena conclut son article sur des accents beaucoup trop optimistes : « Il est *une* chose qui n'est pas en leur [les partisans de Henlein] pouvoir — et c'est précisément ce qu'ils souhaiteraient le plus ardemment : rééditer les événements d'Autriche de mars 1938, rééditer l'occupation sans effusion de sang, la promenade aux cris de *" Sieg heil ! "* et [...] les camps de concentration, l'expulsion d'une masse de gens arrachés à leur peuple et à leur pays ; non, chez nous, ils ne pourront pas apposer ces panneaux — *" Ici, les Juifs sont indésirables. "* Pour dire les choses simplement : ici, ils ne pourront pas faire d'*Anschluss.* »

La position de la France face à son allié tchécoslovaque devint sans cesse plus vacillante. Il suffit d'une légère impulsion pour que tout l'édifice s'effondrât ; en septembre 1938, le *Times* publia un article à l'évidence inspiré par l'entourage de Chamberlain et dont le contenu était approximativement le suivant : il vaudrait mieux, pour le gouvernement tchécoslovaque, « se séparer des territoires frontaliers habités par une population étrangère » et devenir ainsi un État homogène... Le rédacteur de l'article passait sciemment sous silence le fait que les « territoires frontaliers » en question étaient, aussi bien sur le plan économique que culturel, bilingues, que des Tchèques y cohabitaient avec des Allemands. Peu après la publication de cet article, Chamberlain se rendit à Berchtesgaden et y eut un premier entretien avec Hitler. L'Angleterre et la France souhaitaient « le règlement du conflit », c'est-à-dire « l'autodétermination des Sudètes ». Après ces premières concessions, plus rien ne pouvait arrêter Hitler. Le 20 septembre, lors de sa seconde rencontre avec Chamberlain à Godesberg, il avança de telles revendications que, dans un accès de courage, même les représentants de la politique défaitiste des puissances occidentales mirent secrètement en garde le gouvernement tchécoslovaque et lui conseillèrent de se défendre. Le 20 septembre, l'armée tchèque était à nouveau mobilisée. Ce fut, pour l'ensemble de la population, comme un soulagement et, tout comme au mois de mai précédent, les hommes répondirent sur-le-champ à l'appel, prêts à défendre leur pays. Ce même jour eurent lieu des manifestations d'allégresse dans les rues de Prague. Personne ne se doutait que quelques jours plus tard, sans que la population tchèque ait eu la moindre possibilité de se défendre, la tragédie s'abattrait sur elle. C'est lors de la Conférence de Munich, le 29 septembre 1938, que se trouva scellé par la trahison le sort de la Tchécoslovaquie : avec l'accord de Daladier et Chamberlain et en présence de Mussolini, Hitler dicta ses conditions : « La Tchécoslovaquie [doit] évacuer entre le 1er et le 19 octobre les territoires frontaliers habités par des Allemands en Bohême, Moravie et Silésie, et les céder à l'Allemagne. »

C'était le début de la fin. Mais en France et en Angleterre, les gens se réjouissaient : la paix était sauvée... une vague de fuyards franchit les nouvelles frontières de la Tchécoslovaquie. Ils furent ainsi des milliers à quitter les Sudètes ; des Tchèques, mais aussi des Juifs, des démocrates allemands. L'Ukraine carpathique et la Slovaquie proclamèrent début octobre leur autonomie dans le cadre de l'État tchécoslovaque, et de nouvelles cohortes de fugitifs vinrent se joindre aux premières. Les réfugiés partaient en toute hâte dans l'espoir de sauver leur vie, cherchant le salut dans ce réduit qu'était devenue la Tchécoslovaquie...

A Munich, Chamberlain et Hitler avaient également signé une déclaration de non-agression destinée à assurer la « protection » de la Tchécoslovaquie. Mais on vit bientôt à quel point Hitler prenait ce traité au sérieux. A Munich, il avait eu le loisir de se convaincre d'une chose : Chamberlain et Daladier avaleraient toutes ses exigences concernant la Tchécoslovaquie. Voici d'ailleurs en quels termes il évoqua par la suite ces deux personnages : « Nos adversaires sont des vermisseaux. Je les ai vus à Munich[1] ! »

A la suite de l'occupation des « territoires frontaliers de la Bohême habités par des Allemands », la Tchécoslovaquie tomba de mois en mois dans une dépendance plus étroite vis-à-vis de l'Allemagne. Dès le 4 octobre, le président Beneš démissionnait. Émil Hácha fut élu à sa place. Hitler convoquait régulièrement à Berlin le ministre des Affaires étrangères du gouvernement Hácha et lui transmettait ses ordres. Il se mit à exercer un chantage systématique sur Prague. Le gouvernement Hácha résista à certaines de ses exigences, mais céda à nombre d'autres, comme par exemple la légalisation de l'agitation antisé-

1. Procès des grands criminels de guerre devant le Tribunal militaire international de Nuremberg.

mite et la création d'un parti national-socialiste. L'Allemand des Sudètes Kundt, un des adjoints de Henlein, joua bientôt le rôle de Führer des 250 000 Allemands vivants en Tchécoslovaquie, faisant de son mieux pour s'ingérer, pour le compte de Hitler, dans les affaires du pays. Une censure rigoureuse de la presse fut mise en place, interdisant pratiquement tous les journaux indépendants. Les nouveaux titres, eux, se différenciaient à peine du *Völkischer Beobachter*. Ils déclenchèrent une agitation antisémite hystérique.

Après la catastrophe de Munich et la trahison des puissances occidentales, Milena, qui avait cru jusqu'alors pouvoir se fier à leur fidélité et à leur honorabilité, adopte dans ses articles un ton nouveau. Se fondant exclusivement sur des documents, elle établit, dès le 5 octobre 1938, un « calendrier des événements de septembre » où seuls parlent les faits. Cet article se présente en quelque sorte comme son examen de passage en matière de journalisme politique. Sept jours plus tard, dans un texte intitulé « Cela dépasse nos forces », elle abandonne toute forme d'optimisme partiel et aveugle, faussement rassurant, regarde en face les faits dans ce qu'ils ont de bouleversant, affirmant que la Bohême mutilée n'a pour ainsi dire aucune chance de survie ; s'efforçant, malgré tout, de sauver ce qui peut l'être, elle veut, autant que faire se peut, être de bon conseil. Désireuse de parer au désespoir, elle met en lumière le peu d'éléments positifs qui demeurent et règle sans pitié leur compte aux coupables, qu'il s'agisse des Allemands, des puissances occidentales ou des opportunistes de son propre camp.

Mater misericordiae

Pendant les cinq longues années durant lesquelles Milena avait appartenu au parti communiste, son amie Wilma l'avait perdue de vue. Comme beaucoup de ses amis, elle s'était détournée d'elle. En l'occurrence, l'expérience négative que Wilma avait fait elle-même des communistes pesa d'un certain poids. Peu de temps après la prise du pouvoir par les nazis, Wilma avait adhéré à un comité d'assistance destiné à aider les émigrés venus de l'Allemagne hitlérienne ; elle y travaillait avec grand enthousiasme. Le ministère de l'Intérieur tchèque mit à la disposition du comité le château de Mšeč afin qu'il puisse y héberger les réfugiés. Cet édifice antique, avec ses pièces gigantesques vides, ses murs de plusieurs mètres d'épaisseur, ses alcôves profondes, ressemblait davantage à un cachot qu'à une demeure. Le comité se trouvait confronté à la tâche fort délicate de transformer le château en une habitation à visage humain. Les représentants du ministère de l'Intérieur chargés de ces questions se situaient très à droite et il en découlait certaines difficultés ; pourtant, une collaboration entre le comité et le ministère parvint à s'établir grâce à la persévérance de Wilma et de ses collègues du comité. Non sans peine, ils parvinrent à convaincre la presse et certains secteurs de l'opinion publique tchèque que des émigrés, eux aussi, avaient le droit d'être hébergés dans des conditions humaines ; ils quémandèrent de l'argent partout où ils purent en trouver et parvinrent, au prix d'un travail épuisant (la dirigeante de la Croix-Rouge, le Dr Alice Masaryk, les aidant, en l'occurrence, avec beaucoup de générosité), à rendre le château habitable.

160

Mais, petit à petit, des communistes s'étaient infiltrés dans le comité d'assistance et au début personne ne trouvait à redire à leur collaboration. Cependant, avant même que les membres du comité issus de la bourgeoisie aient perçu le danger qui pesait sur eux, les communistes commencèrent à utiliser le comité à leurs fins propres. Avec opiniâtreté, sans ménagements, ils firent obstacle à l'hébergement d'émigrés qui se trouvaient réellement menacés mais qui, de leur point de vue, présentaient peu d'intérêt ; ils contrôlèrent bientôt totalement le comité. Au château, n'étaient plus hébergés que des émigrés communistes ; ils transformèrent le comité en une institution qui ne servait que leurs intérêts de parti. Débordant d'indignation mais impuissants, Wilma et ceux qui partageaient son opinion virent les communistes s'emparer de l'ouvrage qu'ils avaient accompli. N'étant pas de taille à faire front à ces méthodes aussi brutales que roublardes, ils abandonnèrent les uns après les autres cette activité.

Telle était l'expérience amère qu'avait faite Wilma ; un jour, en 1937, elle rencontra tout à fait par hasard dans un train son amie Staša qui lui parla de l'évolution « trotskiste » de Milena et de son exclusion du parti communiste. Ravie de la nouvelle, Wilma eut aussitôt le désir ardent de revoir Milena. De retour à Prague, elle l'appela ; Milena, pleine d'enthousiasme, l'invita chez elle ; le cœur battant, Wilma fit son entrée dans le grand appartement, se demandant ce que Milena avait bien pu devenir après toutes ces années, si elle avait vraiment rompu avec le communisme. Elles s'assirent en face l'une de l'autre sur la terrasse en plein air, sur le « jardin suspendu » ; Wilma en fut bientôt convaincue : « Rien n'avait changé ! Il y avait quelque chose d'étrange dans notre amitié. Tout comme la Punkva, cette rivière morave qui se trouve soudain engloutie par la terre, circule par gouffres et cavernes pour émerger plus loin comme un fleuve tout neuf, Milena avait disparu de mon horizon pendant des années ; mais, lorsqu'elle resurgit, ce fut aussitôt la même sympathie qui renaquit, comme si nous n'avions jamais été séparées. Chaque fois que nous nous revoyions, je sentais qu'elle était demeurée semblable à elle-même, que notre amitié était inébranlable... Non sans hésitation, nous nous confiâmes toutes les déceptions que nous avaient infligées les communistes, en arrivâmes sans ambages aux mêmes conclusions ; débordant d'une sympathie intellectuelle nouvelle, enthousiastes, nous tombâmes dans les bras l'une de l'autre. »

Wilma, qui mettait toujours la main à la pâte là où l'on avait besoin d'elle, ne s'était pas laissé décourager par les infamies des communistes. Elle fonda avec d'autres un nouveau comité s'occupant avant tout des intellectuels qui étaient en nombre croissant parmi les réfugiés. Lorsqu'elle en parla à Milena, celle-ci la submergea de questions. Elle manifestait un intérêt avide pour ce travail, jusqu'au moindre de ses détails. Mais Wilma n'était pas en mesure de satisfaire totalement sa curiosité journalistique et elle en vint donc à mentionner le nom de Mařka Schmolková, la dirigeante du Comité d'assistance juif de Prague. Mařka, affirma Wilma, savait tout ce qui intéressait Milena car elle se trouvait au centre de l'aide aux réfugiés. Une amitié ancienne attachait Wilma à Mařka Schmolková et, ravie à l'idée de présenter l'une à l'autre ses deux amies, elle entreprit de raconter dans ses grands traits la vie de Mařka à Milena.

Mařka était pragoise, elle était née et avait grandi dans la vieille ville, comme Franz Kafka, dans la même atmosphère, peu ou prou. Sa mère possédait un petit magasin de textile où Mařka qui était la plus jeune de ses nombreux frères et sœurs l'aida avec autant d'ardeur que de compétence après la mort prématurée de son père. Il semblait qu'elle fût née commerçante. Puis elle se maria, mais perdit très tôt son mari. Ce n'est qu'après son veuvage qu'elle commença à s'intéresser aux problèmes du judaïsme et fit un voyage en Palestine. Elle revint sioniste convaincue. Tout ce qu'elle faisait, elle le faisait à fond, elle se consacra donc dès lors avec passion aux idées et aux projets sionistes. Elle avait reçu une éducation totalement tchèque, elle se sentait tchèque. Mais elle possédait la capacité rare de fondre, de combiner son profond senti-

162

ment national tchèque avec les aspirations qu'elle nourrissait avec tant de ferveur quant à l'avenir du peuple juif. Il y avait là une combinaison qui suscita une sympathie toute particulière chez Milena.

Lorsque apparut, après la prise du pouvoir par les nazis, le terrible problème que constituait l'expulsion des Juifs d'Allemagne, il coulait de source que Mařka Schmolková prendrait en charge l'assistance aux expulsés. Rapidement (elle qui était d'une nature si réservée), Mařka se trouva au centre de l'ensemble des activités en faveur des réfugiés et elle devint, au-delà même de la Tchécoslovaquie, sur la scène internationale, une figure connue. On l'invitait à des conférences dans des grandes villes d'Europe occidentale. C'est alors que se posa un problème : jusqu'à ces jours, Mařka n'avait prêté aucune attention à son allure. Qu'allait-elle se soucier de vêtements, lorsque la vie de milliers de gens était en jeu ? Mais les amies de Mařka étaient d'un autre avis. Elles finirent par la convaincre d'acheter un très beau tissu destiné à confectionner un ensemble élégant. Elles lui procurèrent l'adresse d'un tailleur ; tout semblait se dérouler pour le mieux. Puis un certain temps passa et, aux questions de ses amies, Mařka répondait en affirmant avec force que le costume serait un chef-d'œuvre.

Puis un jour, elle arriva à une réunion, vêtue de sa nouvelle « création ». Ses amies la regardèrent, ébahies, et levèrent les bras au ciel : le costume était complètement massacré ! « Mais ce n'est pas un tailleur qui a pu faire un travail pareil ! », lui lancèrent-elles. Et Mařka de leur répondre avec un fin sourire : « Non, en effet ! Il est aussi peintre en bâtiment ! » — puis d'expliquer : elle avait voulu donner sa chance à un émigré juif d'Allemagne. Peintre en bâtiment de métier, il venait d'apprendre celui de tailleur et devait encore faire ses preuves en exécutant son « chef-d'œuvre ». Mais il ne put trouver personne qui lui confiât, à cette fin, un morceau d'étoffe. Il s'en plaignit à Mařka, la mère de tous les réfugiés. « Et que pouvais-je faire d'autre ?! », se défendit Mařka. « De toute façon, ce morceau de tissu traînait chez moi ; je le lui ai donné, tout simplement ! N'est-ce donc pas un chef-d'œuvre ?! »

Cette histoire plongea Milena dans le ravissement et elle devint une admiratrice sans réserve de Mařka, avant même d'avoir fait sa connaissance. Wilma lui promit d'organiser aussi rapidement que possible une rencontre entre elles, ce qui n'était pas chose facile vu la masse de travail qui les submergeait l'une et l'autre. Mais elle y parvint tout de même et, un beau jour, Mařka, Wilma et Milena se rencontrèrent dans le cadre agréable du club Společenský, tout près du Graben. Cette rencontre est restée marquée d'une pierre blanche dans la mémoire de Wilma. Mařka et Milena étaient attirées l'une vers l'autre comme des aimants et, comme elles avaient la même connaissance profonde de l'homme, elles saisirent sur-le-champ ce qu'il y avait de particulier dans la personnalité de l'autre. L'une et l'autre se distinguaient par de grandes capacités d'observation, par la rapidité avec laquelle elles saisissaient une question et, plus important encore, par le même amour de l'humanité, le même sens passionné de la justice. Enfin un dernier don leur était commun : l'humour.

Dès la première tasse de café agrémentée de crème fouettée, Wilma assista à un véritable feu d'artifice où se mêlaient éloquence, humour et chaleur humaine. Mais plus la conversation s'orientait vers des questions sociales et politiques d'actualité et plus les deux femmes faisaient montre de sérieux, de sens des responsabilités, mieux se dessinait l'accord profond existant entre elles.

Après cette rencontre, Milena se sentit comme habitée par la figure de Mařka Schmolková. Le premier article qu'elle consacra au sort des Juifs en 1938 s'appelait « Ahasver [le Juif errant] dans la Weinberger Gasse ». Par la suite, les deux femmes allèrent visiter un camp pour réfugiés juifs au sud de la Slovaquie ; directement inspirée par cette expérience commune, Milena écrit : « Qui est donc Mařka Schmolková ? J'ai fait sa connaissance lorsque j'écrivais mon premier article sur les persécutés et que je cherchais chiffres et faits. Mařka Schmolková vit dans la vieille ville de Prague, dans une ruelle étroite que moi-même, native de Prague, je connaissais à peine ; elle vit dans une petite maison biscornue, avec une vieille montée d'escalier en bois. Mais, en entrant dans son appartement, je me suis trouvée aussitôt plongée dans une atmosphère remarquablement harmonieuse et cultivée. Il y a là de nombreux livres, des sculptures de Štursa*, de beaux meubles anciens, sombres, et un téléphone qui ne cesse de sonner. Sans doute, au premier coup d'œil, ne trouve-t-on pas Mařka Schmolková jolie. Il est bien possible que des femmes qui travaillent toute la journée jusqu'à une heure avancée de la nuit, qui sont confrontées, des années durant, à la peine des autres ne soient pas jolies. Tout à fait possible. Mais elle est superbe. Quelque chose qui vient de l'intérieur rend ce visage si expressif et fort, comme s'il était taillé dans la pierre. Mařka Schmolková connaît personnellement tous ceux qui, ces dernières années, se sont réfugiés chez nous. Elle connaît leur destin ainsi que les dangers auxquels ils ont été exposés. Le flux de ces destins a effacé le sien propre, plus exactement, l'a rendu tout à fait accessoire. Cette femme passe sa vie parmi les malades, elle existe entre la vie et la mort, court d'un bureau à l'autre, de Londres à Paris, de Paris à Prague, elle visite les camps de réfugiés, elle s'est rendue dans le fameux *no man's land*, sur le bateau rempli de fugitifs qui, après l'occupation de l'Autriche par les nazis, ne fut autorisé à gagner ni la Tchécoslovaquie ni la Hongrie et dut demeurer deux mois sur le Danube, devant Bratislava. Où que se tournent ses regards, elle ne voit pour ainsi dire que désespoir. Dans les rares occasions où, au prix d'efforts infinis, elle parvient à un résultat tangible, un rayon d'espoir la récompense. Mais cette femme est d'un calme remarquable, comme seuls peuvent l'être ceux qui ont la foi.

« Lorsqu'en septembre mon moral était au plus bas, je suis allée la voir, décidée à ne demeurer qu'un instant auprès d'elle. Cette femme diffuse autour d'elle un tel sentiment de sécurité, de réalisme, il semble tellement évident qu'elle n'a peur de rien, que la petite heure que j'ai passée assise dans ce fauteuil est l'une des plus belles choses que l'on puisse concevoir.

« Il y a beaucoup de femmes qui s'activent dans le cadre de l' " assistance publique ", comme on dit si joliment, mais peu nombreuses sont celles qui méritent l'admiration. Mařka Schmolková ne pratique pas l' " assistance publique ". Elle est partie en pèlerinage pour son peuple, elle s'est mise à son service avec cette humble fierté ou cette fière humilité qui est le propre des meilleures représentantes de ce peuple. Elle n'est pas du genre présidente d'honneur, dame des bonnes œuvres, de celles dont on dit qu'elles se " sacrifient ". Elle est le passeur tranquille de son peuple malheureux, elle l'aide à franchir le fleuve impétueux du temps qui l'accable plus lourdement que d'autres nations et tous les autres peuples [...].

« Il y a des années de cela, j'ai vu à Prague le film *No man's land**. C'était un film allemand. On appelait *no man's land*, pendant la Première Guerre mondiale, la zone située entre les fronts, cette bande de terre brûlée située entre les tranchées et les réseaux de barbelés ennemis. C'est dans cette zone qu'au cours d'un combat, au fil des assauts, s'étaient réfugiés quatre hommes : un Anglais, un Allemand, un Noir américain et un soldat français qui est un Juif russe. Quatre hommes-bêtes tenaillés par la peur, venus des quatre coins de la terre, aux origines sociales les plus diverses, avec leur langue, leur destin particuliers. Dans ce film, le Juif russe est muet. Il est incarné par un des plus grandioses comédiens d'Europe de l'époque, Sokoloff, avec son visage de singe triste et ses yeux juifs typiques, ses yeux sombres, tristes qui regardent du fond des siècles vers les siècles à venir... Pour moi, la figure de ce comédien avait quelque chose de prophétique : ce petit Juif tout fripé du *no man's land*, muet parmi les autres, paria parmi les proscrits, avec ses yeux qui sourient comme s'il regardait avec la peine de milliers de ses semblables et qui suit son chemin, d'un siècle à l'autre, avec toute son intelligence, son cœur, son âme — sans pays, ni terre natale, ni langue... Oui, vraiment, lui et ses semblables sont muets. J'ai entendu parler d'un rabbin qui vit en Palestine et ne parle plus qu'hébreu, qui ne permet à personne d'employer une

166

autre langue en sa présence, qui inculque à la jeunesse l'amour de cette langue maternelle quelque peu artificielle des Juifs. Mais, parfois, à la tombée de la nuit, réfugié dans un coin, il fredonne, pour lui seul, il fredonne... des chansons russes. La Palestine est la patrie et l'hébreu la langue maternelle. Mais la Russie est le pays natal et les airs populaires russes sont les chansons de la terre natale. Tous les chantaient : les mères, les femmes au village, les enfants à l'école et les hommes aux champs. Le pays natal, avec ses milliers de sonorités, d'habitudes, de couleurs et de formes, s'est imprégné dans l'âme de cet homme. C'est dans sa langue maternelle que se sont formés ses pensées et ses mots. Et puis quelqu'un est venu qui lui a dit : " Tu n'as rien à faire ici ! Disparais ! " Et le Juif, d'errance en errance finit enfin par atteindre la Terre promise. Dès lors, il ne parle plus qu'hébreu et s'échine sur un champ qui ne lui appartient pas non plus, il le fait avec toute sa force et sa volonté, avec cette fière humilité qui lui appartient en propre. Mais le soir, lorsque la nuit tombe, il chante doucement ses petites chansons russes. C'est le Juif muet du *no man's land*.

« Ce film, donc, je l'ai vu il y a des années ; cela se passait avant 1918, et nous croyions alors, fous que nous étions, que tout cela appartenait au passé. Après la séance de cinéma, je rentrai chez moi, débordante d'optimisme et fermement convaincue que nous nous dirigions ensemble, hommes et femmes de notre temps, vers un avenir radieux et libre. Nous ne savions pas encore à quel point le cours de l'histoire épouse d'étranges sinuosités, contours et détours, comment il se jette dans des impasses...

« Aujourd'hui, le *no man's land* est juste au coin de la rue — au coin de la grange, plutôt, à une volée de pierre d'ici. Entre la frontière allemande et la frontière tchèque — Dieu, quelle honteuse frontière —, on a tendu un peu de fil métallique à travers champs, disposé une perche en travers du chemin, fait courir une corde d'arbre en arbre — un enfant pourrait arracher tout ça —, c'est une frontière pour... pleurer. Et, en de nombreux endroits, on a laissé une zone de *no man's land* entre les frontières. D'abord, l'armée tchèque s'est retirée ; puis sont arrivés les héros allemands (hongrois, polonais) qui ont expédié les Juifs chassés des territoires occupés dans ce *no man's land*. A eux sont venus s'ajouter d'autres Juifs arrivant d'autres régions de la Tchécoslovaquie, fuyant les territoires occupés. Beaucoup venaient parce qu'ils avaient été rejetés par ordonnance vers le *no man's land*, d'autres parce qu'ils craignaient pour leurs biens, d'autres parce qu'ils craignaient pour leurs proches qui se trouvaient encore dans les territoires occupés. Pour ces derniers, les barbelés tchécoslovaques s'ouvraient ; mais pas les allemands. Donc, retour à la Tchécoslovaquie, au barbelé, mais cette fois, on ne les y laisse pas entrer non plus. Oui, les barbelés de l'année 1938 sont solides et résistants. Il est aussi arrivé que de jeunes paysans hongrois réveillent en pleine nuit tout le village, fassent sortir les Juifs de leurs maisons — les femmes, les hommes, les enfants —, les fassent monter de force sur des camions, en chemise de nuit, les conduisent au *no man's land*, les y déposent — avant de prendre le large. Au début, c'étaient dix personnes qui étaient là, exposées au froid, dans un champ nu, en friche. Puis ils furent cent. Puis mille. Cela prit du temps avant qu'on ne consente à les autoriser à rejoindre des familles juives en Tchécoslovaquie. On ne leur en donna l'autorisation que lorsque les autorités britanniques eurent fourni la garantie que ces Juifs ne tomberaient pas à la charge de l'assistance publique tchécoslovaque, mais émigreraient. Pendant tout le temps où ces bannis se trouvèrent exposés au vent, à la pluie, au froid intense dans les champs ou les forêts, ils furent nourris par des Juifs qui n'avaient pas encore perdu leur pays. Ils venaient de loin pour les aider. Mais il y avait aussi des paysans bohémiens et slovaques et même des paysans allemands et des ouvriers allemands qui leur apportaient à manger. Tel est parfois l'homme : il aide aussi l'animal afin qu'il ne meure pas de faim, même quand cet animal appartient à une race inférieure. Le cœur humain est étrange, il est beau et éternel.

168

« Mais comment se peut-il que trois cents personnes, à Bratislava, par exemple, aient dû demeurer ainsi nuit après nuit dans un champ, exposées au froid ? Comment cela est-il possible en ce siècle de progrès technique, en un siècle qui a promu la culture de l'habitat ? Est-ce ainsi que l'on agit après la paix de Munich ?

« Et voici ce à quoi l'on assista alors : un père qui creuse à mains nues trois trous dans la glaise durcie du champ ; qui couche un enfant dans chacun d'entre eux ; puis qui, avec de la paille de maïs sèche, tresse trois petits toits et les dispose sur les trous ; et qui s'assoit sur le sol près d'eux. Si les gens des alentours ne les avaient pas aidés, les réfugiés seraient vraisemblablement morts de faim, de froid et de honte. Mais les gens viennent et les aident, ils leur apportent de la nourriture, des vêtements chauds, des couvertures, une tente, arrivent avec une voiture de déménagement hors d'usage. On y met un peu de paille, et voici qui servira aux cas d'urgence : à l'homme qui vient de faire une gastrorragie, à la femme qui doit accoucher dans quelques jours, à celle qui a déjà accouché dans le champ et a enveloppé l'enfant dans les morceaux de tissu qu'on lui a donnés, au vieillard aveugle, assis dans son coin sur un petit tas de foin [...].

« Un médecin juif originaire d'Autriche s'active de-ci de-là, de l'un à l'autre. Il est le premier à recevoir l'autorisation de quitter le camp, d'émigrer ; lorsqu'on le lui annonce, il se contente de rire et dit : " Comment diable pourrais-je bien m'en aller d'ici, maintenant ? " Il sera le dernier à quitter le *no man's land*. Durant toute cette période, on le vit aller de l'un à l'autre avec sa petite vareuse râpée, ne perdant jamais son calme et ses capacités de réflexion. Lorsque des enfants venaient le voir avec leurs doigts gelés jusqu'au sang, il les consolait en disant : " Viens, je vais te mettre un peu de pommade dessus ! " Aux gens du comité d'assistance qui découvraient avec effroi ce dénuement, il disait : " Ce n'est pas si terrible que ça ! Venez voir par là, regardez un peu... Croyez-moi, on s'habitue à tout... " [...].

« C'est ainsi qu'ont vécu ces gens pendant des semaines.

Aujourd'hui, ils ont tous un toit. Mais, à la frontière tchéco-polonaise, 6 000 personnes environ attendent dans le *no man's land.* On y a construit pour elles des sortes de baraques provisoires. Bientôt, elles seront toutes parties — non, pas tout à fait : pas les vieillards et les malades ; il leur faudra mourir ici, dans un recoin quelconque. Mais les enfants, les hommes et les femmes, ceux qui sont en bonne santé, capables de travailler, émigrent. Tous ! A la Noël, ils seront déjà Dieu sait où, sous leur propre toit...

« Ce n'est pas notre faute s'ils ont connu chez nous un sort aussi difficile. Tant que notre propre maison n'a pas été à moitié démolie, nous avons pu être hospitaliers et accueillants. Tout ce que nous pouvons faire aujourd'hui, c'est leur souhaiter une existence neuve et bonne, loin d'ici. Et cela, nous le leur souhaitons du fond du cœur [1]. »

Mařka Schmolková persévéra dans son travail jusqu'à ce que la Gestapo vînt l'arrêter, trois jours après l'entrée des troupes de Hitler dans Prague. Son dernier geste avant d'être prise fut de brûler dans la cheminée de sa chambre, pendant des heures et des heures, des quantités de papiers, de documents ayant trait à ses protégés — afin de ne compromettre personne.

D'abord, la Gestapo la plaça dans une cellule avec des droits communs et des prostituées ; trente-trois personnes dans une cellule comportant quatre bat-flanc seulement. Puis on la transféra à la forteresse de Pankrac. Aussi incroyable que cela paraisse, les autorités tchécoslovaques exigèrent sa remise en liberté car elles étaient incapables de faire face au problème des réfugiés et avaient un besoin urgent de sa collaboration. Puis elles obtinrent de la Gestapo que Mařka soit envoyée à Paris afin d'y trouver de nouveaux moyens d'organiser l'émigration juive.

Lorsqu'elle arriva à Paris, la guerre éclata, lui coupant le chemin du retour. Vainement, elle s'efforça de trouver

1. M. Jesenská, « *No man's land* », *Přítomnost*, 21 décembre 1938.

un moyen de regagner Prague. Elle désespérait à l'idée de ne plus pouvoir aider directement, sur place, ceux qui se trouvaient menacés ; elle éprouvait un immense sentiment de honte à l'idée que ces malheureux devaient souffrir, là-bas, tandis qu'elle se trouvait en sécurité en Angleterre.

Elle reprit alors son activité d'assistance à Londres, y prenant connaissance jour après jour de l'aggravation des persécutions dirigées contre les Juifs dans les territoires contrôlés par Hitler, des horreurs qui avaient lieu dans les camps de concentration, de la déportation des Juifs par milliers. Chacune de ces nouvelles la plongeait dans de nouveaux tourments. Elle se consumait en sentiments de compassion.

En mars 1940, Wilma lui rendit visite dans son bureau, à Londres ; au même moment, on apporta à Mařka une lettre lui annonçant que sa nièce (qui avait été aussi sa secrétaire), une jeune femme dans la fleur de l'âge, avait été déportée en Pologne par la Gestapo de Prague, avec son mari. C'étaient les premiers Juifs de Tchécoslovaquie à subir ce sort. Six millions de Juifs de toute l'Europe connurent le même destin. Lisant la lettre, Mařka saisit aussitôt la portée de la nouvelle qui lui parvenait. Elle se cacha le visage entre les mains et demeura longtemps ainsi, sans prononcer un mot. Et lorsque enfin elle se leva, derrière son bureau, c'était une autre personne : elle était comme éteinte. Quelques jours plus tard, on la trouva, un matin, morte dans son lit. Attaque cardiaque — tel fut le diagnostic... Le chagrin où l'avait plongée le destin de son malheureux peuple l'avait tuée.

Ne sombrons pas...

> « Pourquoi ne puis-je prendre mon parti du
> fait qu'il n'y a pas mieux à faire que de vivre dans
> cette tension de suicide constamment différé ?
> (Tu m'as dit plusieurs fois quelque chose du
> même genre, et j'essayais de me moquer de toi
> quand tu le faisais.) [...] Que nous ayons dû
> connaître aussi un tel accord dans le domaine des
> ténèbres, c'est le plus étrange de tout, et je ne
> puis vraiment y croire qu'une fois sur deux[1]. »

Lorsque, à la Noël 1938, l'écrivain tchèque Karel Čapek
se coucha sur son lit de mort, des milliers de personnes
eurent le sentiment que sa mort était le symbole de
l'effondrement de la République tchécoslovaque. Čapek,
dont les livres étaient connus dans le monde entier, apparaissait, de par son caractère, ses qualités et ses particula-
rités, comme un symbole de l'identité tchèque. Après la
mort du philosophe Thomas Masaryk, fondateur et premier président de la République, qu'une amitié étroite
liait à Čapek, celui-ci devint une sorte d'incarnation, y
compris au plan politique, de la démocratie tchèque. Cette
position en vue lui valut d'être plus que tout autre exposé
au flot des calomnies lors de l'effondrement de la Tchécoslovaquie. Ces attaques, anonymes pour la plupart, dirigées contre l'ancien système démocratique auquel l'écrivain tenait plus encore qu'à la prunelle de ses yeux, le
blessèrent à mort.

Dans un article intulé « Les derniers jours de Karel
Čapek », Milena écrivait :

1. F. Kafka, *L à M*, p. 229.

« Karel Čapek n'a jamais été vraiment bien portant. Les personnes en mauvaise santé aiment la vie et craignent les maladies graves d'une autre manière que celles qui sont bien portantes. Leur amour de la vie est un amour humble, comme si elles se tenaient à plus grande distance de cette vie que les autres et ne faisaient qu'en effleurer la splendeur et la magie. Leur santé étant chancelante, leur cœur ressent la vie plus intensément et elles perçoivent une beauté singulière là où d'autres ne voient que grisaille quotidienne. Qu'un coup du sort les atteigne, leur première réaction sera tout entière faite d'humilité. Elles se disent que c'est vraisemblablement dans l'ordre des choses, qu'elles tiendront le coup longtemps encore.

« Aussi se replient-elles dans la solitude, afin de n'importuner personne avec leur peine. Une maladie grave ne les fait pas réagir avec la rage obstinée de celui qui est solide et en bonne santé, pour lequel elle s'apparente à un coup frappé sur une chair vivante, saine. Elles se défendent en refusant de prendre conscience de la maladie, elles se la cachent même, la transfèrent du corps à l'âme et l'endurent comme un secret qu'il convient de taire pour l'empêcher de faire surface.

« Peut-être Karel Čapek ne s'est-il couché que lorsqu'il était déjà à l'agonie. Ses amis racontent qu'ils ont vu le moribond aller du fauteuil au grand lit, faisant signe de la main au portrait de T. G. Masaryk — une photo qu'il avait prise lui-même et qui était accrochée au mur. Il agita la main comme le font les gens lorsque le train quitte la gare... Peut-être n'était-ce qu'un mouvement de la main involontaire. Mais qui sait ce qui fait que les mourants, comme les animaux, parviennent à exprimer la vérité avec plus de force par le geste que par la parole ? Le poète mort emporta dans ses doigts gourds la petite photo pour l'éternité et il est beau de s'imaginer, tout comme un enfant, que c'est avec elle qu'il frappa à la porte du Ciel.

« Il se coucha pour mourir comme le fait un homme pieux. Je ne sais pas si Karel Čapek croyait en Dieu. Mais c'était un homme imprégné de foi religieuse, un homme qui avait soigneusement et subtilement élaboré la hiérarchie de ses valeurs morales et qui portait un ordre du monde solide dans son cœur et son esprit. L'année 1938 fut comme un éboulement qui entraîna tout sur son passage, tout ce qui semblait auparavant si solidement établi. Les coups s'abattirent les uns après les autres : perdue l'amitié de la France, perdue la foi en *la Marseillaise*, l'hymne de la liberté démocratique, perdues montagnes et frontières — il ne restait plus qu'une nation paralysée, l'impuissance angoissante du poète et, pire que tout, ces cris discordants, ce langage *nouveau* de nombreux Tchèques appliqués à cracher dans la soupe au moment même où se font entendre, au bord de l'abîme, les craquements les plus sinistres. C'en était trop pour le cœur d'un homme comme Karel Čapek dont la foi en la vie tenait en ces deux mots : travailler, construire ; c'était trop de ravages pour un poète qui aimait les petits jardins soignés, les fleurs épanouies, une maison accueillante et les choses simples de l'existence. C'était un homme trop modeste, trop timide pour mourir le cœur brisé. Il mourut d'une pneumonie.

« Tandis que les médecins s'efforçaient de le maintenir en vie, il parlait, calmement, simplement. Il demandait : " Quel temps fait-il donc, aujourd'hui ? Y a-t-il du verglas ? Dans quatre-vingt-onze jours, nous partirons ensemble à Strž. Nous tous. A Strž, les arbres verdiront déjà, l'herbe commencera à pousser. Dans quatre-vingt-onze jours... " [...].

« Strž, c'est une maison en pierre située dans la forêt de Dobřís, tout contre le remblai d'un étang. Autour de la maison, il y a vingt hectares de terre. Cette terre, cette maison, le paysage qu'on y découvre sont devenus plus chers que tout au cœur de Čapek, comme s'il s'agissait d'un être vivant, d'un être qui respire. Plus son univers se désagrégeait, et plus il bâtissait avec ardeur et obstination : il déplaçait des blocs de pierre, défrichait, régularisait le cours du ruisseau. Il accomplit ainsi un miracle : sur ces vingt hectares, il y avait tout ce qui est cher au cœur d'un homme qui aime le paysage de Bohême : des étangs, un ruisseau, une petite source, un bout de champ, un bosquet et la vue sur les lignes entrecroisées de montagnes en pente douce, sur un paysage harmonieux comme des cloches tintant dans un crépuscule doré [...].

« Mais trop de jours séparaient Čapek du printemps. Trop de temps. Il le comptait, heure par heure, comme si seul le printemps pourrait lui apporter le salut. Quatre-vingt-onze jours, quatre-vingt-onze barreaux d'une échelle. Il tomba du quatrième [...].

« Le premier jour des fêtes de Noël, il se mit à neiger, des ombres blanc bleuté descendirent sur la chambre. Čapek se taisait, il se tut longtemps. Puis il changea de couleur. Sa femme Olga entra dans la pièce et peut-être son expression indiqua-t-elle, un instant, qu'elle avait compris. "Les médecins ne t'ont-ils pas dit que je vais déjà mieux ?", dit Čapek, et ce fut sa dernière parole... A sept heures moins le quart, il cessa de respirer. Il ne lutta pas ; il ne se défendit pas. Il cessa simplement de respirer, de vivre. Ceux qui le veulent peuvent croire qu'il est mort de bronchite et de pneumonie[1]. »

Lorsqu'elle ne pouvait pas faire autrement, Milena se procurait aussi le matériel nécessaire à son travail journalistique directement auprès de l'adversaire. C'est ainsi qu'elle alla interviewer dès 1938 l'attaché de presse auprès de l'ambassade allemande de Prague ; elle réussit, grâce à son air innocent, franc et droit, à circonvenir complètement l'attaché de presse et à capter sa confiance. Elle obtint ainsi des informations dont ne pouvait disposer par ailleurs aucun journaliste tchèque. Mais elle ne se targua jamais de tels succès. Ce n'est qu'au résultat, en lisant son feuilleton, qu'on pouvait en mesurer l'ampleur. En outre, elle fit, à cette occasion, d'importantes observations ; dès sa première interview, en effet, au printemps 1938, elle remarqua que l'ambassade grouillait littérale-

---

1. M. Jesenská, « Les derniers jours de Karel Čapek », *Přítomnost*, 11 janvier 1939.

ment d'employés, qu'ils étaient là en nombre absolument disproportionné par rapport à la représentation diplomatique d'autres pays en Tchécoslovaquie. Elle en tira la conclusion juste que les nationaux-socialistes, en entretenant cette colossale représentation, préparaient déjà en sous-main l'agression contre son pays, que ces employés étaient en fait une « cinquième colonne » de Hitler.

Même après l'occupation de la Tchécoslovaquie, Milena eut le courage de s'entretenir avec des représentants de l'ennemi. Elle souhaitait les connaître sans intermédiaire, explorer leur mentalité, aller au fond de l'argumentation nazie, afin de pouvoir y répondre en toute connaissance de cause.

Après Munich, l'influence de Milena sur l'orientation de *Přítomnost* n'avait fait que croître ; cela tenait, entre autres, au fait que nombre de ceux qui y travaillaient l'avaient quitté, à commencer par les Juifs ; il y avait aussi ceux qui n'osaient plus manifester ouvertement leur opposition, ceux qui préféraient se taire afin de ne pas tomber dans l'opportunisme, et enfin ceux qui partaient à l'étranger à la recherche de la sécurité. Au cours des sombres mois d'automne et d'hiver où prévalait le désespoir, Milena ne se laissa pas submerger par le sentiment d'abandon général. Le besoin pressant de trouver une issue, d'apporter secours et réconfort à ceux qui succombaient, fit sourdre en elle un faisceau de nouvelles capacités. Ses articles donnaient libre cours aussi bien à l'indignation morale qu'à l'exigence de justice et à un humour intarissable ; elle y manifestait une grande aptitude à dissimuler habilement, à procéder par astucieuses allusions, mais elle sut faire montre aussi de courage et de combativité.

Quatre semaines avant l'invasion allemande, en février 1939, elle répondit, dans un article intitulé « Comment s'y prendre avec les Tchèques ? », à un texte provocateur écrit par un national-socialiste allemand. Vingt-trois ans après la parution de cet article, un vieux Pragois vivant déjà depuis des décennies en émigration le lut et, profondément bouleversé, totalement incrédule, fit ce commentaire : « Comment se peut-il que Frank [le mandataire de la Gestapo à Prague après l'invasion allemande] n'ait pas fait emprisonner et fusiller Milena la première, en réponse à cette attaque ? »

Sans doute Milena était-elle experte en matière de camouflage, mais, dans cette polémique, elle sort de ses gonds. Avec une totale impertinence, elle jette des vérités au visage du plumitif allemand en reprenant ses slogans nazis et en les poussant jusqu'à l'absurde. Les gens d'aujourd'hui, avant tout les jeunes pour lesquels l'époque hitlérienne appartient déjà à l'histoire, tous ceux qui ne connaissent que par ouï-dire les dictatures communistes et considèrent la liberté de pensée et la liberté de la presse comme allant de soi, tous auront du mal à imaginer quel courage, quel mépris de sa propre sécurité il fallait avoir à Prague, en 1939, pour écrire un article comme celui-ci :

« Un peuple s'adapte psychologiquement à la situation politique réelle de son pays et l'on trouve des traces de cette adaptation en chacun d'entre nous. Notre petit peuple de huit millions d'habitants [...] a développé une faculté que l'Europe ne nous connaît pas : une forme ou une variante curieuse de courage. Notre courage s'exprime sous la forme d'une patiente opiniâtreté, d'une obstination qui ne s'épuise jamais. Et il se peut que ce soit cela précisément — le fait que nous devions davantage supporter que combattre — qui ait aiguisé l'intelligence de chacun d'entre nous, développé en nous l'aptitude d'apprécier une situation de façon réaliste — même si cette faculté peut, au premier abord, passer pour de la docilité. Mais il s'agit d'une docilité trompeuse, apparente seulement. Peut-être n'est-ce pas un idéal élevé, satisfaisant : *vouloir simplement survivre.* Il se trouve pourtant que nous n'en avons pas eu de plus grand jusqu'alors. Nous ne voulions rien d'autre que vivre selon notre propre tempérament, conformément à notre propre nature, parler la langue de nos ancêtres...

« Lorsqu'il m'arrive de regarder des photos de cette grandiose époque, de Berlin, Vienne, Rome, des photos où l'on voit les gens dressés comme des murs, des forêts de

177

mains tendues, de drapeaux, de banderoles, des colonnes en marche et des projecteurs qui jettent leurs lumières aveuglantes, c'est toujours la même pensée qui me vient à l'esprit : pareille chose ne serait pas possible chez nous. Je ne veux pas dire par là que nous n'en serions pas capables, mais les Tchèques n'ont pas le goût du cérémonial. Ils ne s'intéressent pas aux figures entourées de légende, préfèrent ce qui est proche, simple. Plus un homme se rapproche de nous, et plus nous l'aimons. Plus il s'adresse à notre sphère privée, intime, et plus nous lui faisons un accueil chaleureux. Moins il a de gardes du corps, plus sa vie est en sécurité et plus nous l'accueillons à bras ouverts. Cette attitude plonge ses racines dans *le sens démocratique profond de notre peuple*, dans le besoin de proximité humaine, dans le respect que nous portons à tout être humain, à l'intangibilité de son libre arbitre qui constitue pour nous la prémisse de tout véritable salut [...].

« Ces derniers temps, on entend souvent dire que nous sommes partie intégrante de l'espace vital allemand, que, dans une certaine mesure, nous sommes un pays, une patrie intégrés à cet espace vital.

« Je suis tchèque et j'ai, à ce titre, une bonne oreille musicale. A entendre la sonorité d'un mot, je déduis ce qu'il veut vraiment dire. Espace — cela veut dire ciel, air, nuages, quelque chose d'ample, de vaste, d'indéterminé, un souffle en quelque sorte. Mais, nous autres, nous vivons sur la terre, sur la glèbe dont, par notre travail, nous extrayons notre pain quotidien. Cela fait des siècles que nous vivons ainsi, le grand-père transmettant la charrue au père, et le père à son fils. Nous n'en avons pas fait un espace, nous ne sommes jamais qu'un peuple de huit millions de personnes, un peuple qui a sa langue, ses habitudes et ses coutumes, ses chansons, ses nostalgies et ses idéaux. A mon avis, nous ne constituons en rien un pont entre l'Allemagne et les Slaves. Nous, les Tchèques d'aujourd'hui, constituons un pont entre les Tchèques d'hier et ceux de demain, nous enseignerons le choral de saint Venceslas à nos enfants, nous le leur transmettrons.

178

C'est cela et cela seul que nous ferons [...]. Dans la précédente livraison de *Přítomnost*, un national-socialiste allemand écrit entre autres : " ... Les Allemands sont, sans exception, nationaux-socialistes [...] et c'est leur droit le plus légitime de manifester cette conviction... " Ce à quoi l'on ne peut que répondre que nous aussi ne réclamons rien d'autre que ce droit légitime... Mais lorsque vous écrivez qu'il est nécessaire et urgent que l'âme des Tchèques connaisse une nouvelle naissance, je me permettrai de vous rappeler une fois encore que mon oreille a une sensibilité particulière aux mots : car comment une " nouvelle naissance " peut-elle être " nécessaire et urgente " ? Une nouvelle naissance ne peut que résulter d'un processus organique... Si ce n'était pas le cas, il s'agirait d'un processus forcé. Mais l'âme d'un peuple ne renaît pas sur ordre... à moins qu'on ne se contente de lui coller dessus quelques signes extérieurs d'une nouvelle identité et de proclamer : " Opération réussie ! " Je crois que, ce faisant, on transformerait, dans le meilleur des cas, l'âme de notre peuple en monstre. De la même façon que l'âme de la nation allemande et celle des nationaux-socialistes a connu une lente croissance pour finir par se cristalliser sous cette forme de doctrines anguleuses, l'âme du peuple tchèque s'est développée de l'époque de Lipany [1] à celle de la Montagne-Blanche [2], puis de la Montagne-Blanche à Munich ; et au fil de cette croissance se sont cristallisées certaines notions qui circulent, vivantes, dans notre sang.

« Nous pourrions résumer notre histoire en deux phrases qui renvoient à deux époques différentes : " Frappez, tuez, que nul ne survive [3]... " Et : " Ô, faites que nous ne sombrions pas, ni ceux qui viendront après nous [4]... " Il ne fait guère de doute que notre présent

1. 1431, bataille de Lipany. Défaite tragique du courant national hussite. Déboucha sur la fin de la démocratie hussite.
2. 1621, bataille de la Montagne-Blanche. Défaite des États tchèques, essentiellement protestants, dressés contre les Habsbourg.
3. Extrait d'un chant de guerre hussite datant d'environ 1420.
4. Extrait du choral de saint Venceslas, l'un des plus anciens chants religieux qui aient été conservés ; date, environ, de l'an 1000.

porte le sceau de cette seconde exhortation. Admettons-le sans inquiétude. Et considérons qu'il est de notre devoir, en ces temps que nous traversons, de chanter à haute voix, pleins de ferveur, ce cantique — ou même, simplement, de le fredonner doucement. Nous sommes très sensibles à ce chant, au moins autant que le sont les Allemands à la Paix de Versailles. Si vous souhaitez que nous soyons de bons voisins, honorez ce chant, car il exprime l'âme de notre peuple[1] ! »

1. Milena Jesenská, « Comment s'y prendre avec les Tchèques ? », *Přítomnost*, 15 février 1939.

L'explosion destructrice

« Que ton sérieux et que ta force vont profond[1] ! »

Dans la nuit du 14 au 15 mars 1939, le pays de Milena fut ébranlé par l' « explosion destructrice ». Comme des milliers de ses compatriotes, elle ne ferma pas l'œil de la nuit.

Le désespoir au cœur, elle se tient à la fenêtre de son appartement et regarde vers la rue familière plongée dans l'obscurité où les lumières jettent sur le pavé les mêmes ombres que toutes les nuits ; elle regarde en direction de la place ronde où convergent en étoile sept rues, elle est intacte et vide comme toutes les nuits précédentes. « ... A cette seule différence près que, dès trois heures du matin, un nombre sans cesse croissant de lumières commencèrent à s'allumer : chez le voisin, en face, au-dessus, en dessous, et enfin dans toute la rue... C'est donc qu'eux aussi savent... A quatre heures, la radio tchèque commence à émettre, à intervalles réguliers, toutes les cinq minutes, les mêmes phrases brèves : " Attention, attention ! L'armée allemande progresse de la frontière vers Prague ! Gardez votre calme ! Allez au travail ! Envoyez vos enfants à l'école ! " ... Au-dessus des toits se lève une aube trouble, une lune blafarde luit derrière les nuages, les gens sont là, avec leurs visages ensommeillés, les cafetières sont pleines de café bouillant, les nouvelles tombent régulièrement à la radio : c'est ainsi que les grands événements sur-

1. F. Kafka, *L à M*, p. 257.

prennent les gens : imperceptibles, inopinés... Mais lorsqu'ils sont là, nous savons bien, toujours, qu'ils ne constituent pas, au fond, une surprise... »

Milena s'extrait de sa stupeur, elle prend le téléphone et appelle ses amis juifs. Elle pose à tous la même question : « Vous êtes déjà au courant ? » et reçoit chaque fois la même réponse : « Oui ! » Elle console, elle s'efforce de redonner courage, en arrivant toujours à la même conclusion : « Comptez sur moi, je ne vous abandonnerai pas. » « Milena avait un talent inné pour affronter les catastrophes naturelles. Plus l'environnement était agité, plus elle donnait une impression de calme, d'équilibre et de force » — dit l'écrivain Willy Haas, l'un de ceux qu'elle appela cette nuit-là.

Le jour se lève. Milena descend dans la rue. Il faut qu'elle voie les événements de près... « A sept heures et demie, des essaims d'enfants prennent le chemin de l'école, comme toujours. Les tramways sont bondés, comme toujours. Il n'y a que les gens qui sont différents. Ils sont là, et ils se taisent. Pas de rassemblements dans les rues. Dans les bureaux, personne ne lève la tête... » A 9 heures 35, la tête de l'armée de Hitler atteint le centre de la ville. Les camions de l'armée allemande grondent dans la rue principale du vieux Prague, la Národní Třida. « ... Les gens se bousculent sur les trottoirs, comme toujours. Mais personne ne regarde, ne se retourne... Je ne sais pas comment il se peut que des milliers de personnes se comportent ainsi à l'unisson, brusquement, que tout à coup tant de cœurs se mettent à battre, sans se connaître, au même rythme... Seule la population allemande fait fête à l'armée du Reich allemand [1]... »

Un jeune Allemand, le comte Joachim von Zedtwitz, qui vient de finir à Prague ses études de médecine et qui,

1. M. Jesenská, « Prague — au matin du 15 mars 1939 », *Přítomnost*, 22 mars 1939.

bientôt, va travailler avec Milena dans la Résistance, évoque sa réaction aux événements du 15 mars. Il dormait pendant que les troupes allemandes envahissaient le pays et, le matin, ne se doutant de rien, il descend s'acheter des petits pains. Il aperçoit alors un étrange véhicule, une moto avec side-car et, dedans, un soldat en uniforme étranger. Zedtwitz sursaute et comprend aussitôt ce qui s'est passé. Sa première réaction est alors de sauter à la gorge du type! Mais il n'en fait rien, enregistrant aussitôt la présence dans la rue de nombreux camions remplis de soldats allemands, de milliers de camions, une colonne succédant à l'autre... Prague, bastion de la liberté, est tombée!

Les gens, autour de lui, ont le visage envahi de larmes. Mais lui, ce n'est pas le désespoir, c'est l'indignation qui l'empoigne : il faut, quoi qu'il en coûte, en finir avec eux! Sans réfléchir plus avant, il court chez son ami Neumann, qui est juif. Sa mère lui ouvre la porte, non sans crainte. Son fils n'est pas à la maison. Elle veut savoir ce qu'on lui veut. « Comment pouvez-vous me poser la question?, répond von Zedtwitz, il faut que vous partiez d'ici! » La vieille femme secoue tristement la tête : « Non, jeune homme, nous ne partirons pas d'ici. La Moldau coule derrière chez nous. Nous savons ce que nous avons à faire... »

Une telle attitude apparut incompréhensible à Zedtwitz. Comment pouvait-on songer à se suicider lorsqu'il fallait se serrer les coudes, lutter, sauver ceux qui étaient menacés? Il fit le tour de toutes les familles juives qui avaient pignon sur rue et finit par trouver son ami. « Si tu es prêt à nous aider, lui dit Neumann, je t'enverrai quelqu'un demain. Il te présentera une carte de visite grise. » Deux jours plus tard, on sonne à sa porte. Un Anglais sec comme un coup de trique lui tend un morceau de papier d'emballage gris sur lequel est inscrit le nom « Harold ». C'est ainsi que tout commença. Un petit groupe s'était constitué, comprenant Harold Stovin, Kenneth Ogier, Bill Henson et Mary Johnston, une jeune fille particulièrement courageuse. Jusqu'au 15 mars, ces quatre Anglais, des amis de Neumann, avaient travaillé comme professeurs de langue à l'English Institute de Prague, s'intéressant avant tout à la grammaire anglaise. Selon Zedtwitz, ils n'avaient pas la moindre aptitude au travail de résistance, mais ils avaient l'âme et le cœur sensibles. Cependant, après l'invasion du pays, ils se transformèrent et, poussés par un sentiment de responsabilité à l'égard de la vie des personnes qui étaient en danger, ils devinrent des héros.

Zedtwitz possédait une voiture. C'était là la base de leur plan. Il s'agissait de faire passer clandestinement la frontière polonaise à des personnalités juives connues. Afin de mener à bien cette action de sauvetage, il fallait trouver quelqu'un qui aurait le courage de mettre son appartement à leur disposition. Il fallait que les personnes menacées soient cachées jusqu'au jour fixé pour leur fuite, car la Gestapo commençait déjà à proposer des primes importantes pour la capture d'un certain nombre de Juifs connus. On mentionna le nom de Milena qui se déclara tout de suite prête à accueillir les personnes en fuite et à prendre part au travail du groupe.

Dans un article daté du 22 mars, Milena écrit : « Les soldats allemands se comportaient correctement. Il est frappant de constater combien les choses changent dès qu'une formation compacte se dissout en une addition d'individus particuliers, dès que c'est un individu qui fait face à un autre individu... » Elle raconte une scène à laquelle elle a sans doute assisté elle-même : « ... Sur la place Saint-Venceslas, un groupe de soldats allemands arrive à la rencontre d'une jeune fille tchèque ; c'est déjà le second jour de l'occupation, nos nerfs à tous sont déjà quelque peu épuisés et, comme chacun sait, ce n'est que le second jour après une catastrophe que l'on peut recommencer à penser et à comprendre ce qui s'est vraiment passé... La jeune fille, donc, a les larmes qui lui montent aux yeux, elle se met à pleurer. Il se produit alors quelque chose de singulier : un soldat allemand s'approche d'elle, un simple petit soldat, et il lui dit : " Mais, mademoiselle, nous n'y pouvons rien... " Il l'apaise, comme on le fait avec un enfant. Il a un visage typiquement allemand, avec ses taches de rousseur, ses cheveux tirant sur le roux, et il porte l'uniforme allemand — mais pour le reste, rien ne le distingue de nos bidasses tchèques, c'est un homme tout simple qui sert son pays. Il y avait là deux êtres humains qui se faisaient face et " n'y pouvaient rien "... C'est dans cette phrase affreusement banale qu'est la clé de tout...

« ... Sur l'Altstädter Ring, il y a le tombeau du Soldat inconnu. Le 15 mars, il était enfoui sous une montagne de brins de muguet... Cette force étrange qui, secrètement, dirige les pas des hommes a conduit des cohortes de Pragois vers cette place et ils y ont déposé de petits bouquets — sur la petite tombe des grands souvenirs. Des gens en pleurs se tiennent tout autour. Pas seulement des femmes et des enfants, des hommes aussi, qui n'ont pas l'habitude des larmes. Et ici encore, les gens se comportent d'une manière parfaitement tchèque : ni sanglots bruyants, ni manifestations de peur, ni éclats violents. Le deuil seulement. Il faut bien que, d'une manière ou d'une autre, leur sentiment de deuil se donne libre cours. Alors, des centaines d'yeux débordent [...].

« Je remarque, à l'arrière de cette foule, la présence d'un soldat allemand. Tout à coup, il porte la main au calot. Il salue. Il a compris que les gens pleurent parce qu'il est là [...].

« Je repense à notre grande illusion. Se peut-il qu'un jour nous tous, Allemands, Tchèques, Français, Russes, vivions dans la proximité les uns des autres, sans nous faire de mal, sans nous haïr, sans faire subir l'injustice à l'autre ? Se peut-il qu'un jour les gouvernements parviennent à se comprendre comme peuvent le faire les individus ? Les frontières entre les pays tomberont-elles un jour, comme elles devraient tomber dans les relations d'homme à homme ?

« Comme il serait beau que nous puissions vivre cela[1] ! »

1. M. Jesenská, « Prague — au matin du 15 mars 1939 », *op. cit.*

Dans cet article, publié par *Přítomnost* alors que la Gestapo est déjà installée à Prague, Milena, qui ordinairement rejette le sentimentalisme, s'élève au pathétique. C'est très inhabituel chez elle. C'est qu'elle était armée, au meilleur sens du terme, de courage civique, et celui-ci s'exprime en général de manière simple et non pathétique. Au cours des mois qui suivent l'invasion de la Tchécoslovaquie, la journaliste courageuse qui luttait avec la plume devint une combattante active, authentique, contre la tyrannie.

Sur le conseil de Milena, le groupe étendit le cercle de ceux qui devaient être sauvés aux officiers et aviateurs tchèques. Milena tira parti de son habileté à explorer de nouveaux moyens et expédients dans l'organisation de l'évasion de ces personnes. Elle avait le don d'adopter une attitude innocente, d'enjôler sans retenue, elle savait demeurer ferme lors des interrogatoires de police, dès qu'il s'agissait d'aider les persécutés, dès qu'il s'agissait d'agir pour la bonne cause. Ce sont précisément ces qualités (qui lui avaient valu, naguère, d'être taxée d'immoralisme, d'absence de scrupules) qui, alors, furent le salut de nombre de gens. Au cours de cette période — la plus héroïque, la plus douloureuse de son existence —, ces talents de conspiratrice, liés à son énergie inépuisable et à sa très grande ingéniosité, lui furent d'un grand secours.

Joachim von Zedtwitz, qui voyait alors Milena presque tous les jours, était avant tout fasciné par ses grandes capacités politiques. « A cette époque, raconte-t-il, Milena ressemblait à Churchill. Elle avait les mêmes bourrelets de chair au-dessus des yeux qui exprimaient sa force, la même intelligence formidable dans le regard, une bouche quelque peu asymétrique, avec ses commissures rentrées, un visage exprimant un esprit de décision que rien ne peut arrêter. » En fait, la ressemblance avec Churchill n'était pas le fruit du hasard : c'étaient les mêmes dons politiques éminents qui se reflétaient dans des traits de physionomie caractéristiques. « Son écriture révélait aussi ses dons pour la politique, affirme Zedtwitz. Son écriture, avec ses jambages bien dessinés, parfaitement parallèles, très nette malgré les fioritures dont elle s'ornait, portait le signe d'une personnalité habitée par des passions multiples et qui s'était disciplinée à force de volonté. » Il est intéressant de noter ce que Max Brod dit, lui aussi, de sa remarquable écriture : « Son écriture présente, me semble-t-il, une certaine similitude avec celle de Thomas Mann ; c'est là chose très rare car l'écriture de Thomas Mann, dans sa première période surtout, semble être quelque chose d'unique [1]... »

**
*

Chaque transport de personnes à la frontière polonaise est entouré de dangers multiples. Un jour se trouvent dans l'auto du jeune Zedtwitz Rudolf Keller, rédacteur en chef du *Prager Tagblatt*, et Holosch, du *Prager Mittag*. Peu de temps après qu'ils se sont mis en route, en direction de l'est, se produit le premier incident. Bien qu'il sache que les Allemands ont mis en place des contrôles routiers tout autour de Prague, il fonce et, tout à coup, dans un virage, tombe sur un barrage. Il n'est plus possible de s'esquiver. Il ne lui reste que le temps de crier à ses passagers assis derrière lui : « Personne ne parle, sauf moi ! » Puis il freine, saute de la voiture et ouvre le capot comme s'il s'agissait de la chose la plus naturelle du monde, comme s'il s'agissait d'un contrôle habituel de la police routière, montrant sa plaque signalétique. « Mais lorsque je dévisageai le soldat allemand, je me sentis plutôt mal à l'aise, se rappelle Zedtwitz. Il avait une vraie tête de forçat. Pourtant, nous eûmes de la chance : il avait des réactions lentes et mon attitude le déconcerta. Il finit par se ressaisir et me demanda d'un ton impérieux : " Avez-vous un Browning ? " » Zedtwitz lui répond avec un aplomb tout prussien qu'il regrette, mais qu'il n'a rien de semblable à lui montrer. Ainsi s'achève, sans autre question, le contrôle.

Ils poursuivent leur route, empruntant des voies secon-

---

1. Max Brod, *Franz Kafka* (édition allemande), *op. cit.*, p. 278.

daires pour éviter d'autres contrôles. Jusqu'à la Moravie, tout va bien, puis il se met à neiger, les congères se succèdent et ils finissent par rester coincés. Ce second coup du sort épuise le courage de Holosch qui prend le train à la gare la plus proche pour retourner à Prague... Rudolf Keller et Zedtwitz continuent. Ils atteignent peu avant la tombée de la nuit le lieu où est censé habiter le second passeur — ils ont manqué le premier à cause de leur retard. Zedtwitz laisse la voiture sur la route nationale, se faufile vers la maison indiquée et frappe. Une vieille femme lui ouvre la porte et lui souffle vivement : « Prenez garde, celui que vous cherchez a été mis sous les verrous, pour avoir fait passer la frontière à des gens... » Zedtwitz tourne aussitôt les talons. Il faut quitter les lieux, et vite ! Mais quel n'est pas son effroi d'apercevoir alors dans la lumière des phares un homme en uniforme auprès duquel se tient Rudolf Keller. Lançant un amical « Bonsoir ! », il s'approche d'eux. Aussitôt, le douanier lui demande brutalement : « Avez-vous des papiers ? » Zedtwitz sort tout ce qu'il a comme papiers d'identité pour apaiser le butor. Mais celui-ci a le mors aux dents. Et, sentant qu'il y a quelque chose de suspect dans le comportement de ces deux hommes, il dit d'un ton ferme, désignant Keller : « Mais ce monsieur, lui, n'a pas le moindre papier ! » « Allons, allons, tente de l'apaiser Zedtwitz, il va bien en trouver... » Rudolf Keller fouille longuement et minutieusement dans ses poches, pour finir par en extraire... un certificat de nationalité autrichienne datant de 1886. Keller a déjà soixante-huit ans. Tandis que le policier examine le document et que l'on peut s'attendre au pire, Zedtwitz tente de sauver la situation en enchaînant tout simplement : « Mais enfin, oncle Rudi, comment peux-tu donc sortir sans papiers, par des temps pareils ? » Puis, se tournant vers le douanier, il poursuit sur le ton de la confidence : « Vous savez, il ne changera jamais, il s'imagine que l'empereur François-Joseph est toujours au pouvoir. » Rudolf Keller comprend aussitôt et joue à la perfection le rôle du vieillard sénile. Ils ont emporté le morceau ; le policier se met à rire et demande, apaisé :

« Mais où allez-vous donc, si tard le soir ? » Zedtwitz invente une longue histoire, affirmant qu'ils devaient visiter des laiteries, qu'ils se sont trompés de route. Le policier fait encore quelques plaisanteries sur les vieux qui ne savent pas vivre avec leur temps et les laisse aller en paix.

Il ne leur reste plus qu'à retourner à Ostrava en Moravie. Ils roulent un moment en silence, puis le vieux Keller demande à Zedtwitz de s'arrêter et lui dit tranquillement : « Laissez-moi là. Je vais m'installer dans le fossé et prendre du poison. Pourquoi diable faut-il que vous risquiez votre jeune existence pour un vieillard comme moi ? » Zedtwitz tente de le rasséréner en lui disant : « Vous avez bien le temps de prendre du poison. Commençons par prendre un bon repas, nous serons plus à l'aise pour réfléchir ensuite. » Peu après, ils arrivent à une auberge, mangent et parlent, et les choses s'arrangent. Le lendemain, ils trouvent un autre passeur et Rudolf Keller arrive sain et sauf à l'étranger.

Le lendemain de l'invasion, les membres de la rédaction de *Přítomnost* se retrouvèrent dans un café. Ils commencèrent à délibérer sur la conduite à suivre. Ils étaient accablés par la situation qui leur semblait sans issue et se répandaient en sombres pronostics. Milena arriva avec quelque retard. Lorsqu'elle s'approcha de la table, tous la regardèrent et l'un des journalistes ne put réprimer l'exclamation : « Dieu merci, enfin un homme ! » Ferdinand Peroutka, le rédacteur en chef de *Přítomnost* (il devait être arrêté par la Gestapo quelques jours plus tard), n'a jamais oublié cette parole prophétique prononcée par Milena pendant l'invasion du pays. Elle regardait passer les colonnes de la Wehrmacht dans la rue, puis, se tournant vers lui, elle dit : « Ce n'est encore rien... Attends seulement que ce soient les Russes qui nous occupent... »

Après l'arrestation du rédacteur en chef, Milena prit en charge la direction du journal et la conserva après que

Peroutka, quatorze jours plus tard, eut été remis en liberté ; il se tenait en retrait et devait se contenter d'inspirer les principaux articles. Il aspirait, dans cette situation politique difficile, à préserver la revue d'une interdiction aussi longtemps que possible. Il ne le pouvait qu'à condition d'être extrêmement prudent. Beaucoup de lecteurs tinrent rigueur à la rédaction de cette « adaptation à la situation » et j'imagine aisément qu'au cours des derniers mois de son activité journalistique officielle, Milena dut souvent surmonter ses répugnances. Dans l'un de ses articles, elle s'efforce de s'excuser auprès de ses lecteurs, écrivant à peu près ceci : le journalisme tchèque ressemble à un arbre qui a perdu toutes ses feuilles. Il n'en demeure que deux ou trois, tout en haut. Et voici que des gens un peu lourds, ne sachant pas lire, demandent : « Mais, arbre, pourquoi n'entend-on plus tes feuilles bruisser ? »

Milena s'efforçait de faire passer dans ses articles autant d'allusions à la situation présente et de mises en garde que possible. Peu à peu, la couleur politique de ses textes devint presque nationaliste tchèque. Sans doute était-ce en partie un camouflage face à la censure nazie ; mais, pour une part, Milena écrivait ainsi, également, par conviction. Elle avait toujours été cosmopolite, mais aussi adepte de la *Realpolitik*. Elle avait compris qu'un peuple ne peut conserver sa volonté de résister, lorsque son pays est occupé par une puissance étrangère totalitaire, que si l'on maintient et renforce sa conscience nationale.

Il y avait aussi une autre explication au ton plus modéré que Milena adopta dès lors dans *Přítomnost*. Elle se camouflait ainsi aux yeux de la Gestapo, devenait insoupçonnable et pouvait accomplir dans des conditions plus sûres son activité de sauvetage de personnes en danger.

Mais elle ne se contenta pas de poursuivre son travail journalistique légal. Elle entreprit de publier un organe illégal intitulé *Vboj !* (En avant pour la lutte !), collaborant par ailleurs à diverses autres publications interdites. Un jour, elle rencontra par hasard dans la rue son vieil ami Miloš Vaněk. Ils s'assirent sur un banc et, après une courte discussion, Vaněk proposa à Milena d'éditer avec lui une publication résistante. Milena éclata de rire : « Bon, pourquoi pas ? Ça ne serait jamais que la quatrième ! »

⁎

Peu de temps après l'entrée des troupes de Hitler à Prague, le conseiller ministériel Šmoranč, chef du bureau de presse de la présidence du Conseil des ministres, fut placé sous la surveillance d'un Allemand, Herr von Wolmar. Šmoranč était un agrarien, il était le protégé du président du Conseil Hodža et se situait passablement à droite. Ce n'était pas un ami de Milena et elle n'éprouvait pas non plus de sympathie à son endroit. Au reste, Šmoranč était un homme courageux, il joua très longtemps double jeu mais fut démasqué et exécuté par les nazis.

Il semble que Herr von Wolmar ait éprouvé des sentiments ambigus vis-à-vis de Milena, une sorte d'amour-haine. Il la convoquait au moins une fois par semaine à son bureau et menait avec elle de longs débats, auxquels Milena se prêtait avec plaisir. Elle décrivait Wolmar comme un homme très cultivé, intelligent, instruit, qui avait les meilleures manières. Il était toujours très poli avec elle, ne la laissait jamais attendre et lui faisait sentir qu'il avait une haute opinion d'elle.

Une seule fois, Herr von Wolmar perdit totalement contenance et oublia ses bonnes manières. Ce fut à propos d'un article de Milena dans *Přítomnost* dont le titre était écrit en allemand. Il s'appelait « *Soldaten wohnen auf den Kanonen...* » — les soldats vivent sur les canons. Elle y affirmait, entre autres, que les chansons de soldats allemandes sont beaucoup plus belles, beaucoup plus « militaires » surtout, que celles des Tchèques. On pouvait l'imputer, affirmait-elle, au fait que le peuple allemand est plus guerrier, plus militaire que le tchèque dont les soldats préfèrent parler, dans leurs chansons, de filles et de brins de muguet que d'actions héroïques.

Avant d'écrire cet article, Milena se mit en quête d'une

chanson de soldats allemande particulièrement typique. Son ami Fredy Mayer, un Allemand, eut une idée géniale ; il fallait, lui dit-il, choisir la chanson la plus atroce, la plus militaire dans sa cruauté, une chanson qui disait que les soldats vivent sur les canons et font du steak tartare avec toutes les races étrangères qu'ils rencontrent sur leur chemin. Fredy et Milena savaient parfaitement, bien sûr, que cette chanson était tirée de *l'Opéra de quat' sous* et n'était pas le moins du monde une chanson de soldats allemande. Mais ils considéraient qu'un Tchèque n'est pas censé le savoir. Milena sauta avec enthousiasme sur cette idée raffinée et c'est ainsi que, sous la domination nazie, le communiste Bertolt Brecht fut édité dans *Přítomnost*. Mais la chose ne devait pas demeurer sans conséquence.

C'étaient des nationaux-socialistes, des Sudètes, qui s'occupaient de la censure. Ils savaient certes le tchèque, mais leur intelligence déficiente n'était vraiment pas à la hauteur des allusions cachées de Milena, de l'ironie sous-jacente dont regorgeaient ses articles de cette époque. Ils ne comprenaient pas que les louanges énormes des Allemands qu'elle y chantait exerçaient exactement l'effet inverse sur le lecteur tchèque. C'est ainsi que les censeurs tchèques se sentirent flattés dans leur germanité, lorsqu'ils lurent, par exemple, dans l'article intitulé « *Soldaten wohnen aud den Kanonen* » : « ... Avant, quand tout un régiment de petits soldats tchèques passaient au pas sous la fenêtre, on entendait le tapotement joyeux de leurs pas dans les rues ; mais aujourd'hui, il suffit qu'un seul soldat allemand traverse le café pour que son pas solide fasse cliqueter tous les verres et que le stuc tombe du plafond... » Et elle poursuit, exprimant son admiration pour cette attitude « valeureuse », « héroïque » : « Les Allemands s'y entendent aussi bien pour commander que pour obéir. Leurs soldats tremblent devant leurs supérieurs et se plient sans répliquer aux ordres. Les officiers tchèques, eux, se comportaient d'une manière totalement différente, parfaitement non militaire, ne se contentant pas de ne pas hurler lorsqu'ils s'adressaient à leurs subordonnés, mais leur parlant aimablement jusqu'à ce que les soldats comprennent que ce qu'on leur demandait avait un sens... » C'était là, bien sûr, pure dérision. Mais les censeurs nationaux-socialistes étaient si bornés qu'ils n'y virent que du feu.

Ce ne fut pas le cas de Herr von Wolmar qui, lisant les articles du journal en traduction allemande, tomba sur « *Soldaten wohnen auf den Kanonen* ». Il était assez avisé pour saisir le jeu qu'y jouait Milena, et devint absolument furieux. Il convoqua Milena et lui demanda rudement si elle avait déjà entendu des soldats allemands chanter cette chanson et si des fois elle ne savait pas qu'elle était extraite de *l'Opéra de quat' sous* du communiste Bertolt Brecht ! Milena, jouant les petites saintes, répondit qu'elle l'ignorait complètement, qu'elle avait entendu cette chanson quelque part, mais qu'elle était incapable de se rappeler où et quand. Elle n'avait pas douté un instant, ajouta-t-elle, qu'il s'agît d'une chanson de soldats allemande car elle l'avait frappée à la fois par son caractère si spécifiquement allemand et si spécifiquement militaire. Elle gratifia Herr von Wolmar d'un léger sourire, mais celui-ci était déjà à bout. Bouillant de rage, il lui jeta en pleine figure le crayon avec lequel il jouait nerveusement tandis qu'elle parlait et se mit à hurler : « Ça suffit, maintenant ! Il y a des limites à tout ! J'en ai assez que vous me preniez pour un imbécile ! »

Ce jour-là, Milena se sentit particulièrement heureuse. Elle était fière d'avoir réussi à faire sortir de ses gonds cet Allemand si maître de lui et si bien éduqué.

Sur tous les terrains de l'existence, en amour comme en amitié, dans le soin qu'elle prenait des autres et dans son souci de la justice, Milena était une fanatique. Elle le devint aussi, alors, dans son métier de journaliste. Quelque chose la poussait, en dépit du danger qui s'accroissait de mois en mois, à clamer haut et fort dans ses articles ce qu'elle pensait et jugeait nécessaire : « Dans le tourbillon des bouleversements politiques auxquels nous assistons, de l'émergence de nouvelles valeurs politiques, le journaliste tchèque est le seul médiateur qui demeure entre les événements et le peuple, le seul porte-parole et créateur de l'expression vivante des mots. Il n'est personne parmi nous qui n'ait conscience de l'importance de cette tâche, personne qui n'ait compris que c'est un honneur aujourd'hui de travailler dans la presse, que le journaliste occupe une position digne et éminente... » Voilà ce qu'elle lance à ses collègues en juin 1939 ; et elle poursuit : « ... dans la situation actuelle, nous ne pouvons, nous autres journalistes, que ressentir la même chose. Ceux qui ressentaient les choses différemment ont depuis longtemps lâché leur outil et laissé intacte leur page blanche. Nous, ceux qui restent, sommes soumis à la mission sans ambiguïté dont nous avons été chargés : éduquer la nation dans le sens d'une vie nouvelle, d'espérances nouvelles, de tâches nouvelles... »

Plus loin, dans le même article, Milena répond à la presse allemande et à des lettres de lecteurs allemands qui expriment le soupçon que l'amour du peuple tchèque dont elle ne cesse de parler dans ses textes ne recouvre rien d'autre qu'une invitation à haïr la nation allemande. « Ce soupçon est dirigé contre nous tous. Nous autres journalistes qui écrivons aujourd'hui, où que ce soit, en tchèque, nous sentons nécessairement blessés par cette accusation [...]. Jamais, ni entre les lignes, ni d'un seul mot, nous n'avons laissé entendre qu'il conviendrait d'agir de manière dissimulée [...]. S'il faut que nous cohabitions avec les Allemands [...] nous ne devons pas permettre que s'affadisse le sentiment de notre dignité nationale. Nous sommes auprès des Allemands comme des égaux, nous ne leur sommes inférieurs ni pour le niveau culturel, ni pour le savoir-faire, l'ardeur au travail, les aptitudes les plus diverses, l'honnêteté personnelle.

« Nous ne devons pas perdre la conscience de cette valeur que l'on nous dénie, nous ne devons céder ni à la commodité, ni à la dépression, ni à l'épuisement. Sous des formes diverses, nous avons toujours dit la même chose [...] et continuerons toujours de le dire. Personne n'a fait de messes basses [...]. Personne n'a laissé entendre, si peu que ce soit : épiez les Allemands, placez-vous en embuscade. Tout écart de discipline, même purement personnel, peut conduire à l'anéantissement du peuple tout entier. Ce dont nous avons besoin, chacun d'entre nous le proclame à haute et intelligible voix : cultivez une ténacité obstinée ; aimez le courage et l'audace ; ne craignez rien, lorsqu'il le faudra, car il n'y a aucune raison de craindre, et dites la vérité...

« ... Nous sommes un peuple adulte, doté d'une culture européenne et chacun d'entre nous sait se servir de sa tête [...]. Les journalistes tchèques ne sont ni des bandits de grands chemins ni des intrigants sournois et cachottiers [1]... »

L'appartement de Milena devenait un lieu de rencontre secret, un refuge toujours plus fréquenté. Il arrivait qu'une dizaine de personnes s'y trouvent en même temps.

... Les Anglais sont assis dans un coin et discutent à voix basse ; sur la vaste terrasse, une Juive russe joue avec son enfant et Zedtwitz essaye vainement de communiquer avec elle ; dans la cuisine, Mme Menne, dont le mari, ancien rédacteur en chef d'un journal de Essen, a déjà passé la frontière, donne un coup de main ; Walter Tschuppik, allemand lui aussi, rédacteur en chef, jusqu'en 1933, des *Neueste Nachrichten* de Munich, attend patiemment son tour de partir, tandis que Rudolf Keller (qu'un douanier polonais ivre a refoulé en territoire tchécoslovaque alors qu'il avait déjà atteint le territoire polonais) parcourt l'appartement, désespéré, se lamente, clame qu'il doit partir, donne des coups de téléphone aussi absurdes que dangereux pour finir par perdre complètement la tête et affirmer : « Si l'on ne me fait pas passer tout de suite la frontière, je vais vous dénoncer à la Gestapo... »

« Milena portait toujours une robe bleue, elle accueillait chaque nouvel arrivant avec un geste aimable, généreux, le priait d'entrer, raconte Zedtwitz. Son attitude

1. M. Jesenská, « Nous sommes tous concernés », *Přítomnost*, 14 juin 1939.

apaisait tout le monde, sa simple présence avait un effet bienfaisant. Quand elle était là, quelque chose faisait que les gens devenaient meilleurs, elle les poussait, les entraînait, les contraignait à prendre position... »

Pourtant, dans son activité de résistance, Milena commettait aussi bien des erreurs. Non seulement elle ouvrait les portes de son appartement à tout le monde, mais elle n'observait aucune retenue dans les conversations, négligeait toutes les mesures de sécurité nécessaires et pensait qu'il était important de manifester ouvertement son hostilité aux envahisseurs fascistes. On la voyait bien entendu dans la rue avec ses amis juifs, et lorsque l'on apprit à Prague que les nazis obligeaient les Juifs polonais à porter une étoile jaune, elle fixa à son manteau une étoile de David et l'arbora dans les rues de Prague. Elle voulait servir d'exemple, espérant que ses compatriotes agiraient comme elle.

D'un côté, elle pressait nombre de ses amis et même l'homme qu'elle aimait d'émigrer, les y aidait ; mais de l'autre, elle refusait catégoriquement de quitter le pays elle-même, négligeant tous les avertissements qui lui étaient lancés. L'un de ses amis lui dépeignit tous les tourments qui l'attendaient lors d'une éventuelle arrestation : « Les coups eux-mêmes sont difficilement supportables... Mais pense un peu à ce qui t'attend si l'on te déporte en camp de concentration et que l'on ne cesse de t'y maltraiter. C'est bien pire que de mourir d'une balle dans la peau... » Milena était d'avis qu'elle n'avait pas le droit de laisser tomber les gens qu'elle appelait à résister. Cela aurait été immoral au dernier degré, cela aurait manifesté une absence de sens des responsabilités impardonnable, pensait-elle. On peut donc supposer que Milena s'est sacrifiée consciemment ; la seule chose qu'elle ne soupçonnait pas, c'est que l'issue arriverait si vite.

Les Allemands n'étaient que depuis peu maîtres de Prague lorsque Milena reçut un coup de téléphone de son père ; il lui demanda d'un ton sévère comment il se faisait qu'elle n'était pas encore en prison. Tout individu convenable, ajouta-t-il, doit se trouver derrière les barreaux, aujourd'hui... On ne sait pas ce que lui répondit Milena. Mais Jan Jesensky n'eut pas à attendre longtemps pour que son vœu soit exaucé.

La Gestapo surveillait Milena. Elle reçut bien vite la première convocation, dut subir le premier interrogatoire. On lui demanda si elle fréquentait beaucoup les Juifs, ce à quoi elle répondit d'un air dégagé : « Bien sûr, y voyez-vous quelque objection ? » Puis le fonctionnaire de la Gestapo voulut savoir où se trouvait son ami, un Juif, et elle refusa, bien sûr, de lui répondre. Cela faisait longtemps qu'il était à l'étranger. Puis vint, infâme, la question suivante : « Et votre enfant, il est peut-être d'un Juif, lui aussi ? », et Milena de répondre, la voix chargée de regret : « Non, malheureusement pas. » C'est alors que le type de la Gestapo perdit son calme et se mit à brailler : « Écoutez un peu : ici, on n'a pas l'habitude qu'on nous réponde de cette façon ! », ce à quoi Milena répliqua : « Sans doute. Mais moi, je n'ai pas l'habitude qu'on me pose ce genre de questions... »

En juin, Milena se vit interdire d'écrire, mais elle continua à diriger *Přítomnost* jusqu'à ce que la Gestapo en interdise la publication, en août. Le 1er septembre, deux jours avant le déclenchement de la Seconde Guerre mondiale, Ferdinand Peroutka fut arrêté. La veille au soir, encore, Milena lui avait rendu visite. On le déporta à Buchenwald d'où, au bout de quelque temps, le « ministre de la Culture », le collaborateur Moravec, le fit ramener à Prague et héberger dans un excellent établissement, l'hôtel Esplanade. Moravec tenta d'acheter Peroutka et, n'y parvenant pas, s'efforça de le contraindre à éditer un *Přítomnost* d'orientation nationale-socialiste. Peroutka refusa et la Gestapo le reconduisit à Buchenwald, les menottes aux poignets. Il y resta jusqu'à la fin de la guerre.

Après l'arrestation de Peroutka, Milena sentit combien le danger se rapprochait d'elle. Ce qui la préoccupait le plus était de savoir ce qu'il adviendrait de la petite Honza si on la jetait en prison. Elle se reprochait amèrement d'avoir impliqué l'enfant dans le travail clandestin. Honza était une enfant d'une intelligence extraordinaire et, au cours des mois précédents, elle était devenue une conspiratrice expérimentée, rompue notamment à l'art de diffuser le bulletin illégal. Milena se mit d'accord avec Fredy Mayer et sa femme, dont la fille venait d'être mise en sécurité en Angleterre à l'occasion d'un transport d'enfants, pour que Honza, dans le cas où sa mère serait arrêtée, aille vivre chez eux. Mais si les Mayer qui, eux-mêmes, étaient exposés à un très grand danger étaient dans l'impossibilité de la prendre en charge, Milena souhaitait qu'elle soit confiée à la garde de son grand-père Jan Jelensky.

Quatre semaines environ après l'arrestation de Peroutka, Milena envoya, un matin, la petite Honza à l'imprimerie ; elle devait y prendre des exemplaires de la revue illégale pour qu'on les diffuse. Mais lorsqu'elle arriva sur les lieux, la Gestapo était en train d'investir l'imprimerie. Honza tenta de se tirer d'affaire en expliquant qu'elle était simplement venue téléphoner. Elle ne répondit pas lorsqu'on lui demanda où elle habitait. On la laissa repartir, mais on la suivit à son insu, jusqu'au domicile de sa mère. Tout au long de la perquisition minutieuse qui s'ensuivit, la petite fille se tint à un endroit déterminé, dans une pièce, n'en bougeant pas, même quand l'homme de la Gestapo aux questions duquel elle ne répondait pas la frappa. Elle se conduisait comme si elle était un peu dérangée. Mais ce faisant, elle protégeait de son corps un emplacement où d'importants documents abandonnés par des réfugiés avaient été dissimulés sous le parquet. A l'issue de la perquisition, Milena fut arrêtée.

A peine avait-elle été emmenée que Honza se jeta sur le téléphone et raconta aux Mayer ce qui s'était passé. On vint aussitôt la chercher. Mais Honza y mit une condition : il n'était pas question qu'elle se sépare de son meilleur ami, un gros matou noir, il fallait absolument qu'il vînt, quoi qu'il puisse en coûter ! Mais c'était un ami difficile : pas vraiment propre, il menait en permanence la vie dure aux parents nourriciers de la petite ; ceux-ci, en effet, habitaient au dernier étage d'une maison élevée ; et le chat avait l'habitude de s'esquiver sur le toit en se sauvant par la fenêtre. Honza rampait derrière lui, à une hauteur vertigineuse, tentant, par de douces paroles, de le convaincre de revenir... Puis survint un événement qui valut au matou, à ce trouble-fête, la considération de toute la famille. Un jour, la Gestapo fit irruption dans l'appartement pour arrêter Fredy Mayer. Trois policiers fouillaient dans les placards et les bibliothèques lorsque le gros chat surgit soudain d'un coin sombre ; d'un bond hardi, il sauta sur le type de la Gestapo et lui planta ses griffes dans l'épaule à travers l'uniforme. Mortellement effrayé, le gestapiste perdit toute contenance. La perquisition fut aussitôt interrompue et Fredy emmené en prison sans autre forme de procès.

Honza était intelligente, mais c'était aussi une enfant difficile. Il ne passait guère de journée sans que sa conduite ne suscitât quelque émoi. Elle rentrait souvent très tard à la maison, racontant les histoires les plus invraisemblables, inspirées pour l'essentiel par son imagination de conspiratrice. Elle racontait qu'elle était poursuivie par des hommes auxquels elle avait échappé au prix de détours longs et compliqués, elle avait dû se cacher dans des maisons, attendre dans l'obscurité avant de pouvoir se risquer à nouveau dans la rue. Elle tenait ainsi constamment en haleine ses parents nourriciers.

Un matin, le téléphone se mit à sonner : « Ici la Gestapo. Est-ce que la petite Honza est chez vous ? » Mme Mayer, qui avait décroché, répondit, affolée, en bégayant, qu'elle ne savait pas où se trouvait l'enfant. Ce à quoi le policier répondit : « Dommage. Si on savait où est l'enfant, elle pourrait voir sa mère, ce matin, au palais Petschek... » Du coup, bien sûr, on trouva rapidement Honza et elle rendit visite à Milena, munie d'un gros paquet de linge dans lequel elle n'avait pu s'empêcher de glisser quelques messages secrets. En dépit de sa résistance, les petits bouts de papiers furent, heureusement, enlevés au dernier moment.

Début 1940, les Mayer durent quitter leur appartement, après que Fredy eut quitté la prison de Pankrac, et se réfugier à l'étranger. Honza fut donc confiée, comme l'avait souhaité Milena, à son grand-père. Peu après, l'on vit donc se présenter chez les Mayer le Pr Jensensky, cet antisémite notoire, sauter au cou de Mme Mayer, une Juive, l'embrasser et exprimer sa gratitude pour le soin qu'elle avait pris si longtemps de l'enfant.

⁎

Comme tous les prisonniers politiques, Milena était détenue à la prison de Pankrac d'où, chaque matin, une voiture de police l'emmenait pour interrogatoire à la Pečkarna. Le palais Petschek était une ancienne banque pourvue de trois sous-sols où se trouvaient naguère les coffres-forts et qui constituaient dorénavant le quartier-général de la Gestapo. Parfois, Honza était autorisée à rendre visite à sa mère et, jusqu'à son arrestation, Fredy Mayer, son père nourricier, l'accompagnait à la Pečkarna.

Au terme de nombreux interrogatoires, dont rien d'accablant n'était ressorti pour Milena (elle se défendait avec grande habileté), on la transféra d'abord dans un camp réservé aux « apparentés à des Juifs », à Beneschau, puis à la maison d'arrêt de Dresde. Enfermée dans une cellule froide, humide, très insuffisamment nourrie, Milena vit sa santé se dégrader, et elle ne s'en remit jamais. En peu de temps, elle perdit plus de vingt kilos et commença à souffrir de rhumatisme articulaire. Tout juste un an après son arrestation, elle fut informée que la procédure engagée contre elle était suspendue, faute de preuves ; on lui indiqua qu'elle serait bientôt reconduite à Prague et qu'on l'y relâcherait. Elle se voyait donc déjà en liberté. Mais, à la prison de Pankrac, la Gestapo lui délivra un « certificat de détention préventive » en vertu duquel elle devait être transférée à Ravensbrück.

Une fois encore, la petite Honza put lui rendre visite. Milena n'oublia jamais le spectacle de la petite fille s'éloignant avec ses jambes maigres d'enfant dans le couloir de la prison. Elle avançait d'un pas assuré à côté du gardien, allant vers un monde sans mère, sans véritable foyer. Milena ne devait jamais revoir son enfant.

*
**

Dès la fin du mois d'octobre 1939, alors que Milena était en prison depuis quelques semaines, la première manifestation de rébellion ouverte contre la tyrannie allemande avait eu lieu à Prague. Étudiants et écoliers étaient descendus dans la rue. On avait ouvert le feu contre les rassemblements et cent vingt jeunes y avaient trouvé la mort. Le 18 novembre, les nationaux-socialistes décrétèrent la loi martiale. Des dizaines de milliers de personnes furent arrêtées, embarquées en prison et dans les camps de concentration. Jour après jour s'aggravaient les persécutions contre les Juifs. Conséquence de la loi martiale, l'université tchèque de Prague et tous les établissements d'enseignement supérieur furent fermés, pour une durée de trois ans dans un premier temps, puis, par la suite, « pour l'éternité ».

Un être libre

« ... Ses yeux [...] ne disent pas tant le combat
passé que celui qui vient[1]... »

En fait, Milena aurait dû devenir, au camp, la cible
d'attaques constantes ; la grande masse des détenues, dans
leur aspiration à s'adapter, en venait à collaborer avec ceux
qui les asservissaient. En règle générale, les personnalités
marquantes qui résistaient à la contrainte, qui refusaient
de se soumettre, étaient rejetées — quand on ne les persé-
cutait pas. Peut-être cette attitude était-elle le produit
d'une sorte de sentiment de culpabilité ; inconsciemment,
on savait que l'on avait sombré dans l'opprobre. On s'en
vengeait contre celui qui demeurait inébranlable.

Mais pas contre Milena. Elle constituait une étonnante
exception. Elle n'était persécutée que par les dirigeantes
communistes, pour des raisons politiques. Il y avait au
reste quelque chose de tout à fait provocant dans la
manière d'être de Milena : sa façon de parler, de se
déplacer, son port de tête ; chacun de ses gestes signifiait :
« Je suis un être libre. » Elle était vêtue du même uniforme que toutes les autres mais, quand elle apparaissait
quelque part, un vide se faisait parmi la foule des détenues, autour d'elle, elle se détachait de la masse, on la
regardait. Tout cela aurait dû susciter des réactions de
rejet. Mais tout au contraire. Je ne parle pas ici des nombreuses détenues qui étaient attachées à Milena par des
liens d'amitié ; je parle de l'opinion publique du camp,

1. F. Kafka, *Das Schloss (Le Château)*, S. Fischer Verlag, p. 42.

si l'on peut dire. Les détenues lui attribuaient des surnoms flatteurs. Milena portait au bras son numéro de détenue, le 4714. Ses codétenues l'appelaient « 4711 », comme l'eau de Cologne. Le nom de famille de Milena était Krejcarova. Mais, au bloc 1, on l'appelait « Zarewa », la souveraine. Ces petits exemples disent quelle était son influence parmi la population du camp. Du reste, il y a là un mystère : comment se fait-il qu'en captivité on se sente pris d'amitié à l'égard de tel individu, alors que l'on rejette au premier coup d'œil, sans même le connaître, tel autre ? Certainement les faibles, ceux qui désespèrent, se sentent-ils attirés, dans cette situation sans issue, vers ceux qui, comme Milena, irradient la force.

Un jour, Milena arriva en retard à l'appel. C'était une faute grave. Peut-être aurait-on fermé les yeux si elle était arrivée en toute hâte, consciente de sa faute. Mais non, elle arriva sans se presser, décontractée, détendue. Du coup, la SS sortit de ses gonds. Furieuse, elle s'élança vers Milena, levant déjà la main pour la frapper au visage. Milena ne bougea pas, la regardant de haut en bas, droit dans les yeux. La mégère laissa retomber son bras, presque saisie d'un sentiment de culpabilité, comme clouée sur place.

C'était souvent la conduite d'un détenu qui faisait qu'il était frappé ou non. On peut dire sans exagération que de nombreux visages, avec leur expression craintive et servile, appelaient les coups des SS. « C'est l'essence même de l'angoisse, disait Milena, on ne peut pas rester en place... Simplement, en restant debout, je fais face calmement à ce que je ne connais pas, je me prépare à affronter cet inconnu... Mais pour pouvoir le faire, il faut de la force ; et cette force, l'individu ne l'a qu'aussi longtemps qu'il ne sépare pas son destin de celui des autres, qu'il ne perd pas de vue l'essentiel, qu'il a la conscience profonde d'appartenir à une communauté. Dès qu'il n'est plus qu'une conscience isolée, il cherche dans son âme un prétexte pour s'évader. La solitude est, peut-être, la plus grande malédiction qui existe sur terre[1]... »

1. M. Jesenská, « L'art de rester debout », op. cit.

⁂

L'infirmerie était dirigée par le Dr Sonntag, médecin SS qui, à l'évidence, s'intéressait à Milena en tant que femme. Il la traitait avec une politesse marquée, s'efforçait de l'entraîner dans des discussions et lui offrit, une fois, les restes de son petit déjeuner — qu'elle refusa d'ailleurs d'un ton décidé. Un jour, il l'arrêta dans le couloir de l'infirmerie. Il portait toujours une canne en bambou. Quand elle ne lui servait pas à prendre la pose, il l'utilisait pour frapper les détenues. Donc, tout en parlant à Milena, il la caressait sous le menton avec sa badine, en matière de plaisanterie. Il ne s'attendait pas du tout à ce qui suivit. Milena saisit la canne et l'écarta, ainsi que le long bras de Sonntag. Tandis qu'elle faisait ce geste, son visage exprimait tout le mépris qu'il lui inspirait. Interdit, Sonntag ne prononça pas un mot, mais, à partir de ce moment, il poursuivit Milena d'une haine froide. Chose surprenante, il ne l'expédia pas dans la prison du camp, comme il aurait parfaitement pu le faire.

⁂

Certains prisonniers politiques, pour ne rien dire des criminels et des asociaux, étaient de tels conformistes qu'ils travaillaient de toutes leurs forces, s'éreintaient pour les SS. Il y avait ainsi une communiste allemande qui s'occupait, à l'atelier de couture, de l'acheminement des uniformes SS qui étaient terminés, de l'approvisionnement en étoffes et autres équipements nécessaires au travail de l'atelier ; elle avait la responsabilité de deux baraques où était stocké du matériel. Elle était chargée de la surveillance d'une colonne de détenues, veillait à ce qu'y règne une discipline rigoureuse et faisait montre dans son travail de telles qualités que le SS qui dirigeait l'atelier de couture dit un jour : « Si je n'avais pas la Wiedmaier, c'est toute la boutique qui serait en panne ! » Et comme nous lui demandions pourquoi elle faisait tant de zèle, elle nous fit cette réponse étonnante : « Qu'est-ce que vous voulez ? Moi, j'ai le sens du devoir, il faut que je travaille... » Mais elle ne se contentait pas de satisfaire aux exigences de son « sens du devoir » ; le travail qu'elle effectuait lui apportait de surcroît de nombreux avantages. Elle repoussait fermement l'idée que l'on doive saboter, se rebeller contre le travail d'esclave.

Olga Körner, une belle femme déjà âgée, aux cheveux blancs, travaillait à la table d'assemblage de l'atelier de couture ; les différentes pièces de tissu y étaient disposées comme il convient avant d'être cousues. Elle était aussi membre du KPD, cela faisait des années qu'elle était en prison. Mais contrairement à Maria Wiedmaier, Olga ne tirait aucun avantage du travail difficile, épuisant qu'elle effectuait et auquel elle se consacrait corps et âme. Pendant les onze heures que durait sa journée de travail, elle ne cessait de courir d'un endroit à l'autre, infatigable. Elle courait à l'atelier de coupe, débattait, pleine d'empressement, avec les surveillantes ou les SS de telle ou telle question concernant la coupe des uniformes SS.

Lorsque je travaillai à l'atelier de couture, j'eus l'occasion de parler avec elle. Au début, je crus que c'était un peu par hasard qu'Olga ne me parlait que des problèmes et des difficultés qu'elle rencontrait dans son travail à la table d'assemblage. Mais ensuite, il me fallut bien admettre qu'il n'existait plus pour elle qu'un sujet de conversation : les coupes qui étaient mal adaptées les unes aux autres, la confusion régnant dans le choix des différentes couleurs de camouflage, les négligences constatées à l'atelier de coupe, les félicitations ou les remarques dépréciatives de tel ou tel SS — sans parler de sa propension à évoquer sans cesse le zèle infatigable qu'elle déployait et la façon impeccable dont elle accomplissait les tâches qui lui étaient confiées. Les détenues communistes avaient toutes les qualités requises pour le travail d'esclave.

Milena eut elle aussi l'occasion de s'en rendre compte. Les communistes tchèques travaillant à l'infirmerie ne cessaient de la traiter de paresseuse ou — ce qui montre parfaitement l'état de déchéance morale dans lequel elles étaient tombées — de simulatrice. Elle n'était pas malade le moins du monde, affirmaient-elles, elle voulait simplement se défiler, ne pas travailler.

Les fenêtres du bureau où Milena travaillait à l'infirmerie donnaient sur la place du camp. De sa table, Milena pouvait voir la grande porte de fer qui nous séparait de la liberté. De nombreuses détenues travaillaient dans cette pièce. Mais Milena avait nettement imprimé sa note personnelle au coin où elle était installée. Sur la table, il y avait une fleur dans un récipient qui tenait lieu de vase, une petite boîte en carton pour les crayons dans laquelle se trouvait un... bouton en verre taillé. Lorsque le soleil brillait, il faisait apparaître comme par enchantement sur ce morceau de verre les plus belles couleurs de l'arc-en-ciel. Cela nous ravissait, les circonstances nous rendaient modestes. Au mur, près de la fenêtre, il y avait une photo de Prague et un chromo, sans doute tiré d'un calendrier SS, représentant un paysage de campagne, avec des montagnes, vu d'une fenêtre largement ouverte. Mais ce qui nous attirait, Milena et moi, dans cette image, c'était un rideau blanc, légèrement gonflé par le vent... Lorsqu'on vit dans la nostalgie de la liberté, il suffit d'un petit morceau de rideau sur une mauvaise reproduction pour que le cœur déborde.

Que d'images de la liberté avions-nous préservées, sauvées, dans notre isolement ! Des souvenirs de livres, de bonne musique, de films, de chansons à succès, de « rengaines sentimentales » que Milena aimait beaucoup, comme elle me l'avoua en confidence. J'avais quitté l'Europe occidentale dès 1935, je ne connaissais pas les nouvelles chansons à la mode. C'est au camp que je les appris. L'une d'entre elles nous enchantait tout particulièrement : « Le vent m'a chanté une chanson, elle raconte l'histoire d'un bonheur si beau... » Aujourd'hui encore, vingt ans après, cette mélodie me replonge dans la première année de mon amitié avec Milena, en ce temps

206

irréel où, captives parmi les captifs, nous vivions dans notre propre monde, dans un univers qui nous comblait. Chaque geste que nous faisions, chaque mot que nous prononcions, chaque sourire que nous esquissions avait un sens. Toujours séparées, et si proches l'une de l'autre pourtant, toujours dans l'attente d'une brève rencontre ; même le brimbalement du petit train qui longeait le mur du camp, pendant que nous subissions l'appel (Milena se trouvait alors à quelques centaines de mètres de moi), était comme un tendre message circulant de l'une à l'autre. Dans cette existence sans avenir, vouées au seul présent, nous éprouvions avec tous nos sens les jours, les heures et les minutes.

Milena avait trouvé dans un journal qu'un SS avait oublié à l'infirmerie la reproduction d'un tableau de Breughel, *Retour de la chasse*. Elle la découpa et je la fixai au mur de la pièce de service de ma baraque. Contemplant cette reproduction, nous commençâmes à nous griser de souvenirs d'images que nous aimions.

Dans un feuilleton, Milena évoque ainsi sa perception des images : « J'ai, sur mon bureau, la reproduction d'un tableau de Gauguin. Elle est dans un coin, appuyée au mur. On y découvre un ciel immense, infini, surplombant la mer et, au premier plan, trois hommes nus sur des chevaux, deux Noirs et un Blanc. Ils vont faire boire leurs chevaux en traversant une herbe haute. C'est un tableau simple, dépouillé, quelques traits seulement, avec trois dos humains, trois arrière-trains d'animaux dont les muscles sont en mouvement ; la mer, elle aussi, est réduite à une ligne. Mais tout cela est si tendre que l'on ne peut contempler cette image sans une sensation douloureuse du côté du cœur. C'est un tableau qui nous parle de terres étrangères, d'un soleil inconnu et d'un homme qui voyait le monde en couleurs si douces : le ciel rose tendre, la mer bleu d'azur et, au premier plan, trois chevaux et trois hommes, comme une mélodie des couleurs, triste, mélancolique.

« Cette image, je ne l'aime pas seulement parce qu'elle est belle, parce qu'elle me parle d'un monde lointain et de pays inconnus, mais aussi parce qu'elle est une parcelle de notre monde auquel je suis si attachée, une apothéose de couleurs somptueuses, une clameur, une expression parfaite de l'univers comme totalité. Cette reproduction, je l'ai trouvée chez un petit marchand de papier, elle était en vitrine, couverte de poussière, et ne m'a coûté que dix couronnes. Mais elle m'a été source de bien davantage de joie qu'un cadeau coûteux, qu'une image dans un cadre doré. Si un jour elle ne me plaît plus, je l'enfermerai dans un tiroir de mon bureau. Et si, quelques mois plus tard, elle me retombe entre les mains, elle réveillera en moi la sensation d'un amour passé, le souvenir chargé de sentiments des jours que nous avons passés ensemble.

« Tout au fond d'un des tiroirs de mon bureau, il y a une autre image que j'ai découpée dans un illustré. On y voit un homme et une femme marchant la main dans la main au bord de la mer, face au vent et au soleil. C'est un tableau sans valeur, il n'a rien de beau, il est d'un mauvais goût parfait. Pourtant, je ne trouverai jamais le courage de le jeter à la corbeille à papier. C'est que s'y rattachent tous les sentiments nostalgiques d'une petite fille de treize ans, toutes les idées extravagantes qu'elle se fait de la vie ; quand je lui souris, c'est, par-delà l'âge adulte, à ma propre jeunesse que je souris[1]. »

Il allait de soi qu'étant la plus robuste, je devais prendre soin de Milena. Cela semble si simple. Mais, pour cela, il fallait enfreindre sans cesse les règlements draconiens du camp, se lancer chaque fois dans une entreprise risquée qui pouvait bien mal finir. Nous étions toutes tourmentées par la faim. Celles qui, comme Milena, étaient physiquement affaiblies enduraient les plus grandes souffrances. Aussi n'hésitais-je pas à voler pour elle à la cuisine. Je le faisais aussi bien pour d'autres, pour les femmes de ma baraque. Je parvins, avec l'aide d'une

1. M. Jesenská, *Le Chemin de la simplicité, op. cit.*

jeune Polonaise chargée de la distribution du pain, à mettre en place un système compliqué consistant à embrouiller et falsifier le décompte des pains, si bien que nous pouvions voler chaque jour plusieurs pains sous le nez de la surveillante SS chargée du contrôle de cette opération. Bien sûr, répartis entre presque trois cents personnes (l'effectif de la baraque), ces quelques pains étaient une goutte d'eau dans la mer. Pour Milena, je me frayai même un chemin jusqu'aux cuisines du camp et y dérobai de la margarine sur une table, en dépit de la présence d'une surveillante. Je rapportais avec la plus extrême prudence et les ruses les plus raffinées le produit de mes larcins à la baraque ; Milena, elle, me dépassait de loin en audace. Un matin, alors que tout le monde était au travail et que l'allée du camp était déserte, elle apporta une écuelle pleine de café au lait sucré — c'était le cadeau d'une Polonaise qui travaillait à la cuisine ; elle fit donc le long chemin séparant l'infirmerie de ma baraque, tenant prudemment le récipient en équilibre pour ne pas en renverser le contenu précieux, afin de m'offrir ce merveilleux breuvage. Ce faisant, elle s'exposait au danger, un peu à la manière d'un funambule : tout faux pas susceptible de la faire prendre eût été synonyme de dénonciation, coups, prison du camp et autres horreurs pires encore.

La combinaison de monotonie et de menace permanente qui tissait l'atmosphère du camp accroissait l'intensité des amitiés authentiques existant parmi les détenues. C'est que nous étions livrées au destin plus encore que peuvent l'être des naufragés. Les SS avaient droit de vie et de mort sur nous, et chaque jour pouvait être le dernier. Dans cette situation se développaient en nous des forces, intellectuelles, spirituelles et physiques, qui, dans le cours normal de l'existence, demeurent la plupart du temps enfouies. Dans cette atmosphère mortelle, le sentiment d'être nécessaire à un autre être était le plus grand bonheur concevable, il donnait un sens à la vie, il donnait la force de survivre.

Une jeune Tchèque, Anička Kvapilová, qui, auparavant, dirigeait la section musique de la bibliothèque municipale de Prague, fut déportée à Ravensbrück en octobre 1941. La journaliste Milena Jesenská, cela représentait quelque chose pour elle ! Qui ne connaissait pas son nom à Prague ! Mais ce n'est qu'au camp qu'elle fit sa connaissance. Révélateur est ce qu'Anička écrit sur sa première impression de Milena : « Je me trouvais parmi un groupe de nouvelles venues tchèques, à l'entrée de l'infirmerie. Nous y avions été dirigées afin d'y subir l'examen médical d'entrée au camp. Abattues et chavirées par nos premières impressions du camp, par l'horreur que nous y découvrions, tenaillées par la peur, nous attendions la prochaine torture. Et voici que Milena apparaît à la porte, en haut de l'escalier, et nous lance, avec un geste aimable de la main : " Je vous souhaite la bienvenue, les filles !" Cela venait du fond du cœur, comme si elle invitait chacune d'entre nous à entrer chez elle, à la manière d'une hôtesse accueillant ses amis. Je ne pouvais comprendre comment elle réussissait à adopter une telle attitude, je levai les yeux vers elle et vis ses cheveux brillants, tirant sur le roux, qui lui faisaient comme une auréole autour de la tête. Je n'oublierai jamais ce que je ressentis alors. C'était la première véritable manifestation d'humanité au milieu de toute cette inhumanité... »

« *Une triste époque point à l'horizon...* »

> « Toujours ce parfait naturel avec lequel le néces-
> saire arrive de toi[1]. »

L'été 1941 fut torride. Les SS avaient déjà instauré le
travail de nuit dans les ateliers de couture et l'épuisement,
la sous-nutrition des détenues étaient de plus en plus
manifestes. Les femmes avaient les jambes enflées, couvertes de furoncles et d'ulcères. Quelques cas de paralysie
apparurent. Il se peut que les premières femmes qui en
furent affectées aient été victimes du traitement de la
syphilis administré par le médecin SS Sonntag... Quoi
qu'il en soit, ce n'est que lorsque douze détenues sont
atteintes de paralysie que l'on commence à y prêter attention. Le commandant du camp Kögel l'apprend et fait de
violentes scènes au médecin SS. Des bruits circulent dans
le camp, selon lesquels une épidémie de poliomyélite sévit
au Mecklembourg. Le Dr Sonntag décide de mettre
Ravensbrück en quarantaine. Les détenues sont enfer-
mées dans les baraques et ne peuvent plus aller au travail.
Aucune surveillante n'entre dans le camp. Toutes les détenues se réjouissent de cette nouvelle situation. Un seul
fait les inquiète, les effraie : chaque jour apparaissent de
nouveaux cas de paralysie ; celles qui en sont affectées
sont transportées de leurs différents blocs dans une
baraque spéciale. Celles qui sont atteintes de paralysie
présentent les même symptômes : brusquement, elles ne
peuvent plus faire le moindre geste. Chose surprenante,

1. F. Kafka, *L à M*, p. 239.

aucune « ancienne » détenue politique n'est affectée par la maladie ; le sont, pour l'essentiel, les asociales, les Tziganes, les « mignonnes Polonaises », les Allemandes qui ont été envoyées au camp pour avoir eu des rapports avec des étrangers. Si je me souviens bien, il y avait déjà, au bout de huit jours, une centaine de femmes qui étaient atteintes de « poliomyélite ».

Je n'oublierai jamais les deux semaines de quarantaine. Il faisait un temps d'été superbe, le ciel était d'un bleu profond, il n'y avait pas un nuage. A l'exception des deux promenades quotidiennes — chaque baraque rigoureusement séparée des autres — les détenues devaient demeurer dans leurs cantonnements. Milena s'était portée volontaire pour servir à la « baraque des paralysées ». Protégée par mon brassard vert de *Blockälteste*, je me faufilais chaque jour, vers midi, malgré l'interdiction, vers la « baraque des paralysées », en faisant de grands détours ; on l'avait aménagée dans le bloc disciplinaire qui était entouré d'une clôture spéciale, et où il était évidemment interdit d'entrer... Milena m'attend déjà, elle s'approche de la grille, nous nous asseyons à même le sol, séparées par le réseau de fil de fer. Tout est parfaitement calme. Aucune surveillante n'est là à brailler, aucun chien à japper et troubler la quiétude. Le camp est comme tombé sous un charme. Tout près de nous, deux alouettes des bois sautillent sur le chemin et l'on entend le cri monotone d'un bruant. L'air brûlant scintille, tout autour de nous monte l'odeur de la terre gorgée de soleil. Le temps s'arrête. C'est l'heure de Pan. Milena commence à chanter doucement, une chanson tchèque, une mélodie suave et douloureuse à la fois : « Ô collines vertes qui étiez miennes ! Ô joie de mon cœur ! Cela fait si longtemps déjà que je n'ai plus entendu le chant des oiseaux. A l'horizon point une triste époque... »

Nous parlons des étés de jadis, des vacances de notre enfance : « Te rappelles-tu encore cette sensation extraordinaire que l'on éprouve quand le vent estival vous fait battre une fine robe contre les jambes ? Et l'herbe tendre sous les pieds, quand nous courions pieds nus ? » Milena était sur le mont Spičak, et moi tout près de la frontière de la Bohême, dans les Fichtelgebirge, dans la ferme de mes grands-parents. C'étaient les mêmes collines arrondies de part et d'autre de la frontière, les mêmes forêts sombres de pins et les mêmes prairies en pente couvertes de fleurs... Et maintenant ? Je regarde les pieds nus de Milena, ils sont d'une beauté parfaite, comme ceux d'une statue. Pourquoi faut-il qu'ils souffrent le martyre sur l'allée couverte de mâchefer ? J'en ai le cœur qui se serre.

Lorsque nous prenons congé, Milena me glisse un billet plié en quatre à travers le grillage. « Lis ça, et débarrasse-t'en immédiatement. » Cette fois, ce n'est pas une lettre, le mot ne commence pas par cette formule que j'aime tant, « Ma petite fille toute bleue ! », c'est un conte qu'elle a écrit pour moi : « La princesse et la tache d'encre ». J'apprends le tchèque pour pouvoir ressentir la beauté de sa langue maternelle. Milena ne peut résister à une feuille de papier vide. Il faut qu'elle écrive. Pendant un certain temps, nous nous sommes écrit tous les jours. Nous dérobions à cette fin du papier au bureau de l'infirmerie. D'une promenade à l'autre, arrivaient les réponses, par retour du courrier. Milena maîtrisait étonnamment bien la langue allemande, la richesse de son vocabulaire m'a toujours plongée dans le ravissement. Un jour, elle écrivit une sorte de préface au livre que nous devions écrire. Je me refusai à la jeter, je voulais absolument la cacher. Mais Milena me menaça de ses foudres au cas où je m'y risquerais. Je ne me résolus en fin de compte à détruire ce document que lorsque je me fus convaincue que je risquais, en le conservant, de la mettre en danger. C'est ainsi que pas une seule ligne de ce que Milena a écrit à Ravensbrück n'a été conservée. Un jour, je m'en désespérais, me plaignant de ce que tout cela se perdait. Mais Milena se moqua de moi : « Je récrirai tout ça dès que nous sortirons du camp. Je suis une vraie pisse-copie... »

Milena n'était pas toujours aussi optimiste en ce qui concernait ses futurs travaux. Comme nombre de journalistes, elle avait l'ambition d'écrire un jour autre chose que des feuilletons et des articles de journaux. Elle souffrait souvent à l'idée qu'elle n'aurait peut-être plus la possibilité d'effectuer un travail littéraire correspondant aux capacités qu'elle sentait exister en elle. Fréquemment elle me demandait : « Crois-tu que je pourrai encore faire quelque chose ? Ou bien ai-je vainement gaspillé mon existence ?... » ; puis elle ajoutait, suscitant mes protestations : « Toi, tu n'as pas à te faire ce genre de reproches. Tu as vraiment vécu et c'est beaucoup plus important que tout mon griffonnage... » « Combien j'envie des personnes comme ta mère qui ont élevé cinq enfants. C'est cela une vie comblée... »

Au cours de ces calmes semaines de quarantaine, j'eus une fois avec Milena une discussion sur la poésie et la prose. Milena était fortement attachée à la poésie de son pays, qui avait profondément marqué son évolution ; pourtant, elle me stupéfia, lorsque je lui avouai mon penchant pour la poésie, en me disant que le temps de la poésie était révolu et que seule une prose sobre avait encore quelque titre à exister ; il n'y avait rien pour elle qui surpassât la prose de Kafka.

Au bout de deux semaines prit brusquement fin le bon temps de la quarantaine. Mandé par quelque autorité, un autre médecin SS, spécialiste, lui, de la poliomyélite, fit son apparition. Il s'avéra alors que la paralysie était une psychose de masse. Le Dr Sonntag se vengea d'avoir été tourné en ridicule. On fit passer du courant électrique dans le corps des paralysées : elles bondirent et filèrent. Lorsque les autres malades entendirent parler de ce traitement, elles prirent peur et retrouvèrent la capacité de se mouvoir. Seules quelques infortunées atteintes de rhumatisme articulaire aigu ou de syphilis ne furent pas guéries par cette méthode.

✻✻

C'est en 1941 que parut le premier « livre » à Ravensbrück. C'est Anička Kvapilová qui l'avait conçu, et il était dédié à Milena. C'était une anthologie de poésie tchèque, écrite au crayon noir sur du papier volé, soigneusement reliée dans de l'étoffe de mouchoir volée et coloriée en bleu clair avec de la craie de couturier.

Mais on n'en resta pas à ce premier « livre ». Anička ne pouvait s'arrêter, il fallait qu'elle produise, bien qu'elle s'exposât ainsi à un danger constant. Elle écrivait et conservait — elle était la seule à le faire dans le camp — un journal intime, elle recueillait les chansons des nations rassemblées à Ravensbrück ; l'une de ses œuvres les plus émouvantes fut un petit volume contenant des chansons de Noël en plusieurs langues, qu'elle avait apprises en écoutant les détenues. La musique et les textes de chaque chanson étaient soigneusement consignés ; il y avait à la fin de chacune d'entre elles une vignette destinée à l'illustrer. Un des livres suivants s'appelait « Livre de chant des affamés », c'était un recueil de recettes de cuisine de tous les pays, recouvert avec beaucoup d'amour d'un velours bleu prélevé sur l'étoffe de la robe de bal d'une surveillante SS dans l'atelier de couture privé des SS.

Anička ne se contenta pas de mettre sur pied sa propre bibliothèque, elle rassemblait tout ce que créaient les Tchèques de Ravensbrück et le conservait dans une grande boîte en carton pour laquelle elle devait toujours trouver de nouvelles cachettes et qu'elle traînait donc partout avec elle, comme fait une chatte avec ses petits. Cette boîte fut l'objet d'une sérieuse dispute entre elle et Milena. Milena craignait que tout cela ne finisse fort mal pour Anička et exigea catégoriquement qu'elle détruise le contenu de la boîte. Mais Anička avait la force d'inertie des gens doux, elle ne regimbait jamais, mais s'en tenait obstinément à ses plans. Elle conserva la boîte, et son contenu ne cessa de croître. De nouvelles artistes entrèrent en lice. Nina Jirsíková, une amie de Milena qui était auparavant danseuse et chorégraphe dans un cabaret de Prague, l'« Osvobozene Divadlo » (le théâtre libéré), se découvrit des talents de caricaturiste. C'est ainsi que fit son apparition le « Journal de mode de Ravensbrück », une série de dessins d'un comique absolu. Cela commençait par cette figure pitoyable qu'est la « nouvelle arrivante » avec son crâne rasé, sa longue robe-sac rayée, de gigantesques galoches de bois aux pieds... Puis, d'image en image, apparaissaient les prescriptions imposées par la mode aux détenues « à la coule » : raccourcir — en cachette, bien sûr, car c'est rigoureusement interdit — la robe-sac ; la ramasser à la taille en utilisant quelques épingles de sûreté fauchées à droite ou à gauche ; faire ressortir les seins par une petite astuce de couturière... Et déjà l'on est à la mode, déjà l'on se sent davantage une femme. Les dessins suivants furent consacrés à la phase où culmina l'élégance à Ravensbrück, c'est-à-dire en 1943, lorsque certaines détenues eurent le bonheur de recevoir des paquets. En conclusion, l'artiste représentait côte à côte : la détenue tombée au plus bas, en loques ; la détenue « prolétarienne » qui n'avait pas reçu de paquet ; la détenue vêtue d'un accoutrement prétentieux de la couche possédante, la détenue « aristocratique ».

Un autre recueil de dessins de Nina évoquait le combat de toutes contre toutes dans les baraques surpeuplées. On y voyait le petit poêle de fonte vers lequel chacune se précipite, sur lequel chacune des deux cents prisonnières revendique une place pour son gobelet, pour chauffer quelque chose. Et voici qu'éclate une bagarre : on distingue des visages déformés par la fureur, l'une repousse l'autre de côté et déjà tout l'édifice des gobelets posés sur le poêle vacille, et tout s'effondre.

Un autre dessin portait le sous-titre : « J'entretiens journellement d'étroits contacts avec Madame le consul général » ; on y voyait une détenue s'extirpant de sa paillasse au troisième étage des châlits et écrasant, de toute la largeur de son pied, le visage de « Madame le consul général » couchée à l'étage inférieur.

Protégées

Je me rappelle avec une netteté particulière l'une des nombreuses protégées de Milena, car elle l'avait placée sous ma protection ; c'était Miška Hispanská, une jeune Polonaise, peintre de grand talent. Ses capacités artistiques nous avaient été révélées par quelques-uns de ses dessins. Miška était une jeune femme timide, délicate, et chaque jour passé à l'extérieur à transporter des pierres, à pelleter du sable, la mettait en danger. Milena, en se portant à son aide, manifesta en l'occurrence le grand cas qu'elle faisait des dons artistiques. Elle voulait permettre à Miška de dessiner sans être dérangée. Elle volait du papier et des crayons à l'infirmerie, falsifia une carte de service interne au camp afin de lui épargner d'aller au travail ; ma tâche était de cacher Miška dans un coin, au fond près de la fenêtre — dans le bloc des Témoins de Jéhovah. Elle y demeurait, soustraite à la réalité du camp, et se consacrait à ses œuvres, des dessins grandioses, amèrement réalistes, qui avaient pour sujet la vie quotidienne à Ravensbrück, ainsi que de nombreux portraits de codétenues.

Miška était exposée à un danger particulier en ce sens qu'elle avait un penchant à s'apitoyer sur son propre sort, attirant de la sorte les maladies sur elle-même. C'était là une forme fréquente d'abandon, une conséquence de notre asservissement systématique.

Outre les ordres qui nous étaient donnés en permanence, le rythme de nos journées était conditionné par le hurlement d'une sirène. Elle nous tirait en sursaut du sommeil, nous enjoignait de nous rendre à l'appel, mugissait pour indiquer le début de la journée de travail, nous signifiait qu'il était temps de nous mettre en rangs ou de rompre les rangs, hurlait encore à la fin de la journée réglementaire. Nous détestions la « hurleuse », comme nous appelions la sirène dans le jargon du camp. Cet instrument tyrannique était actionné par une surveillante SS qui avait seule le droit d'appuyer sur le bouton, déclenchant le mugissement qui était fixé dehors, sur l'une des trois baraques de l'infirmerie. Milena en avait déjà exprimé de nombreuses fois le souhait : « Je voudrais, ne fût-ce qu'une fois, déclencher la " hurleuse "... et voir ce qui va se passer. » J'avais assez d'imagination pour lui dépeindre toutes les conséquences fâcheuses qui pourraient en résulter, mais elle n'en démordit pas. Un matin, elle se leva alors qu'il faisait encore sombre et qu'il n'était pas encore l'heure du réveil ; elle murmura : « Aujourd'hui, c'est moi qui vais virer tout le monde du lit ! » — et elle s'éloigna en souriant. Quelques minutes plus tard, le hurlement de la sirène s'éleva sur le camp. Je remontai la couverture sur ma tête, secouée par le rire. C'était tout à fait Milena. Ne fût-ce qu'une fois, elle voulait, comme dans le conte du pauvre pêcheur et de sa femme, être le « poisson qui peut tout », celui qui a tous les pouvoirs. Sa soif d'initiative personnelle la poussait à de telles folies. Au reste, celle-ci demeura sans conséquences, car nul n'aurait pu concevoir qu'une détenue ose chose pareille. La surveillante SS officiellement chargée d'appuyer sur le bouton se tint coite, craignant sans doute de s'être mise en retard.

Lorsque les gens ne sont plus maîtres de leur destin, les faibles sont poussés à fuir la réalité. Nombreux étaient ceux que leur imagination repoussait exclusivement dans le passé, qui ne parlaient que de leur foyer et devenaient ainsi victimes d'une sorte de dissociation de la conscience. Cela faisait obstacle à leur adaptation, la rendant parfois impossible et débouchant sur la perte de leurs capacités de résistance. D'autres s'efforçaient d'échapper à la réalité du camp en régressant dans un état d'irresponsabilité adolescente, infantile, en se conduisant comme des gamins, en adoptant des attitudes ineptes. Je trouvais étrange la façon dont changeaient les réactions des détenues aux événements les plus terribles. Lorsque nous entendions parler de condamnations à mort, d'opérations expérimentales, de transports de malades et autres horreurs, la stupéfaction, le désarroi ne duraient que fort peu de temps, quelques minutes seulement. Puis les femmes pouvaient recommencer à rire et à échanger les propos les plus futiles sur la vie quotidienne du camp.

Qu'un détenu réussisse à s'adapter à la réalité du camp, qu'il parvienne à surmonter le choc qu'il a subi en perdant la liberté, et il commence à changer imperceptiblement. Le stade suivant, que traversent pratiquement tous les détenus, est celui de la résignation, de l'acceptation de la fatalité. Dans cet état, son sentiment de sympathie, de solidarité avec les autres s'affaiblit, voire disparaît complètement ; sa résistance interne aux contraintes qu'il subit diminue, il perd peu à peu sa dignité face aux SS et finit par se soumettre. Certains s'identifiaient même aux SS, devenant les complices de nos bourreaux. Le plaisir que l'on éprouve à exercer un pouvoir est l'un des aspects les plus sombres de l'humanité que révèle l'existence au camp. Des femmes qui obtenaient un poste de responsabilité au camp changeaient de personnalité au fil des jours ; détenues opprimées et souffrantes, elles devenaient des maîtres — sûres d'elles-mêmes, impérieuses, arrogantes. De tels individus transformaient la vie des autres en un tourment perpétuel.

A ce troisième stade de l'existence du détenu disparaît le souvenir vivant, voire la capacité même de se représenter la liberté. Lorsque je pensais à la liberté, je voyais toujours un chemin forestier recouvert d'herbe, baigné par endroits de taches de soleil claires. Comme j'en parlais un jour à Milena, elle répliqua aussitôt : « Incurable *Wandervogel*[1] ! Moi, c'est bien connu, je suis un rat des villes. Quand je pense à la liberté, c'est l'image d'un petit bistrot dans la vieille ville de Prague qui me vient... »

1. « Oiseau migrateur » : nom d'organisations de jeunesse allemandes tournées, entre autres, vers l'éveil du sentiment de la nature *(NdT)*.

⁂

Dix ans avant de se retrouver au camp de concentration, Milena écrivait dans l'un de ses feuilletons : « Je ne sais pas qui a dit que les souffrances ajoutent à la valeur de l'homme. Mais ce que je sais, c'est qu'il a menti ! » Ravensbrück devait lui donner raison. Concernant la grande majorité des détenues, on ne pouvait pas dire que la souffrance les améliorait ou les ennoblissait. L'excès de souffrance peut transformer les gens en bêtes sauvages.

Parmi les détenues asociales, il y avait un nombre imposant de demi-débiles, voire de débiles complètes ; la présence de certaines aurait été insupportable dans n'importe quelle communauté, elle l'était tout particulièrement dans cette communauté où nous nous trouvions rassemblées par force. Une de ces malheureuses s'appelait Zipser, elle ne parvenait pas à s'adapter à la vie quotidienne au camp et la seule réponse qu'elle trouvait à cette situation sans issue était la haine. Elle chicanait, intriguait, dénonçait. Tout le monde la traitait avec mépris, haine, ses codétenues comme les SS. Afin de la rabaisser tout particulièrement, on l'affecta à la brigade chargée de la « station d'épuration », un travail qui la vouait à s'activer toute la journée dans la puanteur et l'ordure. Cette brigade, conduite par une surveillante SS, était composée de Tziganes. Dès le premier jour, la Zipser, vexée et furieuse de se trouver là, commença à chercher querelle à ces femmes qu'elle ne connaissait nullement. Les Tziganes n'étaient pas des prostituées comme elle-même, elles étaient comme des enfants de la nature, vives, dépourvues d'inhibitions. Excitées jusqu'au sang par les attaques continuelles de la Zipser, il ne leur fallut pas longtemps pour se venger à leur manière, dans un accès de rage aveugle. Au cours du travail, elles la précipitèrent dans un bassin d'épuration et la maintinrent dans les déjections jusqu'à ce qu'elle étouffe. La surveillante SS assista tranquillement à l'exécution. Quand le crime vint à être connu, les SS jetèrent en prison toutes celles qui y avaient participé.

C'étaient là des êtres primitifs auxquels trop de souffrance avait fait perdre la tête et qui étaient ainsi devenus des assassins.

Mais ce type de femmes ne furent pas les seules au camp à devenir des monstres. Les sentimentales, les hypocrites étaient tout particulièrement exposées au danger d'évoluer de la même façon ; de même, celles qui voulaient contenter tout le monde, y compris les SS, et se ménager une existence aussi confortable que possible tournaient mal dès qu'elles avaient l'occasion d'exercer leur pouvoir sur d'autres, devenant même parfois des criminelles.

Dans le bloc des politiques, il y avait une femme qui, selon la loi nazie réprimant les « menées perfides », avait été condamnée à la détention préventive. A force de répandre des cancans, de calomnier les uns et les autres, cette femme s'était mis à dos les habitants de sa maison ; ce faisant, elle entra en conflit avec un nazi quelconque qui la dénonça, à la suite de quoi la Gestapo l'envoya en camp de concentration. Mais la détention ne l'amenda en rien, bien au contraire, elle y trouva un terrain d'action lui convenant. Elle devint l'ennemie de toute la baraque, et pour commencer de la *Blockälteste*, une politique sentimentale « au cœur d'or ». La charge de *Blockälteste* n'était pas simple, et lorsque, parmi les quatre cents femmes d'une baraque, un trouble-fête comme cette vieille femme aigrie semait le désordre, il fallait des nerfs solides et une grande fermeté morale pour surmonter son aversion personnelle et conserver une attitude équitable. En l'occurrence, ces prémisses étaient absentes et, au nom du maintien de la paix et de la bonne entente dans le bloc, on finit par favoriser un meurtre. Voici comment les choses se passèrent : la vieille, tourmentée par ses rhumatismes et montée contre tout le monde, ne possédait qu'une parcelle d'espace dans la baraque qui lui appartînt, en quelque sorte. C'était sa paillasse. Elle en prenait un soin méticuleux, la défendait contre tous les empiétements. Un matin, elle ne put se lever. Comme personne ne s'occupait d'elle, on ne remarqua que sa maladie était sérieuse que lorsqu'elle se mit à souiller sa si précieuse paillasse. Elle souffrait de diarrhée, maladie qui affectait des milliers de détenues. Lorsqu'on se rendit compte qu'elle avait maculé le chemin conduisant du dortoir aux toilettes, une grêle d'insultes s'abattit sur elle. Pas un mot de commisération, personne qui comprenne les souffrances de cette vieille femme. Elle répondit par des glapissements, pour autant que le lui permettaient ses forces amoindries. La *Blockälteste* tira parti de cette situation pour finir par se débarrasser de cet élément « hostile à la communauté ». Elle la fit transférer à l'infirmerie. Il lui suffit de donner le mot à une infirmière de sa connaissance pour qu'une piqûre mortelle la débarrasse et débarrasse la baraque de cette présence importune.

On peut douter que Milena, après les expériences amères qu'elle fit à Ravensbrück, aurait conservé suffisamment d'espoir pour écrire : « Je ne crois pas que les hypocrites aillent plus loin dans la vie que les gens honnêtes, je ne crois pas que le monde soit tellement mauvais que seuls les misérables y aient du succès... »

A l'infirmerie, Milena s'occupait des dossiers des détenues atteintes de maladies vénériennes, elle distribuait les médicaments à celles qui suivaient un traitement. La plupart d'entre elles étaient des « asociales », des prostituées dans leur grande majorité, mais aussi celles qu'on appelait des « politiques couche-toi-là » qui s'étaient retrouvées au camp pour avoir eu des rapports avec des étrangers. A Ravensbrück, on méprisait les asociales ; quant à celles qui étaient atteintes de maladies vénériennes, on les considérait comme la lie de l'humanité. Un sort cruel les attendait toutes, particulièrement les syphilitiques. Le Dr Sonntag les soumettait à des traitements barbares auxquels beaucoup succombèrent. Les échantillons sanguins des nouvelles arrivantes étaient envoyés pour examen à Berlin et les résultats revenaient au bureau de Milena. Il faut se remémorer l'atmosphère démoralisante qui régnait au camp de concentration, où il n'allait nullement de soi que l'on dût tenter de sauver d'autres détenues, tout particulièrement des asociales ; ce n'est qu'en ayant en tête ces conditions que l'on peut mesurer la grandeur et la noblesse de Milena. Pour elle, les asociales étaient des personnes qu'il convenait d'aider. Elle n'hésitait donc pas à falsifier des résultats, à faire passer des syphilitiques pour saines. Dans les cas particulièrement graves, contagieux, elle faisait en sorte que les malades suivent un traitement en cachette. Chaque fois que Milena intervenait de cette façon pour arracher des victimes aux SS, elle risquait sa propre vie. Si l'on avait découvert les falsifications qu'elle opérait, elle aurait été perdue. Non contente de sauver la vie de ces femmes, Milena trouvait également le contact avec ces pauvres créatures, leur parlait, les écoutait évoquer leurs souffrances et découvrait chez nombre d'entre elles une étincelle d'humanité, aussi profondément enfouie fût-elle.

Notre amie commune, Lotte, une prisonnière politique allemande, avait déjà quatre années de détention derrière elle et elle était en très mauvaise santé. Milena savait que les détenues atteintes de tuberculose étaient remises en liberté. Au cours de l'hiver 1941-1942, il lui vint une pensée hardie. Elle se mit en tête d'essayer d'aider Lotte à sortir du camp. Elle lui procura avec son accord un certificat d'examen d'échantillon d'expectoration falsifié et fit admettre Lotte à la section des tuberculeux de l'infirmerie. Le médecin SS, Dr Sonntag, établit conformément au règlement le certificat de sortie de Lotte ; nous attendions avec grande impatience de voir si l'entreprise serait couronnée de succès. Chaque soir, nous allions à la fenêtre de la section des tuberculeuses, parlions avec Lotte, nous réjouissant déjà de la voir en liberté.

Nous n'avions encore aucune idée de ce qui se passerait au cours des premiers mois de l'année 1942, nous ignorions tout des plans d'extermination nazis. L'ordre arriva de dresser des listes de toutes les handicapées de naissance, de toutes les épileptiques, de toutes celles qui souffraient d'incontinence d'urine, de toutes les amputées, de toutes celles qui souffraient d'asthme et de maladie pulmonaire, ainsi que de toutes les malades mentales. En même temps, les SS s'efforcèrent de nous tranquilliser en nous indiquant que ces détenues seraient transférées dans un camp où le travail était facile. Une commission médicale fit même son apparition et examina les malades. Puis, un jour, deux camions vinrent emporter les premières. Le soir même, Milena me raconta, horrifiée, que l'on avait jeté de grandes malades sur une litière de foin, dans les camions, que l'on avait traité de la manière la plus inhumaine qui soit ces personnes souffrantes. A partir de cet instant, elle n'eut plus aucun doute concernant le but de ces transports.

Deux jours plus tard, nos plus sombres supputations se trouvèrent confirmées. Les mêmes camions étaient revenus à Ravensbrück et avaient déchargé devant l'intendance une montagne d'objets : uniformes de détenues avec les numéros de celles que l'on avait emmenées, prothèses dentaires, lunettes, une béquille, des peignes, des brosses à dents, du savon... Le camp fut saisi d'effroi. Nous n'avions plus dès lors la moindre illusion concernant le but de ce prétendu transport de malades. Et notre amie Lotte qui se trouvait dans la section des tuberculeux... Milena se tourmentait, s'accablant des pires reproches. Elle fit procéder l'un après l'autre à de nouveaux examens d'échantillons d'expectoration de Lotte, dont les résultats furent, bien entendu, négatifs. Puis elle s'en alla assiéger le médecin SS Sonntag, lui demandant de faire quitter à Lotte la section des tuberculeux, affirmant que, de façon tout à fait surprenante, elle avait guéri. Sonntag connaissait Lotte car elle avait travaillé à l'infirmerie ; de ce fait, il ne la plaça pas sur la liste de celles qui devaient être liquidées. C'est ainsi qu'elle échappa à une mort certaine.

Les transports se succédaient, emportant les détenues hors du camp, et les camions rapportaient avec une régularité atroce les effets de celles que l'on avait tuées. Lorsque celles qui étaient atteintes de « maladies héréditaires » eurent été exterminées, de nouvelles listes furent établies — comportant cette fois les noms de toutes les détenues juives. Pour Milena comme pour moi, le sens de cette mesure n'était que trop clair ; mais, aussi incroyable que cela paraisse, nos codétenues juives avec lesquelles nous parlions de ces listes et que nous regardions le cœur déchiré s'efforçaient de nous convaincre que l'on allait certainement les transférer dans un autre camp. Les conduire à la mort ? Allons donc ! Cela ne tenait pas debout ! Elles étaient jeunes, fortes, aptes au travail ! Il y avait, dans le premier transport, une femme médecin juive qui nous avait promis de glisser un message dans l'ourlet de sa robe, nous indiquant le but de leur voyage et nous informant de son destin et de celui de ses compagnes. Nous trouvâmes le billet. Elle y avait écrit : « Ils nous ont emmenées à Dessau. Nous devons nous déshabiller. Adieu ! »

Comparée aux horreurs qui s'abattaient alors sur nous, la première année et demie que nous passâmes à Ravensbrück pourrait presque sembler une idylle. Après le transport des malades, il n'y eut plus que l'épouvante. Des femmes et des jeunes filles polonaises furent fusillées en vertu de la loi martiale. Le soir, à l'heure de l'appel, quand régnait un silence de mort dans le camp, on fusillait les victimes derrière le mur. D'autres événements vinrent accroître la panique : opérations expérimentales pratiquées sur des condamnées à mort, assassinat de malades par piqûres d'Evipan. Toutes les faibles, toutes celles qui étaient gravement malades étaient vouées à la mort. Mais ce n'est qu'au cours de l'hiver 44-45 que Ravensbrück, l'ex-« camp modèle », devint un camp d'extermination et que l'horreur atteignit pour nous son comble. Une chambre à gaz fut construite. On pratiquait, comme le disait une directive SS, « l'élimination de tous les éléments inférieurs du point de vue biologique et racial », on « liquidait radicalement toute opposition de la part de détenus politiques inamendables qui se refusaient fondamentalement à se conformer à la vision du monde de l'État national-socialiste »...

Celles qui font du zèle

Milena faisait partie du petit nombre de celles qui ne peuvent devenir indifférentes ou insensibles. Elle voyait l'épouvante autour d'elle et désespérait parmi ces milliers d'êtres souffrants parce qu'il n'existait aucune possibilité de leur venir vraiment en aide. Elle rentrait chaque soir de l'infirmerie en rapportant de nouvelles horreurs. Elle était journaliste et rien ne lui échappait. Sa précieuse capacité d'enregistrer des impressions se trouvait encore accrue par la tension constante à laquelle elle était soumise. Peut-être était-ce aussi la peur d'une fin violente qui développait cette vigilance de ses sens. Au reste, nous nous étions assigné une tâche, celle d'écrire notre livre, et nous devions donc fixer dans notre mémoire tout ce qui se passait. Il n'était pas question de fermer les yeux, de nous retrancher en nous-mêmes.

L'état de santé de Milena s'aggravait. Je la cachais chaque jour pendant l'interruption de midi dans ma baraque, où elle s'étendait sur une litière pour se reposer un peu. Il était strictement interdit de s'étendre pendant la journée. Mais je pouvais compter sur la solidarité des Témoins de Jéhovah. Puis survint un incident bouleversant qui mit brutalement fin à l'amitié de Milena avec les Témoins de Jéhovah. Elle découvrit, sur une liste de personnes vouées à l'extermination, le nom d'une femme de ma baraque. Elle s'appelait Anne Lück et souffrait d'une tuberculose ganglionnaire. Cela faisait des jours que je la gardais au bloc et empêchais qu'elle n'aille à l'infirmerie car je savais qu'elle risquait de s'y voir administrer une injection mortelle. Mais le médecin SS l'avait remarquée.

Il ne restait donc qu'une seule planche de salut. Je demandai à Milena de convaincre Anna Lück de signer la déclaration que la Gestapo destinait aux Témoins de Jéhovah. En un certain sens, en effet, celles-ci étaient des détenues volontaires. Il suffisait qu'elles signent ce papier s'engageant à ne plus faire de prosélytisme pour les Témoins de Jéhovah pour qu'on les relâche le jour même. Je me rendis au chevet de la malade, lui communiquai l'horrible nouvelle, l'avertis du danger auquel elle était exposée et l'exhortai à se lever sur-le-champ, à se rendre au bureau et y signer la déclaration. Elle s'habilla. Je disparus dans la pièce de service afin que les Témoins de Jéhovah s'occupant du service qui étaient présentes ne voient pas anguille sous roche et n'aillent pas empêcher Anna Lück de commettre cette « trahison » — comme elles disaient.

Peu après, on frappa à la porte de la pièce et Ella Hempel, une détenue chargée du service, entra. Une expression de dégoût sur le visage, elle me lança d'un ton passionné : « Grete, je n'aurais jamais cru cela de toi, jamais cru que tu étais une alliée du diable ! Jamais cru que tu faisais cause commune avec les SS ! Tu as conseillé à Anna Lück d'aller signer. Comment as-tu pu faire une chose pareille ? » En proie à une rage surgie du fond du cœur, je lui hurlai au visage : « Et vous vous prétendez chrétiennes ? Vous livrez de sang-froid votre sœur à la chambre à gaz ? C'est cela l'amour du prochain ? Vous vous rendez complices d'un assassinat en l'honneur de Jéhovah ! Vous êtes des brutes au cœur de pierre ! »

Lorsque Milena apprit ce qui s'était passé, elle donna libre cours à sa haine contre ces femmes irrémédiablement aveuglées ; à dater de ce jour, les Témoins de Jéhovah vécurent dans la crainte de Milena. J'évoquai avec elle, après ce triste événement, l'intolérance des Témoins de Jéhovah, leur indifférence à l'égard de toutes celles qui n'appartenaient pas à leur secte, la lâcheté dont elles faisaient preuve lorsqu'on attendait d'elles une véritable action chrétienne. Nous constatâmes alors l'existence d'une parenté frappante entre leur mentalité et celle des communistes. Les unes s'enflammaient pour Jéhovah, et les autres pour Staline. Les unes étudiaient la Bible en secret et en interprétaient le contenu à tort et à travers jusqu'à ce qu'il soit conforme à leurs prophéties. Les autres faisaient en secret des cours de formation en se servant de journaux nazis, faisant du blanc — ou plutôt du rouge — avec du noir, sélectionnant dans les informations publiées dans ces journaux ce qui leur servait à étayer leurs thèses — à savoir qu'une révolution communiste était sur le point d'éclater. Il revint aux oreilles de quelques politiques, dont des communistes tchèques, que Milena avait comparé communistes et Témoins de Jéhovah ; elles l'en détestèrent d'autant plus.

Quelque temps après le déclenchement de la guerre entre la Russie soviétique et l'Allemagne, le premier transport important de détenues russes arriva à Ravensbrück. Palečková, porte-parole des communistes tchèques et ennemie attitrée de Milena, se porta volontaire pour la brigade chargée de la toilette et de l'épouillage, afin d'accueillir les femmes soviétiques dès leur premier jour de camp. Je ne peux que supputer ce qui se passa alors aux bains entre la communiste tchèque et les nouvelles venues russes. Il est vraisemblable qu'après avoir salué les femmes russes et ukrainiennes avec une chaleur excessive, elle leur indiqua que les détenues communistes de Ravensbrück se sentaient solidaires d'elles. Il se peut qu'elle ait déjà, à cette occasion, essuyé les premières insultes. Puis elle leur dit sans doute qu'elles devaient avoir dans ce camp de concentration allemand une conduite digne de leur patrie socialiste, et autres fadaises de ce genre. Comme toutes les communistes, Palečková s'était fait de grandes illusions sur les femmes russes, avait attendu d'elles qu'elles manifestent toutes les vertus de l'éducation socialiste, avait imaginé qu'elles étaient de loyales combattantes et admiratrices du parti bolchevik russe. Et puis elle les avait vues arriver : nombre d'entre elles étaient des êtres primitifs, des analphabètes politiques, une horde de hooligans indisciplinées ; nombre d'entre elles exprimaient ouvertement, dans un langage fleuri, l'aversion que leur inspirait le régime stalinien. Il semble que, dès le premier jour, Palečková ait subi un choc profond. Elle devint taciturne. Pourtant elle ne changea pas tout de suite d'affectation. Elle expliquait inlassablement aux femmes du bloc réservé aux « anciennes » politiques que toutes les femmes russes n'étaient pas comme la majorité des détenues qui avaient été déportées à Ravensbrück. Peu de temps après, on apprit que Palečková donnait des signes de dérangement mental. Elle ne cessait de revenir sur la comparaison qu'avait faite Milena entre communistes et Témoins de Jéhovah. Cela la travaillait.

Lorsque l'on prit conscience, à la baraque des « anciennes » politiques, de l'état de Palečková, on tenta par tous les moyens d'empêcher qu'elle ne soit conduite à l'infirmerie. Les malades mentales, en effet, étaient tuées. Pourtant, les détenues communistes ne parvinrent pas à la sauver. Un jour que l'on tentait de lui administrer une dose de calmants, elle fit une crise de folie aiguë. Le médecin SS la fit mettre en cellule. Les Témoins de Jéhovah qui y travaillaient comme femmes de peine me rapportèrent qu'elle était dans un état désespéré, refusait de prendre quelque nourriture que ce soit, se tenait contre le mur, le visage extatique, en criant : « Staline, je t'aime ! » Deux semaines plus tard, les détenues travaillant à l'infirmerie sortirent de la cellule la dépouille de Palečková qui, déjà, n'était plus qu'un squelette.

Nombreuses étaient les communistes travaillant à l'infirmerie. Jour après jour, heure après heure, Milena entendait leurs conversations. Le jargon communiste suffisait à la faire sortir de ses gonds et elle ne pouvait se taire. Elle ne supportait pas l'écart entre les mots et les actes, elle ne cessait de s'en prendre aux discours creux et mensongers sur le collectivisme, la démocratie prolétarienne, la liberté socialiste, à toute cette bouillie mal digérée de pseudo-idéologie marxiste-léniniste. Elle était particulièrement exaspérée par la façon dont ces femmes faisaient semblant de s'intéresser aux problèmes sociaux, par leur manière puérile de jouer au collectivisme. Milena disait qu'elles étaient, au fond de leur cœur, étrangères à toute préoccupation sociale à un point difficile à imaginer. Ce qui l'indignait le plus était le traitement différencié qu'elles réservaient aux malades. Elles ne demandaient pas : « Souffres-tu ? » ou bien : « As-tu de la fièvre ? », mais : « Es-tu membre du parti communiste ou non ? » C'est ainsi qu'elles faisaient le tri entre « individus précieux », c'est-à-dire les « camarades », pour lesquelles on faisait tout, qu'il fallait sauver, et les autres, la grande masse de celles qui « ne valaient rien » et dont on ne se souciait pas. Le sens de la justice de Milena se cabrait contre de telles pratiques et elle n'y allait pas par quatre chemins pour dire leur vérité aux communistes.

Mais ses adversaires politiques n'étaient pas les seules qu'elle offensait ainsi. Elle s'en prenait de la même façon à toute forme de bavardage sentimental ou mensonger. Un jour qu'elle était malade, elle était demeurée couchée sur sa paillasse ; une brave bourgeoise tchèque qui venait d'apprendre que sa fille allait se marier vint annoncer l'heureux événement à Milena. Elle commença alors à se répandre longuement en considérations de mauvais goût sur la virginité de sa fille, sur des histoires de voile nuptial, de nuit de noces et de fidélité dans le mariage. Puis elle demanda à Milena ce qu'elle pensait de l'avenir de sa fille, de la solidité du mariage qu'elle contractait ; celle-ci lui répondit d'un ton froid où perçait l'irritation : « Si vous voulez savoir ce que j'en pense, je crois que quand votre fille aura eu une dizaine de bonshommes, elle aura peut-être un peu appris de son expérience avec la gent masculine et pourra vivre à peu près heureuse avec le onzième... »

Tous les communistes ont tendance à prendre leurs rêves pour la réalité, mais la détention s'y ajoutant, leurs illusions ne connaissaient plus de bornes. Il allait de soi pour elles qu'une révolution renverserait Hitler, que la résistance au nazisme croissait de jour en jour en Allemagne.

Lorsque éclata la guerre entre l'Allemagne et la Russie, toutes les détenues — et pas seulement les communistes — se mirent à vibrer pour l'URSS, saisies par un immense optimisme. Il ne faisait pas de doute pour elles que l'Armée rouge l'emporterait, que le Reich serait abattu rapidement et que viendrait pour nous l'heure de la libération. Milena, elle, ne faisait pas mystère de ce qu'elle pensait. Elle résistait à l'enthousiasme général car elle savait penser sans faire de compromis avec la réalité et ne craignait pas de regarder la vérité en face, fût-elle douloureuse. Elle était clairvoyante en politique et prédisait le pire pour le cas où les Russes viendraient à déferler sur l'Europe. Elle disait sans ambages à qui voulait l'entendre que l'Occident pardonnerait à un Staline vainqueur tous ses crimes antérieurs, lui laissant le champ libre pour d'autres forfaits. Le national-socialisme et le communisme étaient, disait-elle, des vins du même tonneau. C'est à cette époque que, dans leur ivresse de victoire prématurée, les communistes firent courir au camp le bruit que Milena Jesenská et Buber-Neumann seraient collées au mur lors de la libération du camp par l'Armée rouge.

Après la mort de Palečková, ce furent Hilde Synková et Ilse Machová qui donnèrent le ton parmi les communistes tchèques, et ce furent sans doute elles qui énoncèrent ce verdict à notre encontre. Leur arrogance ne se distinguait en rien de celle des dirigeantes communistes appartenant à d'autres nations détenues à Ravensbrück. Toutes s'arrogeaient le droit de faire le procès de celles qui ne partageaient pas leurs opinions, tout particulièrement des « traîtres », c'est-à-dire des ex-communistes qui, à leurs yeux, étaient une engeance plus infâme encore que les « ennemis de classe ». Ilse Machová devint, tout particulièrement, l'ennemie de Milena. Elles se connaissaient depuis Prague. A Ravensbrück, Machová devint une championne de l'invective et du juron. Ses autres caractéristiques indiquaient une aptitude particulière à participer à l'exercice du pouvoir dans une dictature communiste. Une sociale-démocrate tchèque la caractérisait d'une seule phrase : « C'est un morceau de viande pourrie. »

Milena pensait souvent avec effroi à la fin de la guerre. Elle ne cessait d'affirmer que la Tchécoslovaquie ne jouirait que de quelques années de démocratie. Mais elle considérait aussi comme possible — ce que je n'arrivais pas à croire moi-même — que l'on livrât aussitôt son pays à un Staline vainqueur. « Comment échapperons-nous donc aux Russes ? », demandait-elle souvent avec angoisse. J'ébauchais pour la tranquilliser toute une série de plans d'évasion, trouvant toujours un véhicule pour nous emporter car Milena était si faible qu'elle ne pouvait pas marcher. Ce n'est que trois ans plus tard que je fis vraiment cette expérience en tentant d'échapper aux Russes.

Ayant gravement enfreint le règlement du camp, je fus privée de mon affectation au bloc des Témoins de Jéhovah ; du coup, Milena et moi perdîmes notre refuge. Au cours de l'été 1942, une colonne de détenus du camp voisin installa une clôture près de la porte de notre bloc. Ils étaient surveillés par des SS. Derrière cette clôture, ils creusèrent le sol pour mettre en place de nouvelles canalisations. Les volets de notre baraque furent fermés et cloués. On nous avertit que toute tentative d'entrer en contact avec les hommes serait sévèrement punie. Toute la journée durant, nous entendions derrière nos fenêtres closes les aboiements et les ordres du *kapo* dirigeant la colonne. Une pitié douloureuse s'empara de toutes les femmes. Nous nous accrochions aux volets et regardions les pauvres hommes par les fentes. Ils faisaient peur à voir ! Leurs habits rayés flottaient autour de leurs corps émaciés comme s'ils étaient accrochés à des cintres. Seul le *kapo*, un droit commun, était bien nourri. Il tenait un gourdin à la main et lorsqu'un des détenus ne travaillait pas assez vite, il le lui jetait de toutes ses forces contre les jambes. Dès le deuxième jour, nous commençâmes à communiquer avec les hommes. Ils creusaient tout contre le mur de la baraque et nous parlions à voix basse à travers les fentes. Ils donnaient toujours la même réponse à nos questions : « Donnez-nous du pain ! » Sous la clôture provisoire, le sable avait glissé, faisant apparaître un trou.

Nous y mettions du pain. Puis nous nous sommes mises à voler de la margarine à la cuisine pour les hommes. Mais il ne fallut pas longtemps pour que l'un d'entre eux nous trahisse. A l'appel, on me fit sortir des rangs. La surveillante-chef Mandel me fit subir un interrogatoire. Je fis celle qui ne savait rien. Par chance pour moi et à mon grand soulagement, il y avait, en un autre endroit, une autre clôture, et la même chose s'y était produite. Mais le soupçon suffit et je perdis mon poste de *Blockälteste*.

En qualité d'« ancienne » politique, je fus transférée au bloc I, vivant sous le même toit que Milena. Mon lit était contre le sien. Fatiguée, elle se laissait tomber, le soir, sur sa paillasse et soupirait : « Ah, être assis une fois encore sur le bord du chemin et ne plus être soldat... » Je l'entends encore.

Un jour, davantage pour plaisanter qu'autre chose, Milena me dit : « Conduis-toi donc, une fois, d'une manière ignoble avec moi. Il est tellement bizarre que nous ne nous soyons encore jamais disputées... » Très peu de temps après, nous eûmes notre première et dernière dispute ; je commençai d'ailleurs par ne pas comprendre du tout ce qui, en l'occurrence, avait tant énervé Milena. Elle avait fixé à la tête de son lit une carte postale qui reproduisait un tableau expressionniste, représentant un paysage avec des couleurs lumineuses. Un soir que nous la regardions ensemble, je tentais d'expliquer certains détails de ce tableau, faisant de telle tache de couleur l'élément d'un paysage, je découvrais ici une montagne, là une vallée, un lac. Milena me contredit d'un ton irrité, elle voyait tout autre chose. Mais je persistai dans mon interprétation. Brusquement, elle arracha la carte et la déchira en mille morceaux. Cet accès de rage me fit un effet si violent que je commençai à pleurer. Cependant, la réaction affolée de Milena à mes larmes, son « je t'en supplie, cesse de pleurer... » achevèrent de me faire perdre toute contenance et je me mis à sangloter à fendre l'âme. Mais mes larmes cessèrent dès que, levant les yeux sur le visage de Milena, j'y découvris l'expression de quelqu'un dont le regard est attiré par un abîme. Je me mis à parler à tort et à travers, m'efforçant de faire passer toute l'affaire pour une vétille dépourvue de toute importance. Mais Milena demeura profondément affectée et dit tristement : « C'est un spectacle horrible que de voir pleurer des êtres que l'on aime. Cela me remet en mémoire tous les adieux sans espoir de retour. Mes larmes dans des gares glaciales, cette petite lumière cruelle sur le wagon de queue du train... La fin d'un amour... Je t'en prie, ne pleure plus jamais... »

Mais pourquoi donc avait-elle eu cet accès de fureur ? Je le lui demandai parce que cela me demeurait incompréhensible. Sa réponse me fit trembler : « J'ai eu tout d'un coup l'impression que nous étions déjà comme la plupart des gens qui ne font que parler chacun pour soi, comme s'il y avait un mur entre eux... Rien de ce qu'ils disent n'atteint le cœur de l'autre... »

Les tourments coutumiers de la vie au camp, avec les appels interminables par tous les temps, les ordres, les insultes et les coups s'accrurent encore au fur et à mesure qu'augmentait à vue d'œil le surpeuplement du camp. La Gestapo y amenait de nouvelles détenues de tous les pays occupés par les Allemands. Il y avait longtemps que nous étions plus de dix mille, entassées dans un espace des plus réduits. Nous nous trouvions du coup exposées à la crasse, à la vermine, aux épidémies. Du fait du manque de place, trois femmes devaient prendre place sur deux paillasses au bloc I ; dans d'autres, c'était davantage encore et, les dernières années, il était fréquent que quatre femmes dussent se partager un châlit.

J'adoptai, avec Milena, Tomy Kleinerová comme compagne nocturne. Tomy était l'une des originales inoubliables de Ravensbrück. C'était une amie de Milena. A Prague, elle avait travaillé dans le cadre de l'Union des jeunes femmes chrétiennes. Au camp, elle était balayeuse. Elle remplissait son office, armée de son balai et d'un seau à confiture vide. Je n'ai jamais rencontré personne qui ait un rire aussi contagieux que le sien. Elle ne perdait jamais son humour, même dans les situations les plus désespérées, elle était une source inépuisable de blagues et d'histoires drôles. Elle était au demeurant fortement handicapée, souffrant de douleurs aux hanches ; mais on ne l'entendait jamais se plaindre. Puis elle reçut un coup terrible : elle apprit que son mari avait été exécuté. Je vois aujourd'hui encore son visage s'éteindre brusquement. Il lui fallut longtemps pour réapprendre à vivre et à rire. Elle vécut la libération du camp, revint à Prague et fonda un club de veuves de guerre. Par ailleurs, elle travaillait comme secrétaire de l'Association des résistants tchèques. Cette activité devait lui valoir de connaître, ultérieurement, un destin tragique. Les communistes infiltrèrent l'association et en prirent peu à peu la direction. Tomy se rebiffa et l'on finit par s'en débarrasser impitoyablement. En septembre 1949, l'heure de la vengeance sonna ; elle fut emprisonnée ; puis, en mars 1950, on la condamna à vingt-cinq ans de prison pour « activité hostile à l'État », « tentative de renversement de la démocratie populaire » et « relations avec des agents anglo-américains ». La malheureuse Tomy, paralysée de la hanche, connut douze années de souffrance dans une prison tchèque avant d'être graciée — en 1961.

Je travaillais au jardin horticole des SS lorsque Milena tomba gravement malade. Ce fut son premier accès de néphrite. Elle était à l'infirmerie, brûlante de fièvre, vivant dans la crainte d'une injection mortelle. Désireuses de lui faire plaisir, nous volâmes des glaïeuls au jardin. Nous les introduisîmes en fraude dans le camp, sous nos vêtements, serrés contre nos corps émaciés. La joie de Milena récompensa largement la peur que nous avions affrontée. Milena se remit rapidement, mais elle porta, à partir de ce moment-là, les signes de la maladie incurable, n'ignorant rien du déclin de ses forces. Elle se plaignait souvent de ne plus être capable d'éprouver des sentiments spontanés, vraiment naturels ; elle ne sentait plus rien de neuf, elle ne faisait que revivre, se rappeler des sentiments authentiques qu'elle avait jadis éprouvés...

Après sa maladie, Milena examina son visage dans un miroir de l'infirmerie et constata : « Maintenant, je ressemble au petit singe malade du joueur d'orgue qui était installé près de chez moi. Chaque fois que je passais devant, le petit animal me donnait sa main froide et menue et, chaque fois, le malheureux avait l'air plus pitoyable, jetant des regards tourmentés et souffrants par en dessous, son absurde petit chapeau vissé sur le crâne... Aujourd'hui, dans le miroir, ce sont les mêmes yeux qui m'ont regardée... » Et de conclure l'histoire du petit singe en affirmant sur un ton douloureux et ironique à la fois : « Eh oui, la vie est si courte et la mort si longue... »

Un jour, un groupe de détenus attendait dans le couloir de l'infirmerie. On les avait amenés du camp des hommes pour un examen radioscopique. On supposait qu'ils étaient tuberculeux. Milena eut l'impression de reconnaître les grands yeux brûlants d'un de ces squelettes. Elle osa repasser devant le groupe et lui faire un clin d'œil. Il y répondit et Milena reconnut alors l'historien tchèque Závis Kalandra, un de ses vieux amis de Prague. Cette découverte la plongea dans une grande agitation, elle voulait, elle devait absolument l'aider. Un pharmacien SS venait souvent à l'infirmerie, qui s'occupait aussi du camp des hommes. Il avait bonne réputation parmi les détenus, on disait qu'il était très correct. Milena trouva l'occasion de lui parler. Au bout de quelque temps, elle s'était convaincue qu'il était non seulement correct, mais qu'il penchait du côté des détenus. Il accepta de transmettre à Kalandra un message d'elle. « Est-ce que je peux t'aider ? As-tu besoin de pain ? » Mais Kalandra répondit : « Milena, je t'en supplie, dans ton propre intérêt et dans le mien, cesse immédiatement d'écrire. Il y va de notre vie ! »

Kalandra survécut contre toute attente au camp de concentration allemand et revint à Prague en 1945. Il y fut à nouveau emprisonné par les communistes en 1949, condamné à mort et exécuté.

Amitié à la vie et à la mort

> « Milena... à qui la vie ne cesse pourtant
> d'apprendre à son corps défendant qu'on ne peut
> jamais sauver quelqu'un que par sa présence, et
> par rien d'autre[1]. »

En octobre 1942, la surveillante-chef SS Langefeld
revint à Ravensbrück, après une brève absence. Elle avait
besoin d'une secrétaire. On me désigna pour cet emploi.
Les détenues possédant quelque qualification particulière,
dans mon cas la sténographie, la dactylographie et le
russe, étaient très recherchées par les SS. Au reste, la Langefeld me connaissait à cause de mon activité parmi les
Témoins de Jéhovah. Milena et moi nous demandâmes
longtemps s'il ne serait pas préférable que je me soustraie
à ce travail. Cela aurait été possible car, pour des raisons
tout à fait personnelles, la Langefeld négligea pour me
recruter de passer par le Bureau de mobilisation de la
main-d'œuvre dirigé par un SS de haut rang. Mais, finalement, nous décidâmes que je devais tenter le coup. Ce travail offrait de nombreuses possibilités d'aider nos codétenues, d'atténuer, voire de contrecarrer certaines direc-
tives des SS. Cependant nous en sous-estimions largement
les dangers et ne soupçonnions pas qu'il trouverait une
issue aussi dramatique.

La Langefeld avait parmi les détenues la réputation
d'être correcte. Elle ne criait pas, ne cognait pas. Elle se
distinguait fondamentalement de nombre de ses collègues
SS qui faisaient ce qu'on leur ordonnait et tiraient bruta-

1. F. Kafka, *L à M*, p. 257.

lement parti du pouvoir dont elles disposaient sur les détenues. Mais c'est bien à tort que l'on imaginerait que toutes les surveillantes et tous les SS des camps nazis étaient mauvais par nature. Je considère que c'est précisément l'un des crimes les plus atroces à mettre au compte de la dictature : elle transforme en ses instruments d'inoffensifs « monsieur-tout-le-monde », puis les corrompt systématiquement.

Le nombre des détenues croissant sans relâche, les SS avaient toujours besoin de davantage de surveillantes. Mais où trouver ces femmes ? Venaient-elles de leur propre mouvement ? Pas le moins du monde. Le chef du camp de détention préventive entreprenait donc pour les trouver de véritables expéditions de recrutement. Il se rendait par exemple à l'usine où l'on fabriquait les avions Heinkel et y faisait convoquer les ouvrières. Puis il leur faisait un discours, leur exposant qu'il avait besoin de personnel de surveillance pour un camp de rééducation destiné à des femmes de mauvaise engeance ; il leur dépeignait sous des couleurs riantes les conditions de travail avantageuses qu'elles y trouveraient, le salaire intéressant, dépassant de beaucoup celui qu'elles gagnaient à l'usine ; en outre, il évitait soigneusement d'utiliser le mot de « camp de concentration ». A l'issue de chacune de ces expéditions, une vingtaine ou davantage de jeunes ouvrières entraient en fonction à Ravensbrück. Nombre d'entre elles étaient saisies d'effroi lorsqu'elles se rendaient compte du lieu où on les avait conduites. J'en ai vu beaucoup pleurer de désespoir, les premiers jours, et supplier la surveillante-chef Langefeld de les laisser repartir. Mais seul le commandant pouvait les y autoriser et la plupart de ces jeunes filles étaient trop timides pour présenter leur démission à cet officier SS de haut rang. Elles restaient donc. On confiait à une surveillante expérimentée la charge de leur apprendre le métier ; elles voyaient donc leur instructrice martyriser les détenues à grand renfort d'insultes et de coups. A cela s'ajoutait le fait que les nouvelles surveillantes étaient initiées à leurs devoirs par le commandant en personne ; il leur décrivait les détenues comme la lie de l'humanité qu'il convenait de traiter avec la plus extrême rigueur. Toute manifestation de pitié était déplacée au camp, disait-il, elle contredisait même les prescriptions de service. Au reste, le commandant ne se privait pas de menacer les surveillantes de les punir, dans l'hypothèse où elles noueraient des contacts personnels avec les détenues. Cette mise en condition ne manquait pas de déboucher sur des résultats. Un petit nombre seulement de ces filles, celles qui avaient suffisamment de force de caractère, parvenaient à faire valoir leur demande de démission. Mais pour la plupart, il ne fallait pas longtemps pour qu'elles deviennent des brutes tout comme bon nombre de surveillantes anciennes. Mais même parmi celles-ci, il y avait des exceptions étonnantes. Pendant les cinq années qu'a duré ma détention, j'en ai rencontré à plusieurs reprises qui s'efforçaient de demeurer humaines. La surveillante-chef Langefeld était l'une d'entre elles.

Ce n'est qu'à partir du moment où je me trouvai seule avec elle, chaque jour, dans un bureau, que je saisis quel genre d'être elle était vraiment. Torturée, déroutée, mal assurée. Peu de jours après mon arrivée, elle engageait déjà avec moi des conversations d'ordre privé et il était inévitable qu'au fil du temps, je l'influence aussi bien sur le plan humain que politique. C'est précisément à l'occasion d'une conversation ou, plus exactement, en réagissant comme elle le fit à ce que je disais, qu'elle se mit à ma merci.

Un matin, elle entra dans le bureau, l'air abattu, comme si elle avait eu une insomnie. Un mauvais rêve la tourmentait. Elle se mit à le raconter, me priant de l'interpréter. Une escadrille de bombardiers atterrissait au camp, puis les avions se transformaient en tanks d'où descendaient des soldats étrangers qui s'emparaient de Ravensbrück... Je ne suis pas experte en matière d'interprétation des rêves, mais en l'occurrence l'explication sautait aux yeux, à mon avis ; je répondis donc sans hésiter : « Madame la surveillante-chef, vous avez peur que l'Allemagne ne perde la guerre », puis j'ajoutai, après un bref silence : « Et l'Allemagne perdra la guerre... » Pour cette phrase, la Langefeld, en sa qualité de surveillante-chef, membre de la Waffen SS, membre du NSDAP, aurait dû me faire jeter aussitôt dans la prison du camp. Mais elle ne fit rien de semblable ; elle se contenta de me jeter un regard rempli d'effroi et se tut.

A partir de cet instant, je sus que cette femme ne me ferait jamais de mal. Et cela eut les pires conséquences. Je perdis tout sens du danger et m'empêtrai, tout à mon souci d'aider d'autres détenues, dans une chaîne infinie d'infractions à la discipline du camp.

Milena me rapportait chaque soir ce qui se passait à l'infirmerie et en d'autres lieux du camp. Les successeurs du Dr Sonntag étaient les médecins SS Schiedlauski, le Balte Rosenthal, ainsi que Mlle Oberhaüser. Sous leur patronage, on mutilait des femmes en bonne santé, on faisait des expériences chirúrgicales, on tuait des malades par injection. Milena ouvrait chaque matin les cercueils qui se trouvaient dans l'infirmerie. Depuis quelque temps, elle remarquait des mortes qui n'avaient pas été assassinées pendant la journée, mais pendant la nuit. Elle voyait des traces de piqûres dans les bras des malheureuses, elle voyait que les mortes avaient les côtes défoncées, le visage ecchymosé ainsi que... des trous béants et suspects à la place de certaines dents. Il n'y avait qu'une seule personne qui pût se déplacer librement à l'infirmerie la nuit (car on enfermait les malades dans leurs chambres), c'était Gerda Quernheim, une détenue qui faisait office de chef de service à l'infirmerie. Il ne fallut pas longtemps à Milena pour percer à jour, avec l'aide d'autres détenues, le macabre secret. Le médecin SS Rosenthal avait une relation avec le *kapo* de l'infirmerie, Gerda Quernheim. Rosenthal restait souvent la nuit au camp, mais pas seulement à cause de la Quernheim. Ils tuaient ensemble. Mais ils n'assassinaient pas seulement mus par un plaisir pervers. Pendant la journée, ils choisissaient leurs victimes parmi les malades, celles qui avaient des couronnes ou des prothèses dentaires en or. Rosenthal faisait secrètement commerce de cet or.

Des femmes enceintes arrivaient aussi à Ravensbrück. Jusqu'en 1942, on les conduisait à une clinique pour accoucher. Mais par la suite, c'est au camp qu'elles durent donner naissance à leurs enfants. Milena et les autres détenues travaillant à l'infirmerie ne tardèrent pas à remarquer combien était diabolique cette nouvelle prescription. Gerda Quernheim officiait comme sage-femme. Tous les nourrissons étaient mort-nés. Un jour, Milena entendit très distinctement les cris perçants d'un nouveau-né et une autre détenue, une Allemande, ouvrit la porte de la pièce d'où parvenait le cri. Le bébé était là, entre les jambes de sa mère, frétillant et débordant de vie. Gerda Quernheim n'avait pas rempli son office à temps, l'enfant était né sans elle. Ne se doutant pas de ce qui s'ensuivrait, quelqu'un demanda à la sage-femme de venir. Peu après, le cri s'éteignit. Gerda Quernheim assassinait tous les nouveau-nés. Elle les noyait dans un baquet. Il n'y avait pas de place à Ravensbrück pour de nouvelles vies.

Épouvantée, Milena me parla de cette découverte et me pressa de faire part à la Langefeld des assassinats nocturnes et du meurtre des nouveau-nés. Je m'y résolus après quelque hésitation et lui parlai. La Langefeld fit une crise d'hystérie, hurlant à tue-tête : « Ces médecins SS sont le même genre de criminels que le commandant de camp et le chef de détention préventive ! » Je lui demandai non sans hésitation, incrédule, si c'était vraiment là ce qu'elle pensait. Elle me l'affirma et j'insistai alors : « S'il en est ainsi, pourquoi diable travaillez-vous ici, y êtes-vous surveillante-chef ? Partez donc ! » Elle me fit cette réponse bouleversante : « Mais n'est-il pas important pour les détenues que je reste ici et tente au moins d'empêcher le pire ? » Je la contredis vigoureusement, lui affirmant sans ambages qu'elle ne pourrait rien empêcher du tout et que l'on continuerait à assassiner qu'elle fût là ou non. Mais elle resta. Pour cette femme, il existait encore des notions de bien et de mal, notions que ses collègues SS avaient depuis longtemps jetées par-dessus bord. Elle ne se faisait aucune illusion concernant ce qui se passait à Ravensbrück, mais elle n'acceptait aucune critique à l'égard des dirigeants nazis et me dit un jour d'un ton de profonde conviction : « Adolf Hitler et le Reichsführer SS [Himmler] n'ont aucune idée des ravages que cette bande exerce ici... »

La Langefeld était particulièrement attachée à certains groupes de détenues, avant tout à une grande partie des politiques allemandes, aux Témoins de Jéhovah et aux Tziganes. Mais elle vouait surtout une sympathie sans partage aux politiques polonaises, en premier lieu à celles auxquelles on faisait subir des opérations expérimentales et qui, en 1942-1943, étaient prises dans les rangs des Polonaises condamnées à mort. Comme tout le monde au camp, y compris les victimes elles-mêmes, elle croyait que celles sur lesquelles on pratiquait ces opérations, les « cobayes » — comme on les appelait dans le jargon de Ravensbrück —, étaient graciées du fait de l'opération et ne seraient pas fusillées.

En avril 1943, nous trouvâmes un matin sur le bureau de la Langefeld un papier où étaient inscrits les matricules de dix détenues faisant partie d'un transport de Polonaises condamnées à mort. Cela voulait dire qu'on allait les exécuter. J'étais là, assise devant ma machine à écrire, le cœur lourd ; j'observais la place du camp, tâchant de savoir qui étaient celles que l'on conduisait à la mort. Elles surgirent au coin d'une allée. Deux d'entre elles allaient sur des béquilles. Sans réfléchir, je lançai : « Mon Dieu, mais ils exécutent bel et bien les " cobayes " ! » La Langefeld fut d'un bond à la fenêtre, puis elle sauta sur le téléphone et je l'entendis dire : « Mon commandant, avez-vous une autorisation de Berlin pour exécuter la sentence de mort prononcée contre celles qui ont fait l'objet d'opérations expérimentales ? » Puis, se tournant vers moi : « Buber, allez renvoyer les deux " cobayes " à leur baraque ! » Ses interventions sauvèrent la vie de soixante-quinze détenues qui avaient subi les opérations expérimentales. Mais la chose ne devait rester sans conséquences ni pour elle ni pour moi.

Quelques jours plus tard — c'était le 20 avril —, la Langefeld se leva de son bureau après une brève conversation téléphonique. Les mains tremblantes, elle prit son calot et ses gants, s'approcha de moi et me tendit la main. Elle ne l'avait jamais fait auparavant. Avant de quitter la pièce, elle se tourna vers moi et dit : « J'ai peur pour vous. Ramdor est une brute. »

Réprimant péniblement mon agitation, je restai seule au bureau. Tout à coup, je vis arriver Milena sur la place vide. Elle avait quitté l'infirmerie et se dirigeait vers la baraque où se tenait le bureau de compagnie. Que faisait-elle sur l'allée du camp pendant ses heures de travail ? Que venait-elle faire, précisément, au bureau de compagnie ? Il ne pouvait qu'être arrivé quelque chose de fâcheux pour qu'elle souhaite me parler sans retard, indifférente, du coup, au danger. Je courus à sa rencontre dans le couloir de la baraque : « Que s'est-il passé, Milena ? » « Rien du tout, simplement, j'ai eu soudain tellement peur pour toi, il fallait que je voie moi-même comment tu vas ! » « Milena, je t'en prie, je t'en supplie, retourne vite d'où tu viens, tout de suite, on va te voir ici ! » Comme, hésitante, elle s'apprêtait à ressortir, surgit, venant de l'entrée du camp, Ramdor, l'homme de la Gestapo à Ravensbrück... Milena cria : « Dépêche-toi de rentrer dans le bureau ! » Je me précipitai dans la pièce et, avant même que j'aie pu m'asseoir, la porte s'ouvrait d'un coup et Ramdor me lançait d'un ton de commandement : « Buber, suivez-moi immédiatement ! » Je sortis à côté de lui sur la place du camp et je vis, à quelques mètres seulement de la porte, Milena immobile, le visage décomposé.

Ramdor me conduisit à la prison du camp, le célèbre « bunker ». La surveillante Binz m'y prit mes vêtements chauds, les échangeant contre une mince tenue d'été. On me prit aussi mes chaussures et je montai un escalier de fer conduisant à une cellule. La porte claqua derrière moi. Il faisait complètement noir. Avançant à tâtons, je me cognai contre un tabouret qui était fixé au sol. Je m'assis. Mes yeux fouillaient l'obscurité, en quête d'un peu de lumière. On distinguait sous la porte une faible lueur. J'étais en proie à une trop violente agitation pour demeurer longtemps assise. On s'habitue rapidement à s'orienter dans l'obscurité : il y avait, en face du tabouret, une petite table à rabat, et sur le mur opposé, une planche de bois fixée, le bat-flanc ; dans le coin gauche, près de la porte, le W.-C. et une conduite d'eau ; à droite de la porte, les tuyaux froids du chauffage central. Face à la porte, tout en haut du mur, il y avait une petite fenêtre grillagée, hermétiquement fermée par des volets en bois. La cellule avait quatre pas et demi de long et deux pas et demi de large. Je la parcourais, prudemment au début, pour ne pas heurter le tabouret du tibia, puis d'un pas toujours plus sûr.

Ramdor se trompe s'il se figure qu'il va venir à bout de moi de cette façon. En me plongeant dans l'obscurité ? Peut-être va-t-il m'affamer ? Comme j'ai été bête de ne pas manger tout mon pain ce matin ! Va-t-il me frapper ? Toutes les horreurs de la « maison cellulaire » me revinrent d'un seul coup : celles que l'on avait battues à mort, affamées à mort, celles qui étaient devenues folles... Quelques minutes durant, le découragement me submergea. Mais le courage me revint et je me laissai guider par une unique pensée : dehors il y a Milena. Je ne peux pas la laisser seule au camp ! Qui s'occuperait d'elle si elle recommençait à avoir de la fièvre ? Pourvu que son état ne s'aggrave pas maintenant ! J'eus tout à coup horriblement peur qu'elle ne meure. J'entendais sa voix, je l'entendais sangloter : « Ah, si je pouvais être morte, sans avoir à mourir... Ne me laisse pas crever seule comme une bête... » Tant que je pouvais être auprès d'elle et la consoler, je croyais même qu'elle parviendrait à retrouver la liberté, à se rétablir. Mais là-bas, dans l'obscurité, je devins lucide, je sus qu'elle était perdue.

J'ai déjà raconté dans un autre livre ce que signifie passer des semaines dans un cachot, en proie à la faim et au froid ; je ne ferai donc que mentionner ici brièvement cet épisode. Comme le grand malade qui, au terme d'une nuit de tourments, puise une nouvelle espérance dans le lever du jour, je saluai comme une délivrance le mugissement de la sirène détestée donnant le signal du réveil au camp et qui me parvenait, étouffé. J'avais franchi l'obstacle de la première nuit. Mais je n'imaginais pas combien d'autres suivraient, dans cette cellule. Je frictionnai mes bras transis, me battis les flancs, m'efforçant de sortir de mon engourdissement en bougeant sans cesse, faisant les cent pas dans ma cage, cherchant des yeux un rai de lumière, espérant déceler un signe quelconque indiquant que le jour s'était levé. Mais l'obscurité continuait de régner. Soudain, pourtant, à force d'exercer mon regard, je parvins à un résultat. Je vis danser, partout, des boules lumineuses, je vis scintiller des lignes, des rubans. C'était là un jeu fascinant qui me captivait totalement et me fit oublier tout le reste pendant un moment.

Au premier bruit que j'entendis dans le couloir de la prison, cependant, je bondis sur mes pieds, courus à la porte métallique et collai mon œil contre le judas, ce minuscule orifice de verre, espérant pouvoir épier ce qui se passait dehors. Mais en vain. L'œilleton était soigneusement fermé de l'extérieur. Des pas s'approchaient. Je retins ma respiration, tendis l'oreille, la bouche ouverte, perçus le bruit de plats métalliques qui s'entrechoquaient, entendis la porte de la cellule de droite s'ouvrir, puis celle de gauche. On avait sauté ma cellule. M'avaient-ils oubliée ? J'aurais voulu appeler, crier, mais je me retins, sachant trop bien que ce type d'erreur n'était pas de mise dans cet enfer. J'étais condamnée à la faim. Condamnée à la détention dans l'obscurité, à la diète, à dormir sans couverture sur le sol glacé — mon châlit était rabattu —, condamnée à toutes les humiliations ; telle était la peine que m'infligeait l'homme de la Gestapo, Ramdor, afin de briser ma résistance dans la perspective des interrogatoires à venir.

J'avais déjà enduré cinq années de prison et de camp, j'avais connu les affres d'une déportation en Sibérie — j'étais donc plus armée pour résister à un tel traitement que nombre de mes compagnes de souffrance qui subissaient le même sort dans les cellules voisines. Je ne criai pas, ne pleurai pas, ne cognai pas avec mes poings contre la porte métallique, refoulai tout apitoiement sur moi-même, économisant toutes mes forces car je ne songeais qu'à survivre, pour Milena. Pourtant, quand le corps cède complètement, la force morale cesse d'être une citadelle imprenable. Dès la deuxième nuit blanche que je passai, tenaillée par la faim et le froid, recroquevillée à terre, ma conscience commença par moments à se troubler. Je voyais des montagnes de miches de pain empilées tout autour de moi, je lançai les mains en avant pour m'en saisir — et me réveillais douloureusement. Ce jour-là, la lumière s'alluma un instant, j'entendis que l'on soulevait le volet de l'œilleton ; dehors, quelqu'un observait comment je me comportais. J'imaginai avec horreur qu'il pouvait s'amuser de ma faiblesse. Je voulus au moins dérober mon visage à ces regards et rampai vers un coin, derrière le W.-C. où je cachai ma tête.

Je perdis très vite le sentiment de l'écoulement du temps. Les hallucinations se succédaient. Je voyais à côté de moi d'immenses récipients, semblables à des écuelles pour les chiens, remplis jusqu'à ras bord de macaronis. Je me penchais avidement au-dessus d'eux, comme un animal qui mange et, chaque fois, ma tête heurtait la pierre froide du W.-C. Bientôt cessèrent les tourments de la faim, mais ce fut le besoin de chaleur qui devint impérieux. Je voyais la cellule remplie d'édredons scintillant comme de la soie et chaque fois que je voulais en tirer un sur moi, l'état d'inconscience béni dans lequel je me trouvais était interrompu. Mais le froid cessa bientôt de me tourmenter lui aussi. Mon corps devint insensible : je ne sentais plus que le léger battement d'une artère dans mon cou. Dans l'obscurité, je voyais s'approcher, se pencher amicalement sur moi et disparaître de nouveau des silhouettes phosphorescentes. Elles formaient un cortège sans fin et un calme souverain me submergea.

La voix perçante de la surveillante SS me tira de cet état d'inconscience : « Nom de Dieu ! Vous ne voulez pas prendre votre pain ? » Je rampai vers la porte, me levai péniblement, pris la ration de pain et le gobelet d'ersatz de café brûlant. C'était le matin du septième jour de mon incarcération en cellule. Dès la première gorgée, la première bouchée de pain noir, avec la chaleur qui envahit mon corps, je sentis s'éveiller à nouveau en moi la volonté de vivre. Je divisai le pain en trois parts égales, n'en mangeant qu'un morceau. Je sentais déjà, à nouveau, qu'il y aurait un lendemain, et l'incertitude m'incitait à parer à toute éventualité. Ce septième jour, donc, et, à partir de ce moment tous les quatre jours, on me donna à manger l'ordinaire du camp. C'était là un rythme particulièrement cruel, une torture raffinée, une façon de me laisser mourir de faim à moitié seulement. J'eus la force de prélever sur le repas que l'on m'apportait — il consistait en cinq pommes de terre bouillies et une petite quantité de sauce de légumes — trois pommes de terre, en mangeant une chacun des jours de famine suivants.

En dépit de l'obscurité régnant dans la cellule, chaque minute était une épreuve. Le jour se distinguait de la nuit par une faible lueur qui perçait sous la porte. Je m'accroupissais sur le sol, les yeux fixés sur le mince faisceau de lumière, m'en approchais en rampant, m'allongeais sur le sol, pour finir, la bouche collée avec dévotion contre ce faible reflet de la lumière du jour, si précieux pour moi.

A force de vivre dans l'obscurité, je finissais progressivement par tout percevoir par l'ouïe. Le « bunker » était un bâtiment en béton comportant une centaine de cellules aménagées au rez-de-chaussée et au premier étage autour d'un puits de lumière. Son acoustique s'apparentait à celle d'une piscine. L'oreille parvenait rapidement à distinguer la multitude des bruits provenant de l'extérieur, à mesurer précisément à quelle distance se trouvait la surveillante dont on entendait les glapissements et d'où venaient les sanglots d'une femme que l'on torturait. Tous les vendredis, l'administration du camp faisait bastonner dans une pièce spéciale du bâtiment cellulaire ceux qui y avaient été condamnés. En 1940, Himmler avait prescrit que ce type de punition soit également administré aux femmes. Les différentes infractions au règlement telles que le vol, le refus de travail, les relations sexuelles entre

247

femmes étaient punies de 25, 50, voire 75 coups de bâton. Les malheureuses que l'on déportait au camp pour avoir eu des « rapports avec des étrangers » avaient non seulement la tête rasée, mais recevaient en sus 25 coups de bâton. Le vendredi, jour de l'exécution des peines, toutes les détenues placées en détention préventive craignaient aussi d'être soumises à cette torture. Les cris de celles que l'on frappait résonnaient dans toute la prison et il ne servait à rien de se boucher les oreilles, on percevait quand même ces cris déchirants, avec la peau, avec le corps tout entier, et ces exclamations de douleur nous brisaient le cœur.

**
*

Deux Témoins de Jéhovah que je connaissais très bien travaillaient comme femmes de peine à la prison du camp. Tous les matins, la lumière s'allumait dans la cellule et l'une d'entre elles me tendait sans un mot un balai et une pelle pour que je nettoie la cellule. Son visage était totalement inexpressif, blême, elle avait un pli douloureux au coin des lèvres, comme si elle avait revêtu un masque destiné à exprimer la pitié. Quelques minutes plus tard, elle revenait pour reprendre les ustensiles. Puis elle refermait rapidement la porte, éteignait la lumière sans me laisser le temps d'exprimer une demande quelconque — de la prier, par exemple, de me donner un petit morceau de pain. Oui, les Témoins de Jéhovah remplissaient correctement les tâches qui leur étaient assignées au camp. S'il leur arrivait de prendre des risques, ce n'était que pour le compte de Jéhovah, pas pour celui d'une de leurs codétenues.

Pourtant, un matin, avant l'heure à laquelle le pain était habituellement distribué (je m'étais vu infliger une peine supplémentaire de trois jours de privation de nourriture pour avoir parlé sans autorisation et étais couchée, à demi inconsciente, sur le sol), la trappe de la porte s'ouvrit et une voix pleine d'excitation murmura : « Grete, viens vite, je t'apporte quelque chose de la part de

Milena ! » Je rampai vers la porte à quatre pattes, me levai à tâtons et le Témoin de Jehovah sortit de l'échancrure de sa robe un petit paquet tout chiffonné qu'elle me tendit en tremblant : « Prends vite, Milena t'envoie mille saluts. Mais cache ça, pour l'amour de Dieu ! » La trappe retomba, je me tapis sur le sol, le visage inondé de larmes. Milena ne m'avait pas oubliée. Elle m'envoyait une poignée de sucre, du pain et deux gâteaux qu'elle avait prélevés sur un paquet reçu de chez elle...

Même dans les conditions normales de détention dans un camp de concentration, les rêves jouent un rôle important ; il est intéressant de constater, d'ailleurs, qu'en détention on a bien plus souvent des rêves beaux et heureux qu'en liberté, et les images qui y surgissent sont très souvent pleines de couleurs. Mais, dans l'obscurité de la cellule, je découvris une nouvelle forme de rêve, le rêve éveillé, grâce auquel je m'évadais de la réalité, non pas pour revenir au camp, mais pour recouvrer la véritable liberté.

Je retrouvai ainsi, un jour, une liberté qui était, curieusement, à demi voilée d'obscurité. Je courais, le cœur battant, pleine d'espoir, parmi les rues étroites de Berlin ; j'étais très pressée car le train pour Prague allait partir et Milena m'attendait. J'entrais dans un magasin sombre où l'on trouvait, outre des montagnes de livres, des reproductions de nos tableaux favoris : des Breughel avec leurs couleurs douces, des paysages impressionnistes avec leur lumière tremblante, et je feuilletais, fouillais, choisissais, m'étourdissant de la profusion de tous ces objets, achetais tout ce qui me tombait sous la main. Dans le magasin d'à côté, j'acquis une robe de chambre garnie de fourrure. La fourrure avait la couleur de la cannelle, tantôt claire, tantôt sombre, elle était faite de petits morceaux assemblés, comme ces fourrures magiques que l'on rencontre dans les contes de fées. J'en sentais la chaleur, la délicatesse et savais qu'elle pouvait guérir, qu'elle permettrait à Milena de se rétablir, qu'elle la maintiendrait en vie. Chargée de mes trésors, je courais à la gare. Le train était déjà là, mais je me précipitais au kiosque pour acheter

249

une brassée de revues pleines de couleurs. Je percevais, tout autour de moi, les bruits de la gare et me pénétrais de toutes les rumeurs du voyage que j'aime tant... puis tout s'en alla en poussière. La lumière s'alluma, la porte de la cellule s'ouvrit.

Quatorze jours plus tard environ, à l'aube, avant que ne se réveille le bâtiment cellulaire, la trappe de la porte métallique s'ouvrit à nouveau doucement et le Témoin de Jéhovah me tendit un petit paquet. Elle était hors d'haleine, son visage était défait ; elle murmura : « Grete, je t'en supplie, est-ce que je puis dire à Milena que tu ne souhaites plus recevoir des paquets comme celui-là parce que c'est trop dangereux ? Je t'en prie, est-ce que je peux lui dire cela de ta part ? » Elle était là, toute tremblante, en proie à un effroi si pitoyable que je ne pus que lui répondre : « Oui, j'interdis à Milena de continuer à envoyer quoi que ce soit ! » Je n'avais besoin de rien. Qu'elle soit là, qu'elle vive — cela suffisait à mon salut.

Par la suite, au terme de quinze semaines passées dans l'obscurité, Milena me raconta comment elle avait fait pression sur les deux femmes de peine. Elle les avait suppliées plusieurs fois en vain, sur l'allée du camp, de m'apporter du pain mais elles avaient catégoriquement refusé et s'étaient esquivées. Un soir, elle se rendit donc au bloc des Témoins de Jéhovah, s'enquit de l'emplacement de leur paillasse et se hissa péniblement, en dépit de sa jambe raide, jusqu'au troisième étage. Cette fois, elles ne pouvaient lui échapper. Milena recommença à les prier de façon pressante de me porter à manger. Il fallait vraiment avoir un cœur de pierre pour résister à Milena, lorsqu'elle priait quelqu'un de faire quelque chose pour elle. Pourtant, les Témoins de Jéhovah demeurèrent inébranlables. Elles refusèrent. Milena leur rappela d'un ton implorant tout ce que j'avais fait pendant deux ans pour les Témoins de Jéhovah, tous les risques que j'avais pris pour elles — rien n'y fit. Alors, elle recourut aux accents menaçants et vengeurs du Dieu Jéhovah et leur donna une leçon d'amour du prochain, leur dépeignant les horreurs qui les attendaient dans l'au-delà si leurs cœurs demeuraient aussi endurcis. C'était là le ton qui convenait pour les convaincre. Elles prirent en geignant la nourriture qu'elles devaient me transmettre.

Un jour, on me fit sortir de la cellule obscure et l'on me conduisit au bureau de la prison du camp; j'y trouvai, debout près de Ramdor, une Milena qui m'adressa un salut amical. Mes genoux commencèrent à vaciller. Tout ceci ne pouvait s'expliquer que d'une seule façon: cette brute avait aussi arrêté Milena. Elle devina aussitôt mes pensées: « Non, je ne suis pas arrêtée. Je suis ici pour te dire bonjour. Tout va bien! » Puis on me reconduisit à la cellule et je m'efforçai pendant des semaines de trouver une explication à ce mystère. Ramdor l'aurait-il contrainte à espionner pour son compte? L'avait-il interrogée, avait-elle parlé et obtenu, en récompense, la permission de me voir? Mais non, ce n'était pas possible! Comment donc aurais-je pu trouver l'explication convenable?

Dans des conditions de détention normales, déjà, il n'est rien de plus dangereux que de se mettre martel en tête sans répit pour son propre destin, de ne penser qu'à ses propres souffrances, de se lamenter sur son sort. La chose est bien plus dangereuse encore lorsqu'on est maintenu en cellule obscure. Après la peur vient l'apathie. La volonté de vivre me contraignit à sortir de cet état. Je commençai à occuper systématiquement mon temps, partageant rigoureusement la journée en différentes activités telles que courir, ramper, faire de la gymnastique, raconter des histoires que j'avais lues un jour, déclamer les poèmes que nous avions dû apprendre en si grand nombre à l'école et chanter des chansons. En me racontant ces histoires, je m'efforçais de ne pas en oublier une seule phrase et, quand j'avais perdu le souvenir d'une strophe de poésie, je tentais laborieusement, avec une

251

satisfaction infinie, de la reconstituer. Mais cette habitude de me raconter des histoires devait connaître une conclusion fâcheuse.

Tout avait commencé avec une nouvelle de Maxime Gorki. Elle s'appelle : « Un homme est né ». L'auteur y raconte que, jeune homme, il se promène au bord de la mer Noire, dans la région de Soukhoumi, sur des chemins que j'aurai d'ailleurs moi aussi l'occasion de connaître, quarante ans plus tard, en de tout autres temps. Il est là, assis contre un arbre, un peu à l'écart de la route, et attend le lever du soleil sur la mer. Il voit alors arriver à contre-jour des silhouettes sombres, entend des voix — des gens qui passent sur le chemin, le long de la mer. Ce sont des paysans et une jeune femme qui, parmi beaucoup d'autres, ont fui la région d'Orel où règne la famine et trouvé du travail dans la région de Soukhoumi.

Le soleil monte à l'horizon et le jeune homme suit le groupe. Les paysans avancent sur le sentier qui serpente le long des baies et des anses et bientôt, il les a perdus de vue. Puis, à gauche du sentier, il voit briller une étoffe jaune et, s'approchant, entend des gémissements, des cris de douleur ; il découvre une femme, couchée sur le sol, et se précipite pour l'aider. Il se penche sur elle, remarque son ventre énorme, agité de spasmes, regarde son visage défait et comprend qu'il s'agit d'une femme en train d'accoucher. Il veut l'aider, mais elle le repousse avec brusquerie : « Disparais, impudent ! », lui lance-t-elle. Mais sa détresse est si grande qu'elle finit par le laisser faire et il l'aide à donner le jour à un nouveau citoyen d'Orel. Il baigne le marmot dans la mer et le pose, tout gigotant, sur la poitrine de sa mère. Puis il fait un petit feu et prépare un thé pour l'accouchée. A la fin de l'histoire, Gorki nous montre le jeune homme et la paysanne suivant les réfugiés de la région d'Orel ; le jeune homme porte le nouveau-né, la jeune femme s'appuie sur lui.

Tandis que je repensais à cette nouvelle, une singulière transformation s'opéra en moi. Je ne pus finir l'histoire. Je me mis à rêver tout éveillée, contrainte à poursuivre le destin des deux héros de l'histoire, m'engouffrant dans leur existence, marchant le long de la mer Noire, sur cette côte que je connaissais si bien — incarnation, tout à la fois, du jeune homme et de la paysanne. Fuyant la réalité, nous trouvâmes une cabane, à l'orée d'une forêt touffue. Elle était rassurante et confortable, elle n'était pas beaucoup plus grande que ma cellule, elle n'avait pas de fenêtre non plus, mais une porte que l'on pouvait ouvrir. Incarnant les deux personnages à la fois, j'éprouvais une joie double d'avoir trouvé ce refuge, d'être sauvée. Chacun de mes jours commençait dorénavant par un matin clair. J'avançais dans l'encadrement de la porte, regardais la mer étincelante et respirais l'air salé. Tout allait pour le mieux. Même le propriétaire de la cabane, un chasseur, s'instaura protecteur de notre ermitage. Nous ne manquions pas de nourriture, prenions la vie du bon côté, nous étendions au soleil, nagions dans la mer limpide. Ce paradis, je ne l'imaginais pas dans ses grands traits seulement. Au contraire, tout s'y déroulait avec une infinie précision, j'y vivais heure par heure, voire minute par minute, les différents moments de la journée. Je devins donc incapable de m'orienter dans la réalité temporelle du camp, ne sachant plus si nous étions le soir ou le matin, passant les nuits éveillée parce que le chasseur viendrait nous rendre visite à la cabane, à midi, et qu'il fallait lui préparer à manger. Comment me serais-je encore intéressée à la ration de pain alors même que, chez nous, la table ployait sous les mets les plus choisis ?

Le jeune homme et la paysanne s'aimaient, c'était une idylle sereine et tendre à la fois. Si du moins il n'y avait pas eu ce tapotement contre le mur, dans la cellule voisine, qui me ramenait brutalement à la réalité. Que m'importait ce que me voulait ma voisine ? Je fermais les yeux et retournais dans les bras du jeune homme.

Un dimanche, la porte de la cellule s'ouvrit et l'on me fit sortir de la prison. Je détestais toute cette clarté, tout comme l'effrayante réalité. Tout ce que je voulais était fermer les yeux et retourner à mes rêveries. Sans l'aide de Milena, j'aurais été perdue. Elle saisit immédiatement à quel danger je me trouvais exposée, car les détenues souffrant de troubles mentaux étaient tuées. Elle me conduisit à un bloc de malades où elle me confia à la garde d'une *Blockälteste* tchèque. Manifestant à mon égard une patience débordante, elle venait me voir dès qu'elle pouvait s'esquiver de l'infirmerie et se faisait inlassablement raconter la vie de mes héros au bord de la mer. C'est ainsi qu'elle me permit de revenir lentement à la réalité du camp.

***

Par la suite, j'appris comment elle avait pu parvenir à me rendre visite au bâtiment cellulaire, quel risque elle avait pris pour moi. Trois semaines durant, elle attendit en vain mon retour du bunker. Chaque jour renforçait sa crainte que l'on ne m'y laisse mourir. Elle prit donc une résolution héroïque. Elle demanda audience à Ramdor, l'homme de la Gestapo, allant se jeter droit dans la gueule du loup. Ramdor la reçut dans son bureau. Il s'attendait vraisemblablement qu'elle vienne pour quelque dénonciation. C'était malheureusement le genre de choses qui existait aussi au camp. « Je voudrais vous parler de mon amie Grete Buber. Elle est au bunker », commença Milena. Toute autre détenue aurait eu bien du mal à terminer cette phrase sans que Ramdor ne lui administre au moins une gifle. Mais l'homme de la Gestapo subit sans doute d'emblée son ascendant. Il lui jeta un regard étonné et la laissa poursuivre : « Si vous me promettez que Grete Buber sortira vivante du bunker — et cela dépend de vous — je puis vous rendre un grand service. » Ramdor murmura quelque chose comme : « Quoi, qu'est-ce que cela veut dire ? » et Milena poursuivit : « Il se passe au camp des choses révoltantes. Si bon ordre n'y est pas mis rapidement, c'en est fini de votre carrière. » Cette fois, c'en était trop. Ramdor repoussa en arrière sa chaise et son visage s'empourpra : « Vous en prenez tout à fait à votre aise, vous ! Et pour qui vous prenez-vous donc ? » « Pardonnez-moi, monsieur Ramdor, vous m'avez mal comprise. Je suis simplement venue pour vous rendre un service. Que je vous demande par ailleurs une faveur, c'est une autre question. Si ce que j'ai à vous dire ne vous intéresse pas, je vous prie de m'excuser. Faites-moi reconduire au camp. »

C'est pratiquement un miracle que Milena n'ait pas été jetée aussitôt dans un cachot du bunker. Elle finit par parvenir à ses fins et par contraindre Ramdor à entrer dans son jeu. Et en effet, il lui posa la première question montrant qu'il avait mordu à l'appât : « Et quel genre de cochonneries se sont donc passées ici ? » Milena le fit mariner : « Il s'agit de très graves délits criminels dans lesquels sont impliqués tout à la fois des détenues et des SS — mais avant que je ne vous raconte tous les détails, il faut que je sache si vous êtes prêt à accéder à ma demande ? » « Demande ? Vous vous en permettez, des impertinences ! Croyez-vous pouvoir me faire chanter ? » « Mais non, Herr Kriminalassistent, comment donc une détenue pourrait-elle avoir des idées pareilles ? Je pensais simplement que, vous qui êtes allemand, vous étiez mieux placé que quiconque pour savoir à quels devoirs astreignent la véritable amitié et la véritable camaraderie. Laisseriez-vous tomber votre ami dans une pareille situation ? » Ramdor se tortillait sur son siège. Elle avait réussi à toucher une fibre sensible chez cette canaille et elle saisit l'occasion aux cheveux : « Je vous en prie, dites-moi, Grete Buber vit-elle encore ? » « Mais bien sûr ! » « Est-ce que je peux la voir, aujourd'hui même ? » « Eh, doucement, n'allez pas trop loin ! »

Et Milena se mit à raconter à Ramdor quel être extraordinaire j'étais. Il commit sa seconde erreur en écoutant. Elle couronna son entreprise de séduction en arrachant à l'homme de la Gestapo la promesse sur l'honneur qu'il tiendrait parole. Ensuite seulement, elle lui raconta quels crimes étaient commis jour et nuit à l'infirmerie. Il n'y avait là, bien entendu, rien de nouveau pour lui et surtout absolument rien d'abominable. Il était lui-même un assassin. Mais là, il y allait de sa carrière. Il aurait dû démasquer le Dr Rosenthal qui se rendait coupable de vol ; c'était en effet pour la Gestapo un crime de vouloir s'enrichir, pour son propre compte, en s'emparant des dents en or des morts. Ramdor intervint donc. Peu après, il fit arrêter le médecin et sa maîtresse.

Mais que serait-il arrivé à Milena si Ramdor avait couvert le Dr Rosenthal ? On l'aurait liquidée sans différer d'un jour. Elle le savait, et pourtant, elle osa tenter cette démarche. Tant qu'elle fut ainsi à l'offensive, elle oublia le fardeau de son corps malade. Puis elle fut reprise par la conscience paralysante de sa faiblesse. Revenue au camp, elle fut saisie d'une peur panique, redoutant la vengeance de la Quernheim, craignant qu'on ne lui administre une injection mortelle.

Quelques mois après, Ramdor s'efforça de faire chanter Milena. Il vint à l'infirmerie, la fit sortir de son bureau et lui demanda d'espionner pour son compte une détenue. « Monsieur Ramdor, vous vous êtes sans doute trompé d'adresse. S'il vous faut des mouchards, il vous faudra chercher ailleurs ! » — telle fut la réplique de Milena. Ramdor encaissa et fit alors cette réponse étonnante : « Tout de même, vous êtes quelqu'un de bien, vous ! » Ce à quoi Milena répondit : « Sans doute, et je n'ai pas besoin que vous m'en donniez confirmation ! »

J'appris les détails concernant le sort de la surveillante-chef Langefeld après ma sortie du bâtiment cellulaire. Le lendemain de mon arrestation, on lui permit encore d'aller une fois à son bureau. En s'y rendant, elle eut sa dernière conversation avec une détenue de Ravensbrück, avec Milena. Celle-ci arriva en courant et l'implora de m'aider, de me sauver de la mort. La Langefeld promit à Milena de faire tout ce qui serait à la portée de ses forces, tout en sachant parfaitement que son heure à elle avait également sonné. Le jour même, les SS l'assignèrent à résidence à son domicile et la séparèrent de son enfant. Elle passa les journées suivantes chez elle, sous surveillance, totalement isolée, ne songeant qu'à une chose : informer — qui que ce fût — de sa situation. A la fin de l'après-midi, elle entendit passer en chantant devant sa maison une colonne de détenues qui revenaient du travail. D'un bond, elle se précipita à la fenêtre, l'ouvrit, hurlant à tue-tête afin que les détenues puissent l'entendre : « A l'aide ! A l'aide ! » Le SS qui la gardait la tira en arrière en jurant.

Le lendemain arrivait le mandat d'arrêt de Berlin. On l'emmena à Breslau, lieu de son dernier domicile, et on l'y déféra devant un tribunal SS. Elle y fut accusée d'être « un instrument des détenues politiques allemandes » et d'avoir manifesté de la sympathie pour des « nationalistes polonaises ». On l'interrogea cinquante jours durant, puis on finit par l'acquitter, faute de preuves, et la congédier de l'emploi qu'elle occupait à Ravensbrück.

Son dernier anniversaire

> « Vouloir la mort sans la souffrance est mauvais signe. Autrement, je peux oser la mort [1]. »

La « mobilisation du travail » était l'une des institutions les plus redoutées de Ravensbrück. On y constituait des colonnes destinées aux usines de munition, à la construction d'aérodromes et autres entreprises de guerre. La seule chose à laquelle aspiraient toutes les détenues, c'était de rester au camp principal ; on redoutait comme la peste les transports et le travail dans ces services détachés où la nourriture était, la plupart du temps, pire encore.

Craignant de tomber sous le coup de la mobilisation du travail, je tentai d'obtenir, après ma guérison, un « bon » travail extérieur. Des détenues polonaises que je connaissais me proposèrent une place dans la « colonne forestière » et j'acceptai avec enthousiasme. Nous allions dans la forêt abattre des arbres. Notre instructrice, la « mère Liberak », comme l'appelaient les Polonaises, était une femme en or et l'on pouvait, grâce à elle, sécher le travail de temps à autre. Au bout d'une semaine vint mon tour. C'était une journée ensoleillée de la fin de l'automne, je ne pus tenir en place dans la baraque et accompagnai Milena pour sa tournée à travers le camp, entreprise qui n'était pas sans danger. Mais Milena portait le brassard jaune d'infirmière et la police du camp ne nous importuna pas.

Nous faisions les cent pas sur la seconde allée du camp, totalement absorbées par notre discussion. D'un côté,

---

1. F. Kafka, *L à M*, p. 253-254.

nous apercevions par-dessus le mur un saule tout rond, couronné de ses dernières feuilles dorées et, de l'autre côté, des pins de couleur sombre. Nous parlions des forêts et des villes que nous voulions voir une fois encore ensemble, des gens que nous aimions et qui nous attendaient. Dehors, la vie continuait, nos enfants étaient devenues des jeunes filles, elles devaient nous avoir oubliées depuis longtemps. Les quelques rares lettres que nous recevions de nos proches s'étaient réduites, par crainte de la censure postale, à un schéma stéréotypé et étaient devenues totalement impersonnelles. « En fait, je ne sais plus rien de Honza, dit tristement Milena. Si seulement elle me racontait, ne fût-ce qu'une fois, quelle est la couleur de sa robe, si elle porte déjà des bas de soie et comment elle remplit ses journées. Si elle pouvait ne pas écrire toujours la même chose — qu'elle aime jouer du piano et qu'elle va à l'école... »

Milena se faisait du souci pour son enfant, se sentant coupable à son égard car elle l'avait trop tôt impliquée dans tout ce qu'elle faisait, son existence personnelle comme ses activités politiques, lui imposant ainsi un trop lourd fardeau. Et il fallait maintenant que cette enfant autonome, précoce, s'adapte à un grand-père qui ne devait pas manquer de la traiter avec autant d'inconstance et d'esprit dictatorial qu'il l'avait fait avec Milena. Dans ses lettres, il appelait sa petite-fille *pohanka*, la païenne ; Milena avait déduit des prudentes allusions qu'il y faisait que Honza s'était échappée de chez lui et que les choses étaient loin d'aller toutes seules chez ses différents parents nourriciers. Mais il est une chose que Milena ne savait pas. C'est l'admiration sincère qu'en dépit de tout son père vouait à l'enfant, à la fermeté de son caractère et à son courage — car la Gestapo elle-même n'était pas parvenue à faire parler Honza.

Milena me montra la dernière lettre de son père qui disait tout le souci qu'il se faisait, mais exprimait aussi la réelle affection qui l'attachait à sa fille. Elle dit : « L'amour que voue mon père à sa propre chair et à son propre sang s'est souvent exprimé d'une étrange façon... Mais que pouvons-nous y faire, c'est un tyran... » Puis elle parla de ses bons côtés, rappelant son attitude remarquable lorsque les Allemands avaient envahi Prague. Mais c'étaient aussi pour elle de beaux souvenirs de jeunesse qui se rattachaient à lui. Il était passionné de ski et lui enseigna très tôt ce sport très peu pratiqué encore à l'époque par les femmes, l'emmenant avec lui pour de superbes randonnées. C'était tout un cortège de jeunes gens, ses étudiants, auquel s'ajoutait le plus souvent son vieil ami, le conseiller Matuš, que Jan Jesensky conduisait à travers les paysages magnifiques de la forêt bohémienne déserte. « Me voyant comme je suis maintenant — et Milena désigna le bas de son corps d'un geste de la main — tu auras du mal à le croire : mais il fut un temps où j'étais l'une des meilleures skieuses... Je m'y suis encore essayée, même avec mon genou raide... »

Comme nous faisions demi-tour au bout de l'allée du camp, nous aperçûmes avec effroi le chef de la mobilisation du travail Dittmann qui fonçait sur nous. Il se mit à hurler de loin : « Qu'est-ce que vous faites à vous promener pendant les heures de travail ? » Il me connaissait de l'époque où je travaillais au bureau de la surveillante-chef et connaissait parfaitement mes « crimes ». « Pourquoi ne participez-vous pas à la " mobilisation du travail" ? » siffla-t-il, et son visage, que distinguait la boule qu'il avait sur une joue, s'empourpra. « Je suis malade et ai été affectée au service intérieur », répondis-je — c'est le seul mensonge qui me vint à l'esprit. Dieu soit loué, il laissa Milena tranquille, car elle portait un brassard. « On dirait que cela fait longtemps que vous n'êtes pas allée au bunker ? Allons, au bureau du travail, et vite ! Sinon, ça va chauffer ! » Puis il nous tourna le dos et partit en faisant craquer ses bottes à revers.

Lorsque j'arrivai au bureau de la « mobilisation du travail », Dittmann ne renonça pas au plaisir de me convoquer dans la pièce où il officiait, de me menacer de faire un rapport sur mon compte ; puis il m'ordonna, en guise de punition, d'aller aussitôt travailler « à la chaîne » à l'atelier de couture n° 1. « Présentez-vous à l'Oberscharführer Graf ! Je l'aviserai par téléphone ! Rompez ! »

✽✽

Le 10 août 1943, Milena reçut l'hommage de ses amies tchèques. Comme si elles avaient pressenti que cela serait son dernier anniversaire, elles organisèrent une véritable fête. S'entourant de toutes les précautions imaginables, elles couvrirent une table de cadeaux dans la pièce de service d'une baraque dont la *Blockälteste* était tchèque. Toutes celles qui aimaient Milena étaient rassemblées là : Anička Kvapilová, Tomy Kleinerová, Nina la danseuse, Milena Fischerová l'écrivain, Hanna Feierabendová, Manja Opočenská, Manja Svediková, Bertel Schindlerová et d'autres dont j'ai oublié le nom. On alla chercher celle que ces festivités visaient à honorer et elle s'avança vers la table où étaient disposés les tendres présents : de petits morceaux d'étoffe où étaient brodés des matricules de détenues, de minuscules petits cœurs d'étoffe portant le nom de Milena, de petites figures sculptées dans des manches de brosses à dents et... des fleurs introduites clandestinement dans le camp.

Milena, qui était déjà très malade et trop faible pour entretenir un contact amical avec nombre d'entre elles, dit, émue jusqu'aux larmes : « En voilà une surprise ! moi qui croyais que vous n'étiez plus mes amies, que vous m'aviez oubliée. Pardonnez-moi, chères amies, d'être si rarement venue vous voir. Mais maintenant, je crois que cela va aller mieux. » Se retrouvant dans le cercle de ses amies tchèques, emportée par la joie et la reconnaissance, Milena déployait tout son charme. Moi, le « petit être prussien », je me tenais quelque peu à l'écart, les regardais rire, appréciant cette étrange atmosphère, me sentant comme transportée dans la société que fréquentait Milena à Prague, son milieu originel. Avoir des amis, c'était là ce que Milena désirait avant tout. Elle écrivit un jour à ce propos : « Lorsqu'on a deux ou trois personnes, que dis-je, lorsqu'on a une seule personne avec laquelle on peut se montrer faible, misérable, rabougri et qui, pour autant, ne vous fera pas souffrir, alors on est riche. L'indulgence, on ne peut l'exiger que de celui ou celle qui vous aime, mais jamais d'autres gens et surtout jamais de soi-même[1]. »

1. M. Jesenská, *Le Chemin de la simplicité, op. cit.*

La fin de Milena

L'hiver 1943-1944 fut une époque épouvantable à Ravensbrück. Sans doute étions-nous au courant de ce qui se passait sur les champs de bataille, nous savions que l'étoile de Hitler pâlissait ; mais les forces de nombre d'entre nous se dérobaient ; pour survivre, beaucoup auraient dû échapper à cet enfer dans les semaines, voire les jours à venir. Et pourtant, nous devions tenir, attendre sans pouvoir entreprendre quoi que ce soit, et assister, impuissantes, à la disparition quotidienne de nouvelles victimes.

Les premières années d'existence du camp, le sieur Wendland, qui dirigeait une entreprise de transports à Fürstenberg, venait chercher les morts du camp de concentration dans son corbillard campagnard, tiré par des chevaux. Plus les détenues mouraient, et plus le commerce de M. Wendland florissait. Il s'acheta un corbillard automobile. Mais en construisant le premier four crématoire, les SS prirent à leur propre compte le soin de leurs morts. A quoi bon des cercueils ? Il suffisait de caisses avec des couvercles plats. Et pourquoi, alors que l'on manquait tellement de place, un mort aurait-il eu besoin d'un cercueil pour lui tout seul ? Ils étaient si maigres, il y avait assez de place pour deux dans une caisse ! Auparavant, quatre détenues travaillant à l'infirmerie accompagnaient les mortes à leur dernière demeure, franchissant en sa compagnie la porte du camp ; mais dorénavant, il en mourait plus de cinquante par jour, on empilait les caisses l'une sur l'autre sur un véhicule à plate-forme, et la « colonne des morts » les conduisait au four crématoire.

Au cours de cet hiver, l'état de santé de Milena s'aggrava dangereusement. Sa capacité de résistance, ses défenses étaient brisées. Craignant qu'on ne lui administre une piqûre mortelle ou qu'on ne la verse dans un transport de malades, elle se traînait au travail. Mais elle finissait toujours par s'effondrer. Elle souffrait tout particulièrement de la perte de sa vigueur morale. Elle se méprisait parce qu'elle était de plus en plus souvent prête à faire des compromis, parce qu'elle avait perdu la force de vivre sans compromission. Elle disait souvent qu'elle allait mourir. « Je ne survivrai pas au camp, je ne reverrai jamais Prague... Si au moins c'était le père Wendland qui était venu me chercher, il avait l'air si bon enfant avec sa veste paysanne. »

Après l'arrestation du Dr Rosenthal, un nouveau médecin SS arriva à Ravensbrück, le Dr Percy Treite, dont la mère était anglaise. On lui adjoignit par la même occasion quelques femmes médecins qui étaient détenues. L'infirmerie, du coup, parut moins sinistre. Le Dr Treite se distinguait de ses prédécesseurs par ses bonnes manières, son attitude était tout à fait propre à éveiller la confiance. Cette impression se trouva renforcée par sa décision de faire installer une baraque destinée aux mères et aux nourrissons. C'était signe que, dorénavant, les enfants nés à Ravensbrück devaient rester en vie. Mais il fallait, pour cela, de quoi les nourrir et le Dr Treite demanda au commandant du camp de mettre à sa disposition du lait pour les nourrissons dans la mesure où leurs mères, sous-alimentées, n'étaient pas en état de les nourrir. Cela partait, de sa part, d'une bonne intention, mais le commandant du camp refusa sans détour. Il n'y eut pas de lait et tous les nourrissons moururent de faim. Il est difficile de dire si Treite, qui n'avait qu'un grade subalterne dans la Waffen SS, aurait pu faire pression sur le commandant du camp pour obtenir gain de cause.

Milena fit la connaissance du Dr Treite à l'infirmerie et il la traita avec une prévenance particulière. Il lui inspira confiance en lui indiquant qu'il avait assisté aux cours du Pr Jan Jesensky pendant ses études à Prague. Treite transféra sur la fille la considération qu'il avait pour le père. Milena lui parla de ses maux. Il l'examina et établit qu'elle avait un abcès à l'un des reins et qu'elle ne pourrait s'en tirer qu'au prix d'une opération. Milena opta pour cette ultime chance de conserver la vie — elle aimait tant la vie. En janvier 1944, on l'admit à l'infirmerie, et Treite fit une transfusion de sang. Lorsque je lui rendis visite, à midi, elle me montra ses mains, transportée de bonheur : « Elles sont toutes roses, comme celles d'une personne en bonne santé... » Au cours de l'opération, elle se réveilla, et, s'adressant à Treite, lui demanda de lui montrer le rein. Le médecin obéit, puis on l'endormit à nouveau.

Pendant l'interruption de midi, je me précipitai à l'infirmerie, le cœur serré, entrai dans la chambre où elle était couchée, muette et pâle comme une morte. Encore sous l'effet de l'anesthésie, Milena se mit à parler d'un ton pathétique et solennel, récitant le *Pater noster* en tchèque.

Elle survécut à l'opération, se rétablit, même. Sa volonté de vivre se réveilla ; elle croyait à sa guérison. Une fois encore, elle devint pour les six agonisantes qui partageaient sa chambre « maman Milena », celle dont la seule présence insufflait de nouvelles forces aux autres. Elle reçut un paquet de son père. Milena prépara des friandises pour tout le monde, les distribua, créant dans cette chambre triste une ambiance de festin. Il y avait en face d'elle une jeune Française, presque une enfant encore, dont le cas était désespéré. La nourriture du camp la dégoûtait. Et voici qu'elle regardait avec ravissement les tartines préparées par Milena ; puis elle mangea un peu de ces délices dont elle avait été privée pendant des années et, débordante d'enthousiasme, se mit à chanter : « Allons, enfants de la patrie... », et toutes de reprendre en chœur...

Quatre mois durant, mes journées se réduisirent aux brefs quarts d'heure que je passais auprès de Milena couchée sur son lit de malade. Avant même l'appel du matin, alors que tout était encore sombre, je courais avec mon petit déjeuner à l'infirmerie ; à midi, je me précipitais vers une baraque éloignée du camp auprès d'une *Blockälteste* tchèque afin de réchauffer quelque chose, puis j'allais m'asseoir auprès d'elle, manifestant une confiance sans faille, ne trahissant rien des tourments qu'endurait mon cœur. Il m'était, bien entendu, interdit de mettre les pieds à l'infirmerie, mais tout se passait comme si je jouissais d'une protection particulière, rien ne pouvait m'arriver.

Un jour, Milena rassembla son courage, se leva et, traversant les couloirs de l'infirmerie, se rendit à son bureau ; elle voulait simplement s'asseoir à sa table et apercevoir la liberté à travers les barreaux de la porte du camp.

Mais ce ne fut qu'une brève rémission. Elle perdit bientôt la force de se lever de son lit. De sa couchette, elle voyait un petit morceau de ciel où passaient, parfois, des nuages aux formes agréables, mais aussi, de plus en plus souvent, menaçantes et de mauvais augure. Vera Papoušková offrit à Milena des cartes qu'elle avait confectionnées elle-même, de véritables petites œuvres d'art. Nous nous efforcions, en jouant avec elles, de chasser les pensées angoissantes qui nous tenaillaient. Un jour, des bribes de chansons pénétrèrent dans la chambre calme. C'étaient les détenues qui chantaient en marchant au pas : « Dans mon pays fleurissent les roses... Je voudrais rentrer au pays... » Milena se cacha le visage dans les mains et se mit à verser des larmes amères.

En avril, l'autre rein fut atteint. Il n'y avait dès lors plus de salut. J'implorais, dans mon désespoir, l'aide du Ciel, je priais le soleil et les étoiles, mais en vain. Plus son état était désespéré, et plus Milena croyait à la guérison. Ce n'est que dans les derniers jours qu'elle sut ce qu'il en était : « Regarde la couleur de mes pieds. Ce sont les pieds d'une mourante. Et ces mains ? » Elle me tendit la paume de ses mains : « Tu vois ? Les lignes disparaissent déjà, comme cela se passe juste avant la mort... »

Son père lui envoya l'une après l'autre trois vues de Prague, des tableaux romantiques dus au peintre Morstadt, exécutés dans le style Biedermeier. Milena regarde les vieilles gravures ; à l'orée de la mort déjà, elle me guide à travers sa ville, à travers Prague ; son doigt m'indique précisément les lieux et les trajets sur les cartes postales :

« Je traversais souvent ce pont avec Fredy Mayer, mon ami. C'était quelqu'un qui savait voir la beauté... Là-bas, sur le parapet, il y a la statue de saint Népomucène... Et juste derrière, en prenant les petites ruelles, nous arrivons directement à la grande place du marché... » Nous regardons la splendide façade d'une église, avec ses deux clochers élancés, et dont le portail disparaît sous la charmille. Le doigt de Milena désigne un vieux puits sur la margelle duquel se dressent quatre anges aux glaives pointés. « Viens, continuons par cette petite rue, avec ses bons vieux pavés inégaux... » Nous franchissons un portail et entrons dans la cour d'un palais ; ses escaliers s'élèvent sous des volées d'arcades... Puis nous voici à l'entrée d'un clocher, au pied d'un escalier en colimaçon. Nous voulons y monter tous les trois... « Pas si vite ! Tu sais bien qu'avec ma jambe raide, j'ai du mal à monter les escaliers — Fredy aussi, d'ailleurs... », s'exclame-t-elle, interrompant sa description des lieux. Je la regarde, vois son visage absent et je sais, tout à coup, que son imagination s'est délivrée des chaînes de la captivité. Elle est chez elle ; par la meurtrière d'une tour, elle contemple avec nous sa ville aux charmes inépuisables, avec ses centaines de clochers, son enchevêtrement de toits à pignons, ses labyrinthes de ruelles et de cours, ses palais endormis... Elle se redresse, cherche la dernière lettre de son père où il évoque « le plus beau printemps et ses promenades matinales au jardin Kinsky ». Se laissant retomber sur les oreillers, elle dit doucement : « Pourquoi faut-il que *táta* soit si avare de paroles... »

Puis arrive encore une carte de Prague où le père écrit — par amour pour sa fille — un mensonge. Il y affirme que Honza a réussi son examen au conservatoire. Mais Milena — peut-être a-t-elle percé à jour la supercherie — se détourne et renonce à lire la suite.

Le 15 mai 1944, on m'appelle à la remise des colis. On m'y remet un grand carton destiné à Milena ; l'expéditeur en est Joachim von Zedtwitz, à Gerdauen. Je cours auprès de Milena avec le paquet ; elle n'a déjà plus toute sa conscience. Mais, entendant le nom de Zedtwitz, elle se redresse, me le fait répéter plusieurs fois — elle n'y voit plus, déjà — et se laisse retomber avec un soupir de bonheur : « Il est vivant! Quel miracle! Je croyais qu'ils l'avaient fusillé... »

Joachim von Zedtwitz, qui avait été arrêté à Prague peu après Milena, avait été remis en liberté, un de ses oncles s'étant porté garant de lui. Sous contrôle policier, il se mit pourtant en contact avec le père de Milena, apprit ainsi dans quel camp de concentration elle était et alerta, pour tenter de la sauver, un avocat. Celui-ci demanda, afin d'introduire un recours en grâce, qu'on lui fasse parvenir de Prague toute la documentation nécessaire. Tout était prêt lorsqu'une bombe aérienne tomba sur la maison et tua l'avocat.

L'après-midi du 15 mai, on vient me faire savoir au travail que Milena est à l'agonie. Je n'hésite pas une minute, j'abandonne tout simplement mon poste. Qu'est-ce que je risque, aussi bien? Lorsque j'arrive, Milena, moribonde, est en pleine euphorie. Son visage est rayonnant, ses yeux bleu foncé étincellent et lorsque je m'approche d'elle, elle tend les bras, me saluant de ce geste magnifique qui lui est particulier. Elle ne peut plus parler. Ses amies tchèques arrivent de tout le camp, elles font cercle autour de son lit, se tiennent dehors devant la fenêtre; Milena les embrasse toutes d'un regard plein de félicité, elle prend congé de la vie. Le soir, elle perd conscience. Elle lutte avec la mort jusqu'au 17 mai. Alors seulement, je retourne à la baraque. La vie a perdu tout sens pour moi.

Lorsque la « colonne des morts » chargea le cercueil de Milena sur la voiture, je demandai qu'on me laisse l'accompagner. C'était une journée de printemps, une pluie chaude tombait goutte à goutte, le garde, à la porte du camp, pouvait croire que c'était la pluie qui ruisselait sur mes joues. On entendait le chant triste d'un oiseau aquatique dans les roseaux, au bord du Fürstenberger See. Nous déchargeâmes les caisses contenant les mortes et les portâmes au crématoire. Deux hommes, des droits communs avec des têtes d'aides-bourreaux, relevèrent les couvercles; lorsque nous soulevâmes la dépouille de

Milena, les forces me manquèrent, et l'un d'eux dit d'un ton railleur : « Tu peux l'empoigner franchement, de toute façon, elle ne sent plus rien ! »

Comme l'avait prescrit le Dr Treite, le corps de Milena fut exposé dans l'entrée du crématoire. Il avait envoyé un télégramme au Pr Jesensky pour lui annoncer la mort de sa fille, lui indiquant qu'il pouvait faire transporter son corps à Prague.

⁂

Le 10 juin 1944, le camp apprit que le débarquement avait eu lieu en Normandie. Ce fut la liesse parmi les détenues. Mais je ne pouvais partager leur joie. Je me tourmentais à longueur de journée et pleurais la nuit. A quoi bon continuer de vivre, si Milena était morte...

Peu de temps après la mort de Milena — le chaos s'installait dans le camp et les détenues oscillaient entre la crainte et l'espoir —, Anička me demanda de venir en un point déterminé du mur où celui-ci jouxtait le camp des hommes. De nombreuses Tchèques s'y étaient rassemblées, elles commencèrent à chanter, espérant que leurs compatriotes détenus de l'autre côté du mur les entendraient et, peut-être, leur répondraient. Elles chantaient l'hymne national tchèque. Milena avait écrit, à une époque où pesaient les plus lourdes menaces : « Cet hymne n'est pas un chant qui s'oppose à quelque chose ; *Kde domov muj*[1] ne souhaite la perte de personne, il souhaite simplement que nous continuions à exister. Ce n'est pas un chant de combat, c'est simplement un hymne sans pathos à nos collines et à nos petites montagnes, à nos champs et à nos plaines, à nos bouleaux et à nos pâturages, à nos tilleuls ombreux, aux haies pleines de senteurs qui bordent nos champs, à nos petits ruisseaux. Il chante le pays où nous sommes chez nous... Comme ce fut beau de s'engager pour ce pays, beau d'aimer sa terre natale[2]... »

1. Où est ma patrie ? *(NdT).*
2. M. Jesenská, « L'art de rester debout », *op. cit.*

***

Je retrouvai la liberté et exécutai le testament de Milena, j'écrivis *notre* livre sur le camp de concentration. Peu avant sa mort, elle m'avait dit un jour : « Je sais que toi, au moins, tu ne m'oublieras pas. Grâce à toi, je peux continuer à vivre. Tu diras aux hommes qui j'étais, et auras pour moi la clémence du juge... » Seules ces paroles m'ont donné le courage d'écrire cette vie de Milena.

Notes biographiques[1]

BLEI (Franz) : Animateur de diverses revues (comme le *Hyperion* de Munich), admirateur de Kafka, découvreur de Musil et de Robert Walser. Traducteur, auteur de comédies, publiciste à la plume acérée.

BREZINA (Otakar), 1868-1929 : Poète tchèque ; l'un des plus grands symbolistes européens. De 1895 à 1901, avec cinq recueils en vers libres et hymniques, il retrace sa quête spirituelle solitaire. Il n'ajoute que quelques très beaux essais (1903) portant sur sa création, et ne sort plus de son silence.

BROCH (Hermann), 1886-1951 : Romancier autrichien enraciné dans la tradition littéraire allemande, a donné un tableau de la décadence des valeurs bourgeoises dans l'Allemagne de Guillaume II. Émigre aux États-Unis après l'Anschluss.

ČAPEK (Karel), 1890-1938 : L'un des plus grands écrivains tchèques du XXᵉ siècle, symbole de la République libérale de Masaryk, son ami. Outre récits, feuilletons de voyages, il publie romans et pièces dont plusieurs anticipent sur les périls qui menacent l'humanité et la démocratie, critiquent la déshumanisation par la massification et la mécanisation de la société industrielle (il est l'inventeur du mot « robot ») et la menace fasciste. Sa femme, Olga Scheinpflugová, actrice et écrivain, a laissé de nombreuses pièces et romans tirés de la vie des femmes et un récit de sa vie avec Čapek, *Un roman tchèque*.

---

1. Les notes ont été établies par Alain Brossat, avec l'aide de M. Vladimir Peška, chargé de cours à l'Inalco.

EHRENSTEIN (Albert), 1886-1950 : Poète se rattachant à l'expressionnisme, collaborateur de Karl Kraus, grand voyageur. Ses récits de voyages expriment une attitude très critique vis-à-vis du colonialisme. En 1932, il s'installe en Suisse, puis en 1941 à New York où il meurt dans la misère.

EISNER (Pavel), 1889-1958 : Issu du milieu juif, ce parfait bilingue œuvre pour une cohabitation créatrice tchéco-allemande ; il traduit notamment Kafka, Rilke, Mann, etc., en tchèque, et des poètes et écrivains tchèques en allemand (Brezina, Halas, deux anthologies), sans oublier des ouvrages sur Janácek, Dvorák ; il consacre des essais au poète Mácha, à Mozart, à Kafka (et Prague), à la poésie populaire, à la langue tchèque *(Temple et Forteresse)*, etc.

FISCHER (Otakar), 1883-1938 : Homme d'une rare culture et d'une exceptionnelle sensibilité, ce professeur de littérature allemande de l'université Charles est également un grand traducteur (Kleist, Heine, Nietzsche, Goethe, Shakespeare, Kipling, Calderon, Corneille, Villon, etc.), un homme de théâtre (directeur artistique du Théâtre national et auteur de plusieurs pièces), un critique littéraire, et, enfin, un poète. Il succombe à une crise cardiaque à l'annonce de l'occupation de l'Autriche par Hitler.

FUCIK (Julius), 1903-1943 : Journaliste, publiciste et critique littéraire, militant communiste. Engagé dans l'action clandestine, arrêté et exécuté par les nazis, il laisse le fameux *Reportage écrit sous la potence.*

FUCHS (Rudolf), né en 1890 : Poète pragois, a publié notamment *la Caravane* en 1918, chez Kurt Wolff. Ami de Kafka. Mort en exil au cours de la Seconde Guerre mondiale.

GERSTEL (Alice) : Suivit Otto Rühle dans son exil mexicain et se suicida le jour même de sa mort, le 26 juin 1943. On lui doit, notamment, un petit livre de souvenirs sur Léon Trotski, rédigé au Mexique (*Kein Gedicht für Trotzki,* Verlag Neue Kritik, 1979).

GROSS (Otto), 1877-1919 : Psychanalyste autrichien, élève de Freud, lié à la bohème expressionniste, fervent partisan de l'amour libre.

271

HAAS (Willy) : Écrivain pragois, ami de Milena, éditeur et préfacier des *Lettres à Milena* de Franz Kafka.

HAŠEK (Jaroslav), 1863-1923 : Anarchiste puis communiste, combattit en Russie pendant la guerre civile (cf. *Aventures dans l'Armée rouge*, Paris, 1979). Journaliste, auteur de nombreux récits humoristiques et satiriques, créateur du type populaire de *Chvéïk*. Mort prématurément détruit par l'alcool.

HOFFMEISTER (Adolf), 1902-1973 : Prosateur, dramaturge, poète, dessinateur, illustrateur et caricaturiste au sens ludique extraordinaire, il est membre du « Devetsil » et se rapproche du surréalisme. Pendant la guerre, il dirige la radio tchécoslovaque en exil aux États-Unis. Après le coup de Prague, il est successivement ambassadeur à Paris (1948-1952), professeur, délégué à l'Unesco. Il sympathise avec le Printemps de Prague, enseigne à l'université de Vincennes et, interdit de publication, meurt dans son pays.

HORA (Josef), 1891-1945 : Journaliste, spécialiste des questions culturelles dans la presse sociale-démocrate, communiste (jusqu'à sa rupture avec le PC en 1929) puis libérale ; traducteur de la poésie russe (Essenine, Pasternak, etc.), allemande, serbo-croate ; un temps romancier, il est avant tout l'un des plus grands poètes tchèques de ce siècle : successivement symboliste, puis « prolétarien » et humaniste, il se tourne, au milieu des années vingt, vers une méditation cosmique sur le temps, jalonnée de recueils tels que *les Cordes du vent* (1927), *Ta voix* (1930), *le Message du silence* (1936), *Variations sur Macha* (1936) ; ses derniers recueils sont marqués par le drame national et universel comme par la maladie et la mort ; *Jean le Violoniste* (1939), *la Vie et l'Œuvre du poète Aneli* (1945), etc.

JESENSKÁ (Ružena), 1863-1940 : Milena caractérise parfaitement l'œuvre de sa tante qui compte plus de cinquante recueils poétiques, volumes de récits, romans, pièces de théâtre, livres pour enfants.

KALANDRA (Závis), 1902-1950 : Ancien animateur de l'Union des étudiants communistes tchèque, journaliste communiste. Proche du groupe surréaliste de Nezval et Teige. Il est exclu du PCT pour avoir critiqué les Procès de Moscou (auxquels il consacrera deux ouvrages). Il fonde dans les années trente un journal d'opposition communiste proche du trotskisme. Plongé dans l'étude des débuts de l'histoire tchèque, il est arrêté, fin 1939, par les occupants nazis. Se consacre, après la guerre et sa détention à Ravensbrück, à ses travaux d'historien. Accusé dans le cadre du premier procès de l'ère stalinienne en Tchécoslovaquie, il est condamné à mort pour « haute trahison et espionnage », et exécuté le 27 juin 1950, en dépit des protestations de Breton, Einstein et Camus.

KISCH (Egon Erwin), 1885-1948 : Journaliste et reporter pragois de langue allemande, s'engage aux côtés du mouvement communiste à l'issue d'un voyage en URSS en 1925. Après l'avènement du fascisme, vit en exil en France, participe à la guerre d'Espagne puis se réfugie au Mexique et meurt à Londres.

KODIČEK (Josef), 1892-1954 : Critique théâtral et théoricien de la littérature, scénariste et metteur en scène de cinéma. Après Munich, il s'expatrie à Londres où il dirige les émissions en tchèque de la BBC. Après 1948, il collabore aux émissions de Radio Free Europe à Munich, où il meurt.

KORNFELD (Paul), 1889-1942 : Dramaturge né à Prague, lié à l'expressionnisme, auteur notamment de *la Séduction* et *Ciel et Enfer*, œuvres majeures du théâtre expressionniste. Mort en Pologne, dans un camp de concentration.

KRAUS (Karl), 1874-1936 : Écrivain autrichien proche, à ses débuts, de l'expressionnisme ; fondateur en 1899 de la revue *Die Fackel (le Flambeau)* où il se fait le juge impitoyable de la vie sociale, politique et culturelle de l'Autriche. Polémiste au style tranchant, a laissé plusieurs volumes de vers, d'aphorismes, de traductions, de drames. Pacifiste, écrivit un drame contre la guerre (*les Derniers Jours de l'humanité*, 1914) puis, plus tard, un violent réquisitoire contre le nazisme (*la Troisième Nuit de Walpurgis*, publié en 1952 seulement).

KREJČAR (Jaromír), 1895-1950 : Élève de l'un des pères de l'architecture tchèque moderne, Jan Kotera, il épouse les conceptions de l'avant-garde constructiviste (Le Corbusier), conçoit de nombreux projets mais en réalise peu. Son mariage bohème avec Milena est dissous *in absentia* alors qu'il séjourne en URSS, dont il revient désenchanté. Il est mort à Londres.

KŘIČKA (Petr), 1884-1949 : Poète traditionnel, proche de la poésie populaire. Il touche par l'expression sensible et sincère d'émotions individuelles et collectives, notamment celles des soldats tchèques lors de la Grande Guerre.

LOOS (Adolf), 1870-1933 : Architecte, né en Moravie, installé à Vienne, il est lié au Bauhaus et devient l'un des pionniers de l'architecture moderne.

MASARYK (Thomas Guarrigue), 1850-1937 : Homme politique tchécoslovaque. Philosophe et sociologue, combat aux côtés des Alliés pendant la Première Guerre mondiale. Élu président de la République en 1918, mène une politique de rapprochement avec la France et l'URSS. Réélu en 1927 puis en 1934, il renonce au pouvoir en 1935 pour raisons de santé et laisse le pouvoir à son collaborateur Beneš.

MAY (Ernst), 1886-1970 : Architecte allemand, séjourne en URSS de 1930 à 1933, y travaille comme urbaniste. Puis émigre à Nairobi et regagne l'Allemagne après la Seconde guerre mondiale.

MEYER (Hannes), 1889-1954 : Architecte suisse, succède à Gropius à la tête du Bauhaus, séjourne en URSS de 1930 à 1936, y travaille comme urbaniste, puis retourne en Suisse.

MOLNAR (Franz), 1878-1952 : Romancier, dramaturge né à Budapest, auteur de comédies ironiques qui eurent, entre les deux guerres, un grand succès en Europe. Émigre aux États-Unis après l'arrivée des nazis au pouvoir. *Liliom* est sa pièce la plus célèbre.

NĚMCOVÁ (Božena), 1820-1862 : L'une des femmes de lettres tchèques les plus populaires. Mal mariée à un fonctionnaire persécuté par ses supérieurs autrichiens, souffrant de misère, elle est morte d'épuisement. Engagée dès avant 1848 dans l'effort d'émancipation culturelle nationale, elle observe la vie populaire, recueille et actualise les contes de fées tchèques et slovaques, et écrit de nombreux récits évoquant la destinée difficile des jeunes femmes ; dans son chef-d'œuvre, *Grand-Mère* (1855), elle transfigure ses souvenirs d'enfance et brosse l'inoubliable type d'une femme tchèque pleine de force morale et de sagesse.

NEZVAL (Víteslav), 1900-1958 : Principal poète de l'avant-garde
« poétiste », puis surréaliste, qu'il abandonne en 1938 sur
l'injonction du Parti. Après 1948, il est le *poeta laureatus* du
régime communiste (*Staline*, 1949), mais semble finalement
revenir de son enthousiasme.

NEUMANN (Heinz), 1902-1937 ? : Dirigeant du parti communiste
allemand, l'un des organisateurs de l'insurrection avortée de
1923. Représentant du PC allemand à Moscou en 1925, puis
envoyé en mission en Chine en 1927, l'un des organisateurs de la
commune de Canton. Rédacteur en chef de *Die Rote Fahne*,
l'organe de son parti en 1928. Jusque-là porte-parole de la politique de Staline, il s'y oppose en 1932, perd toutes ses responsabilités et est envoyé en Espagne. Reconnaît en 1934 ses activités
fractionnelles dans une autocritique ; arrêté en Suisse, expulsé
en URSS, arrêté en avril 1937 et exécuté sans procès.

NEUMANN (Stanislav Kostka), 1875-1947 : D'origine bourgeoise, il
passe par le symbolisme « décadent », l'individualisme anarchiste, l'exaltation de la vie, de la nature et de la civilisation
moderne pour épouser le communisme (*Chants rouges*, 1923), le
quitter en 1929 pour un temps, et renouer finalement avec une
certaine tradition populaire. (Le régime de 1948 en fit un prota-
goniste du réalisme socialiste.)

OUD (Jacobus Johannes Piter), 1890-1963 : Architecte hollandais,
fondateur du mouvement « De Stijl ».

PEROUTKA (Ferdinand), 1895-1978 : Grand journaliste libéral et
démocrate dans la tradition de l'inflexible adversaire des Habsbourg, Karel Havlícek, mais aussi critique littéraire et historien
des premières années de la République tchécoslovaque. Il cri-
tiqua par ailleurs la philosophie de l'histoire tchèque du président Masaryk qui l'aida néanmoins à fonder le remarquable hebdomadaire *Přítomnost* (Temps présent, 1924-1939). Après six ans
de détention à Buchenwald, il reprend ses activités de journaliste, mais le Coup de Prague lui fait choisir l'exil en France et
aux États-Unis.

PFEMFERT (Franz) : Éditeur de l'hebdomadaire *Die Aktion* fondé
en 1911, soutient et encourage les tendances nouvelles, anticon-
formistes et révolutionnaires des jeunes artistes et écrivains, liés
à la mouvance expressionniste notamment. Anarcho-syndicaliste

d'orientation, défend surtout une poésie sociale, humanitaire. S'oppose radicalement aux courants patriotiques et chauvins parmi les intellectuels avant et pendant la Première Guerre mondiale.

PICK (Otto), 1887-1940 : Rédacteur au quotidien *Prager Presse*. A traduit en allemand de nombreux auteurs dramatiques tchèques, notamment Karel Čapek.

PREISLER (Jan), 1872-1918. Important représentant de l'Art nouveau fortement symboliste, expressif et poétique.

RÜHLE (Otto), 1874-1943 : Professeur, psychologue et pédagogue. Militant du SPD depuis 1900, député au Reichstag en 1912. Spartakiste, porte-parole de l'aile gauche du KPD puis membre du KAPD à sa fondation en 1920. Retourne au SPD en 1923, émigre en 1933, s'installe au Mexique en 1936 où il entretiendra, notamment, d'étroites relations avec Léon Trotski.

SCHLAMM (Willy) : Premier éditeur de la revue de gauche allemande *Weltbühne* dans l'émigration. Tenta d'y maintenir une ligne socialiste de gauche sans se rallier au KPD. Congédié en 1934 par la veuve de Jacobsohn, le fondateur de la revue, pour avoir puplié un texte de Trotski.

ŠRÁMEK (Frána), 1877-1952 : Poète, romancier et dramaturge qui exaltait les jeunes êtres fragiles, sensibles, sensuels, libres de préjugés, de conventions, qui entend « le vent argenté »... ; blessés par le monde des adultes, ses héros résistent à leurs compromissions. Dans sa jeunesse anarchiste, Šramek accompagne S. K. Neumann ; après la guerre, plus résigné et mélancolique, il se rapproche de Karel Čapek.

ŠTURSA (Jan), 1886-1925 : Élève, puis assistant du grand classique de la sculpture tchèque, Myslbek, il sait évoluer et ouvrir de nouveaux horizons grâce aux leçons de Michel-Ange, Rodin, Maillol ou Bourdelle. On lui doit notamment un buste de Smetana et un de Masaryk.

SVOBODOVÁ (Ružena), 1868-1920 : Importante novelliste et romancière tchèque qui réagit contre le réalisme plat et le naturalisme par un impressionnisme teinté de romantisme : les réalités de l'existence heurtent les rêves et écrasent la révolte des jeunes filles et des femmes ; soumises, résignées à leur sort, elles continuent de vivre avec leurs rêves mais sans espoir...

TEIGE (Karel), 1900-1951 : Critique et théoricien de l'art, cofondateur du groupe « Devétsil » puis rédacteur dans de nombreuses revues consacrées à l'art et la culture. Spécialiste des questions d'architecture et d'urbanisme, lié au Bauhaus. Membre du PC tchèque, il effectue plusieurs séjours en URSS à partir de 1925.

URZIDIL (Johannes), 1896-1970 : Pragois. Attaché de presse à l'ambassade d'Allemagne. Il a bien connu Kafka, Brod, etc. En 1939, avec sa femme, une Juive, il s'exile et s'installe aux États-Unis. Il laisse des ouvrages *(Goethe en Bohême)*, des essais (sur le graveur Hollar, des artistes contemporains allemands et tchèques, Kafka), des récits *(Triptyque de Prague)*, des romans *(Amante perdue)*.

VANČURA (Vladislav), 1891-1942 : Animateur de l'association culturelle de gauche « Devétsil », il se sépare du parti communiste en 1929 et s'en rapproche à nouveau plus tard. Important novateur dans le domaine de la prose et du théâtre. Médecin, il habite Zbraslav, petite ville au sud de Prague. Résistant, il est arrêté après l'assassinat de Heydrich et exécuté quelques jours avant l'extermination du village de Lidice.

WELTSCH (Felix) : Philosophe pragois, ami commun de Brod et de Kafka. Rédacteur en chef de l'hebdomadaire sioniste pragois *Selbstwehr* (Autodéfense).

WERFEL (Franz), 1890-1945 : Romancier expressionniste pragois de langue allemande. Vécut à Hambourg, Leipzig, Vienne. Publie en 1912 *Der Weltfreund* (l'Ami du monde). Travaille chez l'éditeur Kurt Wolff où il rassemble les poètes de la génération expressionniste. Soldat dans l'armée autrichienne de 1915 à 1917. Rencontre à Vienne Alma Mahler, veuve de Gustav Mahler, qu'il épouse. Auteur également de romans animés par un profond sentiment humanitaire, un libéralisme pacifiste. Émigre en France lors de l'entrée des troupes hitlériennes en Autriche, puis aux États-Unis, où il meurt.

Niemandsland (No man's land) : film de Victor Trivas, sur une idée de Leonhard Frank, 1931.

Table

IMPRIMERIE AUBIN À LIGUGÉ (3-86)
DÉPÔT LÉGAL FÉVRIER 1986. N° 9031-8 (L 21288)

DANS LA MÊME COLLECTION